经济管理学术文库·经济类

农业保险险种创新与
信息不对称约束问题研究

Research on Innovation of Agricultural Insurance Category and
Constraint from Information Asymmetry

李朝晖　黄日华／著

经济管理出版社
ECONOMY & MANAGEMENT PUBLISHING HOUSE

图书在版编目（CIP）数据

农业保险险种创新与信息不对称约束问题研究/李朝晖，黄日华著．—北京：经济管理出版社，2022.6

ISBN 978 - 7 - 5096 - 8449 - 8

Ⅰ．①农…　Ⅱ．①李…②黄…　Ⅲ．①农业保险—研究—中国　Ⅳ．①F842.66

中国版本图书馆 CIP 数据核字（2022）第 087496 号

组稿编辑：曹　靖
责任编辑：郭　飞
责任印制：黄章平
责任校对：王淑卿

出版发行：经济管理出版社
　　　　　（北京市海淀区北蜂窝 8 号中雅大厦 A 座 11 层　100038）
网　　址：www. E - mp. com. cn
电　　话：（010）51915602
印　　刷：唐山玺诚印务有限公司
经　　销：新华书店
开　　本：720mm×1000mm/16
印　　张：16.25
字　　数：283 千字
版　　次：2022 年 7 月第 1 版　　2022 年 7 月第 1 次印刷
书　　号：ISBN 978 - 7 - 5096 - 8449 - 8
定　　价：88.00 元

目　录

导　论

　　农业是弱质产业，也是能够受益于保险的风险产业。自 2007 年农业保险进入试点以来，我国已经成为全球第二大农业保险市场。作为一项重要的惠农政策，尽管农业保险具有分散和化解农业风险与灾害损失的功能，但传统险种一般仅针对自然灾害以及意外事故导致的损失进行赔偿，对于农业生产经营面临的市场风险（价格风险）基本不涉及，风险规避有效性与可持续性一直面临着挑战。信息不对称风险的客观存在，极大地损害了保险交易双方的诚信基础。不同利益主体的利己行为不可避免地带来农业保险市场的萎缩。随着经济全球化、农业规模化以及农产品商品化加速，农业受国外竞争威胁及非农产业的挤压日趋明显，更具有保障效用的险种创新正在成为农业保险未来发展的趋势；而缓解信息不对称风险约束，遏制保险交易双方的利己行为，以削弱信息暴利维护资源分配效率与公平，则是当前农业保险高质量发展亟待解决的难题。

第一节　研究的缘起

一、研究背景

（一）农业保险创新险种正在成为中国农业安全网的核心支撑

　　农产品不仅受到自然风险的影响，市场价格波动产生的市场风险影响也日趋增大。我国作为农业大国，长期以来实施的"最低收购价""临时收储"等农产品价格保护政策缺陷日益明显，亟待市场化机制的介入。农业保险创新险种因其能较好地兼顾交易成本、信息不对称风险、自然灾害风险与市场风险规避，正在成为中国农业安全网的核心支撑。目前已有的创新险种主要涉及"成本—产量型""价格型""收入型"等不同类别，包括天气指数保险、期货价格指数（目标）保险、农业收入保险等。第一，天气指数保险是近年来在世界粮食计划署（WFP）、国际农业发展基金（IFAD）等多方国际组织机构支持下迅速发展的农业保险新险种。这种以客观独立气象指标与约定承保指标为保单利益依据，旨在转移严重天气事件风险的新险种，具备保险权益标准化程度高、能较好地防范道德风险和逆选择等利益价值，尤其是在降低费率、构建普惠性农业保险体系方面较传统险种比较优势明显，正在替代"成本—产量型"传统险种成为中国农业安全网的核心支撑。第二，期货价格指数（目标）保险是一种保险公司从其金融属性出发，通过保险公司和期货公司合作，将农民面临的价格波动风险转移至期货市场的创新险种，也是一种用来规避价格市场风险的新型保险产品。2020年中央一号文件提出优化"保险＋期货"试点模式，在2021年进一步强调发挥"保险＋期货"在乡村产业发展中的服务作用之后，"保险＋期货"以点扩面的格局已逐渐形成，并由"价格＋期货"加速向"收入＋期货"创新险种转型。此外，农产品目标（指数）价格保险凭借其趋势性的、可预见的、公正的"目标价格"保证农产品稳定供应，有效防范了价格风险不确定损失的发生，在险种承办、险种开发和险种推广方面能有效化解农产品价格风险。第三，农业收入保险将自然风险和市场风险保障有机关联，直接作用于农户"收入"这一生产终极目标。随着新型农业经营主体的不断涌现，现代农业规模化、集约化生产使减产和价格下跌风险剧增，无论是"保产量"还是"保价格"险种，作为单一风险保障工具都无法满足农户需求。农业收入保险兼具价格和产量双重风险保障作用，能以其收入损失补偿功能取代灾害救助计划，部分地取代农产品价格保护制度。由此可见，农业保险创新险种以其特色化、定制化、创新化与保险市场相融合，是农业保险高质量发展的基础，也是中国农业安全网的核心支撑。

（二）农业保险险种创新政策支持力度增大

由于土地等自然条件及动植物生物学特性的制约，农产品价格与供给之间互动关系的影响较大，除消费的需求刚性使价格波动十分敏感之外，价格反应滞后使市场自行调节失灵，或加剧农产品供给短缺、或放大供给过剩效应。此外，农产品的易腐性、不耐久藏与市场出清的特征属性也使价格和产量波动不可避免地产生蛛网效应，尤其是在农产品贸易趋于自由化，国内农业受国际市场冲击增大的状况下，农业弱质及不稳定性加剧，农业保险作为"准公共物品"，在其创新开发与推广上政府的支持力度大幅提升。

2003 年，党的十六届三中全会提出"探索建立政策性农业保险制度"，标志着我国政策性农业保险进入初始阶段；2007 年，财政部发布《中央财政农业保险保费补贴试点管理办法》，向内蒙古、四川、吉林等 6 省份的五大类粮食作物划拨 10 亿元专项补贴资金；《中共中央　国务院关于 2009 年促进农业稳定发展农民持续增收的意见》鼓励在农村发展互助合作保险，并提出探索建立农村信贷与农业保险相结合的"银保互动"机制；2016 年，提出"积极开发新型保险品种，探索开展收入保险、天气指数保险试点，扩大'保险＋期货'试点范围"，农业保险险种创新自此进入加速阶段。在党的十九大提出乡村振兴战略之后，2018 年，内蒙古、辽宁等 6 省份试点开展三大粮食作物完全成本保险和收入保险，保险覆盖率不断提升。此后，在 2021 年中央一号文件中正式提出"扩大稻谷、小麦、玉米三大粮食作物完全成本保险和收入保险试点范围"，由 6 省份试点扩张至 13 省份。

2019 年 5 月，在《关于加快农业保险高质量发展的指导意见》中首次明确农业保险的政策性属性，提出创新养殖保险模式和财政支持方式，提高保险机构开展养殖保险的积极性；鼓励开发满足新型农业经营主体需求的新险种，因地制宜创新研发特色农产品保险特色险种，逐步提高其在农业保险中的险种占比；强调稳步推广指数保险、区域产量保险等涉农保险，探索开展"一揽子综合险"，并将农机大棚、农房仓库等农业生产设施设备类险种创新也纳入农业保险高质量发展的保障范围。

2021 年，各地银保监局工作会议均将农业保险险种创新作为年度工作重点。山东银保监局要求保险机构创新特色农产品险种，构建多层次农业保险产品体系，摸索农业保险与信贷、担保、期货（权）等金融工具联动"农业保险＋"新险种的开发经验；天津银保监局要求在特色葡萄种植保险、冬枣种植保险的基础上，将地方创新险种由 6 个扩大到包括小站稻、稻田蟹、沙窝萝卜在内的 48 个特色农产品；安徽银保监局将"特色农产品创新险种达到 23％"作为 2021 年农业保险发展的战略目标；大连银保监局提出"鼓励保险公司创新农险险种，开展生猪养殖饲料成本期货保险"，将创新险种具体化。

2021 年 7 月，山东省财政厅、农业农村厅等 5 个部门联合印发《山东省政策性农业保险首创险种认定指南（试行）》（以下简称《指南》），允许商业保险公司参与农业保险险种的开发和研究；允许新产品研发与商业保险公司订立合同和建立伙伴关系；允许商业保险公司直接向新产品核准委员会递交建议书。且一旦被核准，试点区域可获得保费补贴和再保险支持，保险公司则可获得研发费用补贴。这里所谓"首创险种"，可以是全新保险产品创新，也可以是改进保险产品创新，但无论是何种类型，被认定为"首创险种"应当符合以下三个条件：一是必须为申报单位自主开发和推广的保险品种。即在申报之前 3 个自然年度内，当地（县级区域）政府有关部门未与任何保险机构就该保险标的开展业务合作的创新险种；二是必须为创新程度高且在当地具有规模化推广潜力的险种；三是必须为符合地方农业保险开展的基本条件、符合当地农民的需求，且具有较好的社会效益和发展前景的首创险种。

（三）数字科技与金融市场赋能为农业保险险种创新提供强劲支撑

近年来，随着互联网、大数据、云计算等信息技术的快速发展，农业保险市场需求逐步释放，与之相适应的新产品不断涌现。大数据、云计算科技赋能极大地提升了指数保险中理赔"触发值"测算的精准性，推动天气指数保险、区域产量指数保险、价格指数保险的发展。测亩仪（手持 GPS 工具）应用于地块定位和农作物受灾面积测量、溯源系统和生物技术应用于养殖类保险理赔定损，都在不同程度上拓宽了农作物保险或畜牧养殖保险的广度和深度。此外，无人机航拍技术、GIS 定位技术、卫星遥感技术、生物技术等数字技术在农业保险中的应用也极大地提升了查勘定损效率。数字科技赋能于险种创新为农业保险高质量发展提供了有力支撑。

随着金融市场的发展，期货期权、信贷、担保等金融衍生工具开始应用于农业保险领域，险种创新也开始由政策导向型向市场化方向转变，金融市场作用日益凸显。在 2019 年发布的《关于加快农业保险高质量发展的指导意见》中，将"推进农业保险与信贷、担保、期货（权）等金融工具联动，扩大'保险＋期货'试点范围，探索'订单农业＋保险＋期货（权）'试点工作经验""并通过农业保险的增信功能，提高农户信用等级，缓解农户'贷款难、贷款贵'"等问题列入农业保险高质量发展目标。目前，不少农产品已经实行期货交易，由此衍生的期货价格保险也获得了地方政府的大力支持，并作为有效风险管理工具导入大型龙头企业。此外，某些地区还引入农业信贷担保公司，"政策性担保＋保险＋期货"新险种正在推广试点中；"收入保险＋期货"创新险种也逐渐覆盖棉花、大豆、玉米等多个品种。金融市场与农业保险的联动机制被进一步强化。

（四）逆选择与道德风险阻碍农业保险创新发展，高层重视程度进一步增强

在农业保险中，信息不对称具体表现为"道德风险"和"逆选择"。其中，

"道德风险"是农户投保人基于自身利益而做出的不利于其他人的行为，也是投保人偏离保险意愿而改变个体行为方式所产生的不确定风险，通常发生在交易主体一方不能掌握对方行动或信息的情况下，可以被视为一种事后机会主义行为；而"逆选择"则多源于费率与风险不相匹配下的个体行为理性，其严重程度远超出其他保险市场。实践表明，信息不对称风险的客观存在，使不同利益集团可利用自身信息优势采取利己行动，不但影响保险契约订立与持续，且极大地损害了保险交易双方的诚信基础，最终必然因供求失衡而导致保险市场萎缩。随着农业保险的深入发展，高层重视度被进一步强化，相继出台了多个监管政策条规约束不对称信息可能引发的逆选择与道德风险，其中，对保险公司的约束为监管重点。如要求加强财政补贴资金监管，对骗取财政补贴资金的保险机构依法予以处理，实行失信联合惩戒；加大对保险机构资本不实、大灾风险安排不足以及虚假承保和虚假理赔的处罚力度，对存在重大风险隐患的保险机构依法进行市场清退；督促其严守财务会计规则和金融监管要求，进一步提升风险预警、识别和管控能力，通过内控体系细化尽可能降低信息不对称风险。

二、研究意义

农业在经济缓冲、消除贫困、劳动力就业以及社会福利替代方面都占据着重要地位。农业保险已不仅是防范自然风险的管理手段，并更多地融入了农业建设的各个环节，以其风险分散功能支持农业结构转型升级。目前我国"保成本"和"保产量"传统险种保障程度较低，且"价格型"保险、"收入型"保险在险种实践推广中未能获得政策性财政支持的同等待遇。随着市场开放和贸易互动扩张，农产品市场价格受到国内外政治经济环境的影响加剧，价格波动频繁且幅度加大，信息不对称所引发的"逆选择"与道德风险始终居高不下，传统农业保险供给与需求陷入"双冷"困境。在农业进入高风险、高成本的现阶段，针对险种创新和信息不对称约束等问题展开研究，对提高农业保险保障深度与广度、控制逆选择与道德风险的发生无疑具有重要现实意义。

第一，创新险种供给改善能支持农业保险高质量发展。农业保险由1.0初级阶段向4.0高级阶段的发展过程，实质上就是"保产量""保成本"传统险种向"保价格""保收入"新型险种转变的过程。无论是指数型、价格型还是收入型创新险种，在其实施目标、风险分散及优势与缺陷方面，均具有市场化融合特征，如表0-1所示。一方面，险种创新有利于食物价值链风险管理、稳定农业收入并促进农业投资。如农业收入保险、农产品期货价格保险、农产品目标（指数）价格保险等创新险种，在平滑市场价格波动、稳定农户收入方面优势明显。另一方面，险种创新可通过风险分区与费率调节发挥政府补贴的杠杆作用，以其救助激励机制遏制高风险地区灾害损失的扩散。如天气指数保险、区域产量指数保险等险种，通过"指数"阈值设定作为保险理赔的触发依据，能以其标准化保单的透明公正降低农业生产中的"逆选择"与道德风险的发生。此外，险种创新能促使农业保险"绿箱"政策计划得以更好地实施。期货价格保险、天气指数保险、收入保险等新型险种在农业保护上基本不存在贸易扭曲，是从"黄箱"政策向"绿箱"政策转变的优势选择。可见，险种创新能改变长期以来的保费和保额的"双低"格局，能以保险供给侧改善支持农业保险高质量发展，研究具有较强的现实应用价值。

表 0 - 1　农业保险创新险种基本特征

	"收入型"创新险种	"价格型"创新险种	"指数型"创新险种
实施目标	保障农民高预期收入	平滑农产品市场价格波动	保障产量及直接成本
具体险种	农业收入保险	期货价格保险指数/目标价格保险	天气指数保险 区域产量指数保险
优势	兼顾产量与价格双重风险保障	具有期货市场价格发现机制与金融市场套期保值功能	以"指数"阈值作为保险理赔触发依据，标准化保单透明公正降低逆选择与道德风险
缺陷	产量、价格定损缺乏精确可靠依据	系统性与时空上的集中使价格风险具不完全可保性	"基差风险"客观存在
风险分散类型	生产风险、市场风险	市场风险	生产风险

资料来源：根据相关资料整理所得。

第二，险种创新能满足不同农业经营主体多元化风险保障的需求。目前我国农业生产呈现出"小散户"和新型农业经营主体并存的"二元化"特征，创新开发适应不同农业经营主体生产特征、符合农户不同风险偏好与保险需求的新险种被赋予农业保险高质量发展的重任。一方面，家庭农场、合作社、农业产业化龙头企业等新型经营主体不再停留于生计型简单生产，而是呈现出日益明显的商品化、集约化现代农业特征，所面临的风险更多且更为复杂。另一方面，我国在未来较长时期内仍将以分散性小规模农户生产为主，研究既适合农业生产者经济可负担能力，又能最大限度地达成其风险保障期望目标的新险种开发意义重大。

第三，信息不对称约束缓解有利于农业保险市场供求均衡。在农业保险市场上，农户投保意愿必须建立在信息基本对称的前提下，只有当预期补偿超过支付保费时农户才可能购买农业保险；反之则很难产生投保意愿。但农业生产的复杂性、农户投保人的有限理性以及保险产品的准公共物品属性都决定了信息搜寻和信息披露成本居高不下，尤其在保险公司、政策职能部门及农户间信息流动不畅的情况下，保险交易双方很难做出符合"帕累托最优"的理性决策。由此可见，针对保险市场信息不对称问题展开研究，对农业保险契约达成、保险产品供给以及保险市场均衡发展具有重要意义。

本书试根据保险经济学、农业经济学与信息不对称理论，以险种创新与缓解信息不对称约束为切入点，将农业风险规避、信息不对称风险约束与农业保险高质量发展置于同一框架展开探索，对于平衡农产品市场价格波动与农业生产稳定之间的关系、改善信息不对称利己行为引发的农业保险供求"双冷"格局和破解农户增产不增收难题，无疑具有重要的现实意义。

三、研究目标

农业生产、农产品价格与农民收入直接相关，在农业发展过程中，农民收入增长乏力，农民与非农就业者收入差距增大，一定程度上都与自然风险和市场风险对农业经营影响有关。目前我国产量风险保险保障制度仅达农产品收益的 1/3 左右，而价格风险因其不完全可保性而未能纳入政策支持范围。随着市场开放和贸易互动扩张，农产品价格波动频繁且幅度增大，迫切需要提高其保障程度，扩大保障范围，改变保费与保额"双低"格局。本书试以农业保险险种创新与信息不对称风险约束为切入点，在对国内外前沿研究观点回顾和解读的基础上，以"稳步扩大价格保险、收入保险、指数保险和期货价格保险等新型险种试点推广，降低信息不对称风险约束"为研究目标展开探索。其中，有关"创新险种"研究涉及险种原理、运行机制、利益集团博弈均衡以及保险合同方案设计、典型案例分析等内容；有关"信息不对称约束"问题探讨则沿着"逆选择"与"道德风险"两条主线展开。本书试图回答以下几个问题：

（1）天气指数保险作为"成本—产量型"农业保险创新，其险种优势与设计思想是什么？风险等级区划测度的指标选取、指数"触发值"测算的依据是什么？"基差风险"是否不可回避？其存在机理怎样？具体防控措施有哪些？

（2）农产品期货价格指数保险是"价格型"险种创新的典型代表，"保险 + 期货"模式的运作机理怎样？目标价格保险的可保性如何？"逆选择"与道德风险防范制约瓶颈是什么？风险规避、市场交易、险种定价及发展前景方面较传统农业保险有哪些比较优势？在农户、保险公司、期货机构以及政府目标谋求不一致的情况下，不同利益集团达成博弈均衡的条件有哪些？

（3）"收入型"险种兼具自然风险与市场风险双重保障，被证实为美国农业保险计划中保障功能最强的险种，也是未来我国农业保险险种创新发展的方向。那么，"农业收入保险"运行机理及运作模式是怎样的？保险合同设计涉及主要内容有哪些？设计思路与步骤如何？家庭农场作为新型农业主体典型代表，其风险偏好、保费经济可负担能力对收入保险投保决策有何影响？

（4）在不对称信息约束下，"柠檬市场"低风险农户挤出、保险公司选择性供给与隐性拒保、农户防灾减损缺失以及保险人机会主义行为理性产生的内在机理是什么？在其策略应对上，风险分区与差别费率设计、损失分摊机制与无赔款优待设置、指数型险种与保险经营模式创新可行性如何？各有何优缺点？

（5）在农业保险中，保险"愿望代言人"寻租与"保险欺诈"道德风险产生的根源是什么？保险欺诈"临界点"的判断依据是什么？如何从守信者与骗保者扩展博弈中识别保险欺诈？通过成本审核与保险金赔付匹配组合防范保险欺诈可行性怎样？保险契约分类设计能否成为农业保险"逆选择"风险控制激励引导？保险汇合契约是否适用"Wilsen 预期性均衡"原则？在垄断与竞争的保险市场上，多阶段激励性保险契约各有何特征？与保险公司期望利润变动有何关联？其路径优化必要条件有哪些？

第二节　研究内容与逻辑框架

本书除了导论和第七章外，正文部分共分为六章，前三章是有关农业保险险种创新研究，具体包括"成本—产量型""价格型"以及"收入型"农业保险险种创新，在对国内外研究脉络梳理和险种原理的经济学解析基础之上，对农业保险创新险种内在机理、国内试点成功典型案例以及保险方案设计展开深入剖析；后三章是有关信息不对称约束的相关研究，分别从道德风险、逆选择两个层面展开，研究内容与逻辑框架安排如下：

一、研究内容

导论。简要介绍本书研究背景、研究目标及研究意义，对重点概念进行界定，阐述本书主要内容与逻辑框架、采取的研究方法，并对本书创新之处进行整理，试图为本书研究寻求一个逻辑的起点。

第一章"成本—产量型"农业保险险种创新：天气指数保险。本章首先从交易成本、理赔依据、市场流通性等方面对天气指数保险在保成本与保产量方面的优势进行论证，并就"指数"设置、理赔"触发值"测度以及"基差风险"规避相关问题阐述几点设计思想。为尝试解决风险程度和保费标准严重不匹配所产生的保险费率不公平问题，本章采用了因子分析和聚类分析方法，将湘南地区 20 个柑橘种植主产区根据不同风险等级进行区域划分，并以苎麻为研究对象，在对其指数"触发值"测算的基础上设计干旱指数保险定价方案。研究结论认为，保险费率与承灾体风险损失相匹配是缓解农业保险供求不均衡市场失灵的关键，而风险区划则是"指数"触发值确定的基础，也是指数型创新险种理赔的重要依据。有必要根据风险等级实施不同区域差异化保险费率，逐渐摒弃以行政指令强制执行相同费率的传统农业保险险种设计思想。

第二章"价格型"农业保险险种创新：农产品期货价格指数保险。本章首先基于期货市场"价格发现"与"风险规避"功能视角，针对价格型农业保险的运行机理深入剖析，并对价格型农业保险与传统农业保险险种的比较优势进行论证。其次就农户、保险公司、期货机构以及政府等不同利益集团诉求及其主体博弈问题展开经济学分析。最后在价格风险"可保性"问题探讨基础上，以山东金乡大蒜指数价格保险试点项目为典型案例，从保险经营模式特征优势、运行机制角度展开深入剖析。研究结论认为，期货价格（目标）指数保险运行机制与"看跌期权"十分相似，在风险规避、市场交易、险种定价及发展前景方面较传统险种有明显优势，可将其视为保费等同于期权费的风险管理工具，也可视为一种农产品价格风险再保险机制。

第三章"收入型"农业保险险种创新：农业收入保险。本章首先采用变异系数、"均值—半方差"模型，基于风险偏好、生产规模及生产组织形式视角就生猪保险、水稻保险收入保障效用进行分析评价。其次从保险供给主体责任划分、保险责任控制、保费补贴政策以及风险管控等方面探索农产品收入保险运作机理。鉴于收入保险风险波动较"成本—产量型"保险高出数倍，且市场环境、保险赔付都决定了该险种的市场份额，本章以大豆收入为标的，设计兼具产量与价格双重保障的"大豆收入保险合约"，具体包括当事人确定、保险期限设置、目标价格确定、费率厘定以及保险金测算等内容。最后基于家庭农场视角，以湖南湘东地区、湘南地区、湘西地区、湘北地区的调查资料为依据，就风险偏好、保费可承担性与农业收入保险投保决策关联问题展开研究。其中，对农场"风险偏好反转"行为解释参考"阿莱赌局"设计风险偏好多轮实验方案，为本书研究方法的一个重要创新。研究结果认为，家庭农场经营主体存在主观感知上的"风险偏好反转"，曾遭遇巨灾风险导致重大损失是最重要的原因之一。但风险偏好、保费可承担能力并不对所有类型家庭农场产生影响，通常与农场商品化目标定位、连片集中土地规模和产品价格敏感性高度相关，且与减产及价格下跌所致的收入损失接受程度呈正向变动关联。

第四章不对称信息约束下农业保险利益主体行为理性与策略应对。本章一方面应用经济学分析方法，就不对称信息约束下"柠檬市场"低风险农户挤出、保险公司选择性供给与隐性拒保、保险公司"机会主义"行为以及农户防灾减损缺失等问题进行深入剖析；另一方面分别从风险分区与差别费率厘定、损失分摊与无赔款优待制度设计、差异化保险经营模式与指数型产品创新等方面着手，针对农业保险信息不对称风险规避应对策略进一步深入探讨。研究结论认为，在保险事故发生之前信息不对称的情况下，如果保险费率与风险不相匹配，将不可避免地形成低风险优质客户被挤出的"柠檬市场"；与此同时，保险公司为弥补赔偿损失采取"选择性供给"或"隐性拒保"与国家财政补贴政策目标相悖离；在保险事故发生之后信息不对称的情况下，农户可能实施信息欺诈或其他不当利己行动，其中以"防灾减损缺失"最具典型代表性。保险公司则可能虚假承保、虚假索赔或进行虚假业务资金提取，"机会主义"利己行为在一定程度上加剧了农业保险供求"双冷"市场失灵困境，影响农业保险健康稳定发展。

第五章农业保险"愿望代言人寻租"与"保险欺诈"道德风险博弈。本章首先就农业保险"愿望代言人寻租"道德风险产生的内在机理进行经济学分析，而后针对农业保险中的保险欺诈测量、识别与防范问题深入剖析。其中，有关"保险欺诈测量"问题的研究主要侧重于摸索骗保临界点测算方法，"保险欺诈识别"则针对守信者与骗保者扩展博弈展开，于"保险欺诈防范"问题而言，以"审核成本与保险金赔付的匹配"为研究重点。其次就农户、保险公司、政府经办机构和地方政府多方博弈引发道德风险的深层次原因进行探讨。最后引入"四川德阳市高坪镇生猪保险骗保事件"对上述结论进行实践验证。研究结论认为，在骗保者与守信者两类人群约束条件相同且信息公开暴露的条件下，保险公司无法对其诚信类型进行有效识别，保险欺诈发生的概率增大。此外，在精炼贝叶斯纳什均衡策略下，保险金额提高不能带来农户骗保率降低，最优保险契约设计也不能抑制保险欺诈事件发生，因此，保险公司以此作为审核决策依据缺乏可靠性。

第六章农业保险分类契约激励下的"逆选择"问题研究。本章首先基于效用最大化原则对农户"逆选择"的形成机理进行分析；围绕保险契约与保险保障度关联、保险契约风险人群适用、保险汇合契约"Wilsen预期性均衡"的主题，就保险分类契约适用问题展开研究。其次构建"多阶段保险契约"激励模型，就契约优化几种情形展开讨论，并在此基础上探讨"两阶段保险契约"与保险公司期望利润的变动关联。最后以邵阳市城步县蔬菜目标价格保险试点项目为例，对保险契约双方"逆选择"行为表现、机理及产生原因进行实践验证。研究结论认为，农业保险市场不存在稳定的汇合均衡，保险公司纯策略完美Bayes均衡应当为分离均衡，"多阶段保险契约"是一种有效的"逆选择"约束机制，也是一种经验费率激励机制。为保持第二阶段老客户不流失，原保险公司可尝试加入某些约束因子订立保险契约，该限制条件应当有别于垄断市场上的两阶段契约，可以是"紧约束"，也可以是"松约束"。

第七章研究结论与对策建议。本章对全书的研究成果进行归纳总结，并从金融衍生工具与金融服务联动效应、数字化和信息化现代科技支撑以及保险合同科学公平设计等方面，提出加速农业保险险种创新及缓解信息不对称约束，促进农业保险高质量发展相关对策与建议。

二、研究逻辑框架

本书的研究逻辑框架见图 0 - 1。

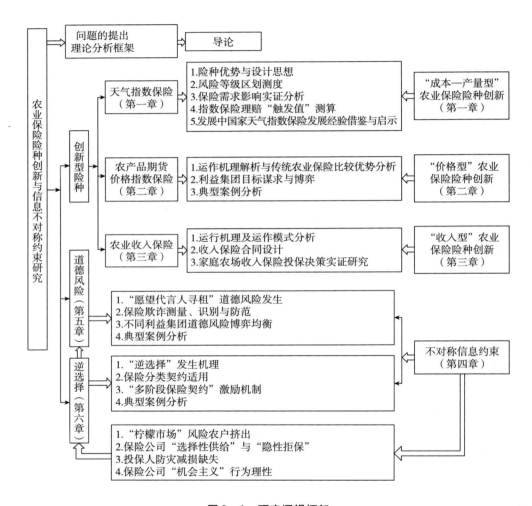

图 0 - 1　研究逻辑框架

第三节　研究方法

　　本书将农业保险险种创新、信息不对称约束与农业保险高质量发展置于同一框架深入研究，试应用边际研究法、实证研究法以及博弈研究法进行经济学理论探讨；构建数理模型，运用数学符号进行直观的、相对精确的量化分析。此外，鉴于目前创新险种大多处于试点推广阶段，典型例证经验可借鉴性较强，研究试采用个案分析法，结合文献资料对单一对象展开讨论。为使研究框架更加条理化、逻辑化和清晰化，本书研究方法具体安排如图 0 - 2 所示：

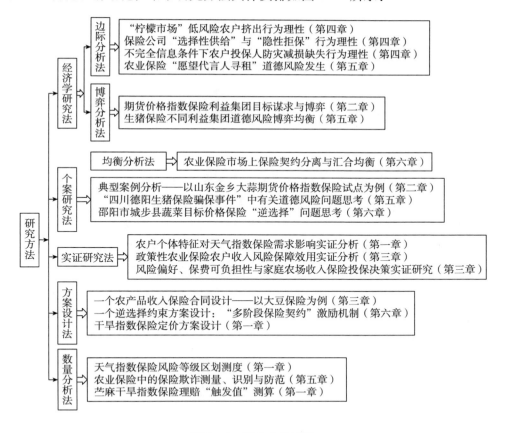

图 0 - 2　研究方法示意

第四节　概念体系与数据来源

一、主要概念界定

（一）农业保险险种创新

保险险种是由保险公司向市场提供的产品和服务的集合，包括有形产品和无形服务。在本书中，农业保险中的"险种"可以理解为由保险公司创造、可供农业生产经营者选择的、在农村保险市场进行交易的风险管理金融工具。根据此释义，农业保险"险种创新"应当具备以下两个条件：一是必须在保证保险公司偿付能力充足的同时又能使其保费交缴水平与风险保障相匹配、能较好地遵循"责权利"对等原则，且具有应用推广价值的创新产品。既可以是对保险标的、保险合同责任及除外责任设定、费率厘定的全新设计；也可以是对已有险种在保险金设定及给付方式条款上的改进等。二是必须为具备能引发购买行为，且能以一定经济补偿减少风险的承诺性组合，是农业生产者寻求风险收益适配性的风险管理工具。

从现阶段农业保险已有创新险种来看，主要涉及"成本—产量型""价格型""收入型"等不同类别，包括天气指数保险、期货价格指数保险、指数（目标）价格保险、农业收入保险等。具体来说，所谓"天气指数保险"，即将一个或多个气候条件对农作物损害程度指数化，每个指数都对应有农作物产量和损益标准，保险合同根据这些指数设定理赔触发值，当实际指数达到合同规定标准且对农产品造成一定影响时，保险人即根据相应标准进行赔付的创新险种。是"成本—产量型"农业保险创新险种的典型代表，天气指数、理赔触发条件为保险合同设计的核心因子。所谓"期货价格指数保险"，其实质即为一种以"期货市场价格发现"和"套期保值"功能将价格风险市场化转移的创新机制，能较好地消除传统价格保护制度弊端，以其市场化介入实现传统农业保险从"保成本"到"保收益"转型，可视为"保险＋期货"模式在农业保险中的创新应用，是目前"价格型"农业保险创新的重要险种。区别于传统单一产量或价格型险种，农业收入保险兼具产量与价格双重风险保障功能，是能同时防范自然风险和市场风险的"收益型"创新险种。这一价格风险管理方式不但促进了我国价格保护机制市场化改革，也是未来农业保险险种创新的发展趋势。

（二）信息不对称约束

信息经济学认为，在市场经济活动中各类人员对信息了解是有差异的，交易双方因了解不充分而处于不平等地位，信息优势方获取利润可以被视为对前期信息投入成本的补偿，是资本获利性在保险领域中的另外一种体现。在农业保险中，保险交易双方信息投入成本有显著差异，信息资源占优会带来财富增加，不对称信息因此可以被视为农户、中介代理人或保险公司信息成本投入差异的产物，信息占有方所获优势即为一种"信息租金"。与此同时，信息不对称也必然会造成保险交易双方利益失衡，尤其在某种信息资源被独占时，垄断利益会随之出现，不但影响社会公平公正，同时也制约了农业保险资源配置效率实现。

在农业保险中，保险方希望将其持有承保业务价值最大化，而投保方或第三方代理人则更多地致力于自身利益最大化。这种目标追求上的不一致决定了行为主体不会从维护对方利益出发，也不会以对方最大利益为目标，信息占优方通常可以获得额外收益，"委托—代理"问题由此产生。可能引发逆选择（Adverse Selection），也可能产生道德风险，前者通常发生在双方合同订立之前，而后者则一般产生在保险契约生效之后。

从肯尼斯·约瑟夫·阿罗在1963年首次提出"逆选择"概念之后，George Akerlof 在其《柠檬市场》中对此做出进一步阐述。自此以后"完全信息下自由市场"原假设被打破，信息被认为是一种新型生产要素，是一种稀缺资源，其功用与资本、土地、劳动等传统生产要素相似。"信息不对称理论"认为，保险交易双方始终处于一种无休止的信息博弈中。在农业保险中，保险方与投保方都有可能发生逆选择和道德风险，这在很大程度上可归结于信息不对称的客观存在。对于农户投保方而言，"逆选择"多发于保险费率与风险不相匹配的情况下，"道德风险"则主要表现在防灾减损缺失方面。相比之下，保险公司在专业信息方面具有显著优势，"逆选择"因此通常体现在提高保费、制定更为苛刻的承保条件措施方面，而"机会主义"利己行为则较易引发道德风险。从目前的实践来看，以激励机制遏制行为主体利己行为、减少信息暴利是降低农业保险信息不对称问题的一种可行思路。

二、数据来源

本书数据主要来源于湖南多地实证调查、近年统计年鉴及权威官网资料整理。不同研究主题数据来源具体安排如下：

（一）有关"苎麻干旱指数保险理赔触发值测算"数据来源

研究将湖南益阳、常德、岳阳作为样本采集地，对苎麻干旱指数保险理赔"触发值"进行测算，主要是基于以下两方面考虑：一是洪涝、干旱、低温、高温对苎麻产量和品质影响很大，尤其在温度偏高和降水偏少的情况下，缺墒状态使苎麻可能大幅减产，适宜作为以"干旱"风险为基本保险责任的指数型创新险种考察样本；二是益阳、常德、岳阳为苎麻主产区，同时也是中重干旱的主要分布区域，在数据资料取证上具有典型代表性。研究取集数据涉及与苎麻产量相关联的土壤相对湿度、作物水分亏缺指数距平、降水距平以及遥感植被供水指数等方面。

（二）有关"天气指数保险风险等级区划测度"数据来源

天气指数保险是根据现实天气指数和约定天气指数之间的偏离进行统一赔付，而非以农户个体产量损失作为保险赔付标准的新型险种。研究以湘南地区柑橘种植资料作为天气指数保险风险等级区划数据来源，主要有以下两方面原因：一是湘南地区是全国柑橘产业发展优势区域，无论是柑橘种植面积还是产量产值均位居全国前列，且高温热害、低温冻害、干旱等主要灾害种类常见，适合以气象灾害风险为研究对象的风险区划测度研究；二是湘南地区柑橘保险仍采取单一保险费率制度，在区域受灾风险与保险费率不匹配方面具有典型代表性，风险区划实践应用价值更为明显。采集数据涉及气象灾害危险性、暴露性、承灾脆弱性以及防灾防损等方面。此外，官方可查证统计数据由近年《中国气象年鉴》《湖南农村统计年鉴》以及中国气象数据网（http://data.cma.cn）等相关资料整理而得。

（三）有关"天气指数保险农户需求实证分析"数据来源

课题组于2020年8月对沅江市黄茅洲镇、泗湖山镇、草尾镇三镇进行实地调查，主要从"农户个体特征"和"农户对天气指数保险认知"两方面展开。前者涉及农户性别、年龄、受教育程度、务农年限、农户家庭年均纯收入以及农户经营类型等方面；后者侧重于农户对天气指数保险的认知度、了解渠道以及基差风险接受度等问题。除采取问卷调查研究法之外，还采取了深度访谈法，以揭示非表面观察与普通面谈可获得资料，如"农户气象事件损失敏感性""指数触发值作为理赔依据的公平性"等。本次调研采用分层随机抽样的方式，共发放问卷650份，回收622份，有效率为95.7%，均由调研人员现场指导完成。

（四）有关"政策性农业保险农户收入风险保障实证分析"数据来源

本书将生猪养殖户和水稻种植户作为考察对象，拟选择常德澧县作为样本取集地展开实证研究，主要基于以下三方面考虑：一是湖南省为水稻、生猪主产区，且为 2007 年首批中央财政指定开展政策性农业保险省份，水稻种植保险、生猪保险开展状况良好；二是常德澧县位于长江中游洞庭湖西岸，水稻、生猪均为澧阳平原地方优势农产品，在以此两者为标的的政策性农业保险收入保障效用考察中具有典型取证价值；三是家庭农场、专业大户、农业合作社正在成为农村微观经济组织的重要构成，这类新型农业经营主体是政策性农业保险收入风险保障的主要人群，因此将其纳入考察范围。为提高结论可信服度，拟选择至少有三年以上生产经验，且曾有过投保经历的农业生产者作为观察样本。有关"水稻作物种植保险"的调查问卷发放 320 份，回收 302 份；"生猪养殖保险"问卷发放 300 份，回收 284 份，调查问卷有效率为 94.7%。具体调查指标体系如表 0 - 2 所示：

表 0 - 2　调查问卷具体指标分布　　　　　　单位：%

调研指标		水稻保险		生猪保险	
		频数	百分比	频数	百分比
农户年龄	30 岁及以下	12	10.0	15	12.5
	31~40 岁	45	37.5	40	33.3
	41~50 岁	48	40.0	54	45.0
	51 岁及以上	15	12.5	11	9.2
文化程度	小学及以下	45	37.5	22	18.3
	初中	48	40.0	42	35.0
	高中或中专	14	11.7	33	27.5
	大专及以上	13	10.8	23	19.2
务农人数	2 人及以下	20	16.7	18	15.0
	3~5 人	62	51.7	81	67.5
	6 人及以上	38	31.6	21	17.5
生产经营组织形式	家庭农场	16	13.3	28	23.3
	专业大户	30	25.0	36	30.0
	农业企业	18	15.0	21	17.5
	农民合作社	36	30.0	23	19.2
	其他	20	16.7	12	10.0

调研指标		水稻保险		生猪保险	
		频数	百分比	频数	百分比
家庭年收入	≤10 万元	34	28.3	24	20.0
	10.1 万~20 万元	56	46.7	63	52.5
	≥20.1 万元	30	25.0	33	27.5
农户对保险认知度	≤20%	56	46.7	40	33.3
	20%~60%	43	35.8	63	52.5
	≥60%	21	17.5	17	14.2
已购买农业保险次数	≤1 次	12	10.0	6	5.0
	2~5 次	72	60.0	81	67.5
	≥6 次	36	30.0	33	27.5
投保目的	政府宣传	66	55.0	58	48.3
	规避风险	40	33.3	50	41.7
	其他	14	11.7	12	10.0
理赔满意度	≤50%	77	64.2	69	57.5
	50%~80%	25	20.8	30	25.0
	≥80%	18	15.0	21	17.5

（五）有关"风险偏好、保费可负担性与家庭农场收入保险投保决策研究"数据来源

湖南是农业大省，稻谷产量位居全国之首，生猪出栏量为全国第二，商品蔬菜生产及加工转化能力超出全国大部分省份，此外，作为以柑橘为主的多种水果产区，水果产量占到全国总量的 5.4%。据不完全统计，目前全省已有家庭农场近 4.2 万户（工商登记注册为 1.3 万户），呈现出经营规模适度、综合效益良好且经营类型多样化的良好发展态势，无论是种养殖型还是旅游观光型家庭农场均具有典型取证价值。课题组于 2020 年对湖南湘东地区、湘南地区、湘西地区及湘北地区等家庭农场抽样调查，涵盖种植型、养殖型、种养加结合型以及观光农业型等不同类型。根据"家庭农场"的内涵定义，样本取集须符合以下四方面要求：一是农业收入为家庭主要收入来源，且净占比不低于

80％；二是农场经营者具有较高文化教育程度，具有较强"经济人"行为理性；三是农场连片土地规模较大，且相对集中稳定；四是农场具有现代农业特征，且拥有较为完善的财务收支管理系统。本次调查共发放问卷 420 份，回收 396 份，回收率为 94.29％，剔除信息不完整后的有效问卷为 378 份，有效率为 95.45％。调查问卷涵盖以下几方面内容：第一，家庭农场基本情况。包括经营行业、年销售收入、主营农产品、工商注册类型等。若经营行业选择"种植业"或"种养业结合"，则加试"集中连片耕种土地面积"选项；若选择"养殖业"，则加试"年出栏量"或"养殖水面"选项；若经营行业为"休闲观光农业"，则加试"场地面积"与"餐饮住宿设施"选项。第二，农场经营者个体特征及家庭情况。前者包括年龄、性别、受教育水平及保险认知情况；后者涉及家庭成员数量、家庭资产、贷款负债及还款期限等。第三，收入保险需求。涵盖农场曾遭遇收入损失的经历及程度、保费财政补贴期望值、其他农业保险产品购买等情况。鉴于调查所涉及的风险偏好与保险需求问题很大程度上源于主观判断，与行为个体主观心理密切相关，研究拟在问卷调查之外采取深度访谈方式，通过面对面交流以考察被试者某些非表象化模糊意识。样本分布情况如表 0－3 所示：

表 0－3　家庭农场样本分布情况

地区		样本量	总占比（％）	经营类型		样本量	总占比（％）
湘中地区	宁乡	51	25.9	种植型	粮食种植	63	38.4
	湘潭	47			蔬菜种植	33	
湘北地区	常德	41	20.9		水果种植	31	
	岳阳	38			茶叶种植	18	
湘南地区	邵阳	38	27.8	养殖型	牲畜养殖	58	31.7
	郴州	32			家禽养殖	35	
	永州	35			水产养殖	27	
湘西地区	凤凰	32	25.4	种养加结合型	粮食＋牲畜	46	20.6
	古丈	26			苗木＋家禽	32	
	怀化	38		观光农业型		35	9.3
合计		378	100.0			378	100.0

第五节　研究创新性探索

一、研究视角创新

第一，本书基于险种创新与信息不对称约束视角，将农业保险具有发展前景的创新险种、道德风险和逆选择与农业保险高质量发展置于同一框架探索，这是农业经济与保险经济学、信息经济学等前沿学科接轨的一种尝试，也是对农业保险传统理论研究的一种突破，在推动农业保险从单一"保成本""保产量"传统险种向兼具价格与产量双重风险保障的"收入型"险种高级阶段转型方面具有较大的参考借鉴价值。

第二，本书基于信息租金视角，将"信息"作为一种稀缺要素资源，对农业保险中"道德风险"和"逆选择"两大资本获利行为的引发机理进行深入剖析，并就不同利益集团间博弈及保险交易双方约束激励机制展开探讨。

二、研究思路创新

第一，本书以现阶段政策性试点新险种为立足点，沿着"成本—产量型""价格型"和"收入型"险种创新三条主线，探索以天气指数保险、期货指数（目标）价格保险以及农业收入保险为典型代表创新险种的特征优势、运行机理、试点经验及一般规律。

第二，本书以"保险欺诈"为切入点，围绕农业保险欺诈测量、识别与防范等问题深入探讨，这是针对不对称信息引发的道德风险和逆选择相关问题研究的一种思路创新。其中，有关"保险欺诈测量"主要侧重于摸索骗保临界点测算方式，"保险欺诈识别"针对守信者与骗保者扩展博弈展开，而"保险欺诈防范"则侧重于研究审核成本与保险金赔付匹配问题。

第三，本书没有止步于农业保险险种创新的一般性问题，而是将保险经济学应用于地方性农业保险实践计划指导，在实地调研的基础上进行方案设计。具体包括定价方案设计、保险合同方案设计以及约束激励方案设计等。

三、研究方法创新

第一，在有关家庭农场收入保险投保决策的实证研究上，考虑到"风险偏好"（Risk Preference or Risk appetite）通常表现为行为主体承担风险损失的态度，归属于心理学范畴的主观概念，很难取得可靠的统计数据。本书拟采取实验设计方法，通过一系列有意图组合方案测试以获得判断依据。实验要求被试者依次完成两个风险任务：一是有关"风险偏好"测试的选择任务；二是有关"风险偏好反转"是否存在的判断任务。前者拟设计多个收入损益组合方案，应用"基于假设性投资问题估算法"展开；后者则参照法国经济学家、诺贝尔经济学奖获得者阿莱的"赌局实验"，设计二轮实验方案进行。这是农业保险中"决策论"悖论的一种检验范式创新，也是本书研究方法的创新之一。

第二，对于险种创新而言，"方案"是农业保险计划中最复杂也是最为核心的环节，方案设计的科学合理性决定险种消费需求满意度，同时也决定了保险公司期望收益目标的实现，最终影响农业保险市场供求均衡。本书研究方法的另一重要创新之处即将"方案设计法"应用于理论实践验证，具体包括"大豆农业收入保险合同设计""多阶段保险契约逆选择约束方案设计""苎麻干旱指数定价方案设计"等。

第一章 "成本—产量型"农业保险险种创新：天气指数保险

农业生产、经营活动直接依赖于自然界力量，因此也最易受到不可抗拒外力所造成的不确定风险影响。在人类拥有的知识技术尚不能较好地克服自然界负面影响时，农业已成为自然风险最大且最为集中的行业，如洪水、霜冻、冰雹、干旱、地震、火灾、暴风、病虫害、暴雨等。有数据表明，每年我国由自然灾害和病虫害导致的农作物减产损失达10%以上。尤其是在全球气候变暖导致天气异常事件频发的情况下，气候对农业生产影响进一步加剧。2008年1月下旬，我国南方大部分地区发生了1949年以来罕见低温冻害天气，导致20个省（区、市）不同程度受灾，因灾直接经济损失高达1516.5亿元。其中，农作物受灾面积1.78亿亩，成灾8764万亩，绝收2536万亩，倒塌房屋48.5万间，损坏房屋168.6万间。据中国扶贫基金会不完全统计，2013年大旱导致西南五省区市至少有218.54万人返贫，经济损失超过351.86亿元，受灾人口超过5826.73万人。《适应气候变化报告》中指出，到2030年，气候变化将使中国东北地区每年旱灾损失超过116亿元，增幅高达50%，且因此带来华北地区大面积旱灾，预测损失可达61亿元。农业是国民经济的基础，农业保险作为农业风险的有效转移机制，在一定程度上弥补了农业生产的脆弱性。近几十年来，以稻、麦、棉花农作物、森林、园林苗圃为对象，对其在生长期间因自然灾害或意外事故遭受损失进行补偿的种植业保险；以牲畜、家禽和商品性水产养殖等为承保对象，承保在饲养使役期，因疾病或自然灾害和意外事故造成经济损失理赔的养殖业保险，为从事种植业、林业、畜牧业和渔业生产农户经济损失提供了一定水平的补偿。就其保险机理而言，这些大多为"成本—产量型"传统险种，仅对影响产量的直接成本进行补偿。前者通常以收获量价值或生产费用为保险标的。如将作物生产成本作为保险标的，按照作物在不同时期、处于不同生长阶段投入生产费用定额承保，或将收获量价值作为保险标的承保；而后者则是针对牲畜、家禽和水产品在饲养期内，因疾病或自然灾害和意外事故造成死亡、伤残及因流行病强制屠宰、掩埋所造成的产量或直接成本进行补偿。经验事实表明，这类"成本—产量型"传统农业保险险种保费厘定难、理赔难度大、灾后损失评估难，且不断暴露出道德风险、逆向选择、经营成本高以及技术"瓶颈"等多种弊端，保障度低下且险种发展缓慢。

农业保险主流观点认为，农业收入保险能够为规模农业主体提供更高风险保障，且美国经验证明其政策性工具风险保障高效，我国农业保险未来发展方向当定位于农业收入保险。与之相反，也有研究指出，收入保险是美国最重要的农业保险险种，但我国并不具备美国农场常年积累的精确产量和价格数据，保费率精算依据不足，且系统性超赔风险居高。根据WTO《农业协定》相关规定，收入保险属于"黄箱"政策而非"绿箱"政策，通常与特定农作物和产量挂钩，与我国农业救灾管理体制不相适应。相较之下，天气指数保险仅以客观天气指数作为理赔阈值，与作物或产量均无关联，较农业收入保险应当更符合我国农业保险发展趋势。

近年来，在世界粮食计划署（WFP）、国际农业发展基金（IFAD）等多方国际组织机构支持条件下，天气指数保险得以迅速发展。例如，加勒比海地区建立以飓风和地震为保险责任的区域救灾基金发展天气指数保险（David Hatch，2008）、墨西哥将天气指数保险应用于救灾计划、埃塞俄比亚则使用其作为干旱引起饥荒救济的补充（Lisha Zhang，2008）等。2006～2010年，全世界范围内许多天气指数农业保险项目进入试点阶段，且涉及政府、跨国公司、私人保险公司、国际再保险公司、救济机构、非政府组织、银行和农民组织等多个利益集团。就我国发展状况来看，2009年安徽省长丰县部分乡镇试点农作物旱灾指数保险，标志着我国天气指数保险实践探索正式展开。2014年8月13日，国务院出台《关于加快发展现代保险服务业的若干意见》，提出"探索天气指数保险等新兴产品和服务""建立巨灾保险制度"等要求，从保障社会民生战略高度确立了天气指数保险地位。这里所谓的"天气指数保险"，是指将一个或几个气候条件（如气温、降水、风速等）对农作物损害程度指数化，每个指数均设置相对应的农作物产量和损益。当该指数达到一定水平，且对农产品造成一定损失时，投保人可获得相应标准赔偿。就其实质而言，即一种以客观独立气象指标与约定承保指标为保单利益依据，根据实际天气事件（如降雨指数低于约定指数的偏差）进行赔付的保险产品。实践表明，这种建立在指数基础上，旨在转移严重天气事件风险的保险创新产品，具备保险权益标准化程度高、能较好地防范道德风险和逆选择等优势，并且正在替代"成本—产量型"传统险种成为稳定农业生产的重要风险保障方式。

第一节　天气指数保险险种优势与设计思想

自保险业新"国十条"提出应积极探索天气指数保险产品与服务之后，不少财产保险公司与地方部门进行产品开发合作与实践试点。如中国人寿财险公司开发福建海产养殖风灾指数保险产品、广东香蕉风灾气象指数保险产品；太平洋产险公司开发农作物风力指数保险、茶叶低温指数保险、杨梅降水指数保险、大闸蟹气温指数保险等新型险种；浙江象山推出的梭子蟹气象指数保险、湖北水稻高温天气指数保险也进入试点。天气指数保险作为一种新型风险转移产品，较"成本—产量型"传统险种表现出显著优势，正在成为我国农业平稳发展的风险保障工具。

一、天气指数保险险种优势

天气指数保险出现在20世纪90年代后期，最初是用于规避能源供应商因异常天气所导致的损失风险，又被称为"气象指数保险"（Index – based Weather Insurance），其保险契约主要由天气指数、保险性质以及触发条件构成，在交易成本、市场拓展以及道德风险及逆选择防范方面具有显著优势。

（一）以气象数据作为理赔客观依据，能降低逆向选择和道德风险发生概率

我国幅员辽阔、自然地理气候复杂、作物种类繁杂，绝大多数县市境内，不同地区就同一种作物生产所面临的风险投保不同，无论是种类、损失强度还是风险发生频率都完全不同。在信息不对称条件下，很可能出现高风险区域农户投保积极，而低风险区域农户少投保甚至不投保，逆向选择和道德风险因此产生。与之相较，天气指数保险将气象数据作为理赔客观依据，这种严格规范的赔付标准能较好地解决信息不对称问题，即使农户投保人采取利己行动，也不会使潜在风

险概率增大或损失严重性提升。

O'Donnell 和 ProVention Consortium（2009）、Lotsch 和 Alex（2007）等学者从不同角度对天气指数保险基本理论及产品原理展开深入探析，证实天气指数保险可根据客观气象数据决定理赔，其科学透明优势能较好地规避道德风险和"逆向选择"发生；Gine 等（2006）、Barnett 和 Mahul（2007）的研究结果也表明，天气指数保险以气象资料为依据，同一地区投保人保费仅与该区域内气象状况挂钩，不受个体影响，相同区域、相同气象状况投保人均收缴同等水平保费，能较好地避免保险交易双方因信息不对称带来的道德风险和逆向选择问题。

（二）保险合约透明，交易成本降低

在农业保险中，保险交易成本包括：注册登记、合同设计、比率确定、逆向选择和道德风险（World Bank，2006）。Olivier Mahul（2010）、Henry K. Baga-zonzya 和 Renate Kloeppinger Todd（2009）、Margaret 等（2012）针对数据获取、天气灾害核损以及理赔操作、交易成本等方面展开研究，认为天气指数保险不需要逐户核损理赔，理赔简单快速，管理成本大幅降低。David Hofman 和 Patricia Brukoff（2006）、Margaret 等（2012）的研究表明，天气指数保险合约标准化和透明化，使其管理成本远低于传统农业险种。其一，天气指数保险合同为标准化合约，在保险责任事故发生后，保险公司不需要复杂的理赔程序，无须根据参保人特征调整合同，只需从气象部门获取气象统计数据，即可直接根据合同约定"指数"理赔，在降低核灾成本的同时减少核灾合约争议。李丹等（2017）的研究证实，天气指数保险合约高度透明能简化查勘及赔付流程，大大降低了保险公司运营成本，成为越来越多发展中国家转移天气风险优势路径安排。其二，与传统农业保险不同，天气指数保险不需要单独投保个体作物多重风险，不需要在灾害事故发生后对每个投保人核赔定损，只与同一区域、同一气象状况有关，能较好地规避道德风险和逆选择发生。汤颖梅等（2018）指出，天气指数保险合同设计科学合理，能有效克服传统农业保险技术和管理上的难题，减少保险公司经营管理成本。

（三）保险产品均为标准化保单，市场流通性强

在天气指数保险中，一般按实际天气事件（如降雨指数低于约定指数偏差）支付保险金，以客观独立气象指标与约定承保指标为保单利益依据，保险权益标准化程度较高，因此容易进入流通市场，且这种类似证明式保险合同格式简单，也容易被农户投保人理解和接受。

Lisha Zhang（2008）研究表明，天气指数保险依托客观独立气象指标和科学指数核定进行赔付，因此具备较高标准保险权益，能有效弥补传统农险不足并打破其保险产品条款禁锢。一方面，险种设计统一，合同透明易懂，在降低系统性风险的同时有利于市场流通，尤其是允许保单向价值高估方向流动，意味着在条件成熟时可引入资本市场与其他金融服务捆绑销售，可将农业系统风险转移到金融市场或再保险市场，较传统农业保险规避风险能力更强。胡金林（2018）研究指出，天气指数保险容易同其他金融服务组合，减少保险公司经营和交易成本，这种可借由资本市场分散风险的优势能吸引更多保险公司进入，加速天气指数保险发展；张静等（2017）的研究证实，天气指数保险可通过在二级市场流动而分散农业风险。另一方面，互联网兴起让碎片化小额投保成为可能，天气指数保险保单标准化特点决定整个流程可以在网上自动完成；可使用 3S 技术和人工智能技术精准生成的客观气象数据作为理赔依据，合同内涵透明、权益统一且客观独立，大幅提高承保、理赔流程经营效率，降低了经营成本。尤其对于交通不便的农村偏远地区，投保简单、赔偿自动发生且利益有保证等优势将使其获得更多同质风险单位，扩大保险公司盈利空间。例如，中农阳光数据公司利用"天地库"数据网和人工智能技术，开发"天慧"气象指数保险产品服务平台，为产品精算、智能化设计和经营管理提供数据支撑，同时也为天气指数保险市场拓展提供更多应用场景。

二、几点设计思想

与"成本—产量型"传统险种以直接损失为保险责任不同，天气指数保险是对异常天气造成的损失补偿进行风险财务转移。例如，以日最低气温及持续时间作为标的受灾因子，当保险标的所在区域遭受低温天气侵袭，达到或超过标的受灾临界值时即视为灾害事件发生，保险人按照合同约定进行赔偿。换言之，当风速、降雨量、温度异常天气（未达灾害级别）达到触发条件后，无论投保人是否受灾或受灾程度如何，保险公司都将根据气象"指数"合同约定向农户支付保险金。可见，天气指数保险在某种程度上可以克服传统农业保险缺陷，但中国是否具有开展适应性仍是一个需要探讨的问题。

目前学界有观点认为，中国农作物产量风险与灾害系统性风险统计显著性不明显，农业气象灾害并不满足"小概率、大损失"可保风险条件，天气指数保险作为风险管理方式作用十分有限；但也有观点认为，天气指数保险在区域和时间上风险分散符合保险"大数法则"。例如，当某一特定天气风险发生时，可以认为区域内所有投保人都将受到影响，每一户都会有损失；从时间上看，天气风险在某一时间段也是风险累积过程。例如，某特定区域每隔十几年会出现一次极端高温天气，但如果在全国范围或全球范围内投保，那么，不同气候带一般不会同时出现某一相同灾害性天象，仍然遵循"保险大数法则"。但是，除考虑天气历史数据之外，天气指数保险产品设计还需要考虑天气变化整体趋势，因此对于特定耕作方式或特定农作物并不适合，也不适用于所有类型气象灾害。例如，在某特定区域存在温度和湿度直接影响农作物种植情况，也存在某特定水域水温影响海产品养殖情形，但同样存在作物产量与天气变化无太大关联状况。农户损失可能与生产技能、耕种土壤质量、农作物品种差异有关，也可能与农户防灾防损、精耕细作、生产自救等生产活动有关。Barnett 和 Mahul（2007）的研究结果证实，导致减产因素不单只有天气风险，同时也存在其他灾害风险影响。如对于病虫害和农产品价格波动损失就无能为力。气候难以预测性和极端天气突发性成为了天气指数保险发展一大难点。

国内外学者对天气指数保险产品设计原理及步骤进行了深入研究。一致认为天气指数保险在产品设计上应当兼顾以下四方面：一是天气变量必须建立在相关损失基础之上，测量须由第三方进行；二是"指数"选取必须能较好地体现损失及其程度，且以翔实可靠历史数据作为风险定价参照；三是天气灾害事件必须具可观察性和易测量性；四是政治、经济环境稳定且利益集团支持。下面我们就天气指数保险产品设计思想的几个关键性问题进行文献回顾。

（一）几种常见天气指数保险产品的"指数"设定

"指数"和赔付标准准确度在很大程度上影响天气指数保险可持续性发展。当前天气指数保险影响因子"指数"多集中于降水与温度方面，其他因子实践应用研究相对较少。一项来自 *International Fund for World Food Programme* 的报告显示，在 30 个天气指数农业保险项目中，有 21 个是以"降水量"作为指数设定，保险价值高达 10 亿美元，有 130 余万农民获益，其中，OECD 国家占 60%，印度成效最为显著。

（1）以"降水"为指数设定的天气指数保险产品。曹雯等（2019）根据河南省各个区域遭受旱灾影响度，使用经验法和单产分布法对降水量稀少的干旱指数进行确定，并以此作为区域差异性费率厘定依据；汪德萍等（2014）、聂荣和宋妍（2018）对河北、辽宁等地近年玉米产量和气象数据关联，采取减产率回归方程确定玉米干旱指数基本取值范围；马国华（2019）在总结国外经验的基础上提出产品设计环节应依次为：收集相关气象数据、确定干旱指数、量化干旱风险、构建保险合约、合约定价（确定保费额度）以及与信贷产品捆绑等；张静等（2017）结合暴雨对水稻减产影响，设计了水稻降雨指数保险产品理赔标准；Ornsaran Pomme Manuamorn（2011）从合理确定保险起始时间、建立更多气象站、加入包括土壤熵熔、降雨量的极值、建立降雨指数分布模型等降雨指标减小基差风险等方面着手，对泰国 Pak Chong 干旱指数保险进行改进。

（2）以"温度"为指数设定的天气指数保险产品。宋博等（2014）结合历史数据，就浙江省柑橘主产区低温冻害对柑橘减产影响展开探索，其中，设计减产率模型科学设计冻害指数，并制定柑橘冻害指数保险赔付标准和方案；姜德华（2020）、徐婷婷等（2017）等基于历史极端低温气候和产量数据对苹果低温冻害进行研究，并在冻害级别区划基础上设计以"冻害指数"为赔付依据的保险产品；陶红超等（2020）分别对茶叶和蜜橘等农作物低温冻害进行测算，并根据冻害指数取值范围厘定差别化保险费率。

（3）以"多气象因子"为指数设定的天气指数保险产品。由于作物生长过程中所遭受灾害不是单一的，除常见的低温、降水等单气象因子影响之外，还有其他气象因子或历史产量数据发生作用。World Bank（2011）研究融合产量指数保险和天气指数保险互补优势综合保险产品开发路径；Michael T. Norton 等（2013）提出根据空间地理特征差异来量化承保风险，如观测站之间的高度、经纬度等。鉴于单一指数保险保障功能相对较弱，目前越来越多保险公司设计以多气象因子混搭为指数设定的保险产品。如林乐芬和李远孝（2020）基于水稻不同天气因子灾害损失与相关指标间联系，设计单季稻天气指数保险合约；刘新立等（2017）对强风指数保险展开研究，制定台风灾害天气指数及保险赔付方案；牛浩和陈盛伟（2015）应用保险精算，利用 AHP 与 SPSS 多重比较分析确定了 HP 滤波模型与风雨倒伏指数的无差异关系，通过不同保险定价模型的风险管理特性分析，选取指数定价模型建立气象产量与风雨倒伏指数的相关关系，厘定玉米气象指数保险费率；杨太明（2018）对安徽省宿州市十几年逐日历史气象数据和冬小麦主要气象灾害种类，通过天气指数赔付率与历史产量损失率对比，设置保单触发值及赔付标准；聂荣等（2018）研究辽宁省两种不同气象情况与玉米单产的相关性，采取加权平均法确定理赔指数和保险费率。

（二）关于"天气指数触发值"的确定

传统保险补偿一般针对个体气象条件变化带来经济损失进行，通常由特定气

象条件下标的损失触发；而天气指数保险则基于客观标准天气指数变动触发，针对区域内所有投保群体统一补偿。触发条件更加客观，赔付也更加简易便捷，且道德风险被弱化，是一种农业保险方式的有益探索。如苏州推出的"大闸蟹气温指数保险"。根据保险条款规定，在保险期内当地只要连续 3 天以上最高气温超过 37.5℃，投保蟹农即可获得理赔。即当气象指数达到预定触发值，投保人即可获赔。事实表明，尽管气象指数保险能减少理赔勘查、定损时间和人力成本，但"指数"对数据精确要求较高，其准确与否关系到保险公司盈余亏损。

天气指数保险险种设计最重要环节即指数"触发值"确定，这需要 30 年左右气象数据及其该期限内峰值灾害与气象关联损失数据为支撑。但我国自然环境和气候条件复杂多变，气象基础设施缺乏，部分地区还存在小气候现象，气象资料无法满足具有一定历史跨度、连贯性和监测地理密集性特征。此外，作物产量关联性气象数据缺失尤其是与当地的实际损失关联计算不准确很容易诱发基差风险。天气周期导致数据收集难度增大，影响天气指数保险的实施和推广。王绪瑾和王翀（2020）研究指出，当前技术水平尚不能依据天气资料和历年产量精准确定保险产品与某一具体气象因子之间关联，大多数是采用单种灾害因子承保，仅针对某一项指标进行，如降雨量、温度、风力等。客观实践证明，气象灾害通常具有伴生性且减产原因多样化。除天气因素以外，损失可能与农户生产、技能耕种、土壤质量、农作物品种差异等因素有关，也在一定程度上取决于农户防灾防损精耕细作以及生产自救等活动，这种单一指标难以反映多种灾害复杂情况。

鉴于天气指数"触发值"确定技术性难度很大。可以从以下两方面着手：一是由地方政府和保险公司在作物投保区域联合投资增设辐射全域的气象观测站；二是约请气象专家根据区域所处经纬度、海拔、日照时数数据推算气象指数，并将连续降雨量、风力等级、高温等历史数据和受灾损失金额相关联科学客观地设定赔付指数。此外，随着智慧农业的发展，可将 RS 卫星遥感、GIS 地理信息、GPS 全球定位技术和农业大数据分析处理应用于天气指数保险产品设计，较好地解决历史产量数据与气象数据关联问题。如综合考虑土壤、植物及气象因素对作物水分亏缺影响，并在此基础上测算旱级指数，或以最大降水重现阈值作为降水过量触发值等。

（三）关于"基差风险"规避问题

在天气指数保险中，现实天气指数与合同约定间的偏离即为保险理赔依据，只要这两个指数达到理赔阈值即启动保险赔偿程序。因此，在同一农业保险风险区划内，所有投保人以相同费率投保，当约定灾害发生时投保人可获得相同赔付，与农户个体产量损失无关，理赔纠纷和逆向选择因此大幅降低。自 2007 年我国首家天气指数保险试点开始，北京、上海、青海、广州等地相继推出蜂业气象指数保险、藏系羊牦牛降雪量气象指数保险、蔬菜种植气象指数保险等新型产品。但在应用过程中存在几种尚未能解决的不公平状况：一是有的地区达到指数阈值却并未受灾，而有的地区遭受严重灾害但气象记录却未达到触发值。并且，即使遭遇同样灾害，村民与村民之间、村与村之间受灾程度也并不完全相同，因此，可能出现有的农户未受灾却可理赔，而有的农户受灾严重但整个区域损失未达到触发值而不予赔偿或区域内保险金同一而不能弥补严重损失情况的事件发生。二是农户处于同一气象环境中，但损失发生是基于防灾防损、精耕细作、生产自救等所致，而并非"天气"这一保险责任因素。当"天气指数"阈值不能真实反映灾害损失及程度，同一投保区域、同一天气风险损失但有效赔偿不公平时，"基差风险"将不可避免。梁来存（2021）指出，"基差风险"越大，天气指数保险产品对投保农户的保障度越低，天气指数保险保障效用与"基差风险"呈反向变动关系；聂荣和宋妍（2018）的研究也证实，保险实施效果很大程度上取决于农户遭遇灾害与该地区天气指数水平关联度。农户实际遭遇天气水平越接近地区平均水平，"基差风险"则越低。

可见，当同一地区内天气变量存在小气候差异时，以区域性天气指标核算农户个体实际受损难以保证准确度。Barry J. Barnett（2005）在南格鲁吉亚玉米农场区域产量指数保险中加入"低温"天气约束因子，发现单一变量对天气指数保险发展限制性很大，尤其在气象站辐射无法覆盖小气候区域时，遭遇冰雹、大风等局地性气象灾害，气象数据很难通过气象站监测记录，"指数"确定不准确，损失与赔付不相匹配影响天气指数保险推广。随着智慧农业发展，3S 技术和大数据可以绕开产量损失与灾害性天气关联数据"瓶颈"制约，根据不同气象、不同区域、不同作物生长特征进行指数触发值测算，较好地解决"基差风险"问题。如采取物联网、气象监测、智能感知以及精准监测技术实现对农田地块的智能识别与精准测量；利用遥感数据、气象数据、生产数据和土地数据实现农田地块全网式、全方位的覆盖等。目前中农阳光数据公司基于 RS 卫星遥感、GIS 地理信息、GPS 全球定位技术和大数据支撑开发北方玉米降水指数保险，基差风险因此大幅降低。

第二节　天气指数保险风险等级区划测度

——基于湘南地区柑橘种植调查数据

美国、加拿大、日本、德国等发达国家的经验证明，潜在灾害是极端气候与人类和自然系统暴露度、脆弱性的共同作用结果，只有当保费与预期损失相匹配时，农户才会选择农业保险，否则会理性转向其他风险规避方式选择，最终导致农业保险市场萎缩。在目前农业保险中，大多数地区仍采用统一保险费率，保费缴纳无法反映真实风险，区域受灾风险与保费价格严重不匹配，使农业保险未能很好地发挥风险分散与损失转移作用，逆选择与道德风险因此加剧。

天气指数保险是根据现实天气指数和约定天气指数之间偏离统一赔付，而非以农户个体产量损失作为保险赔付标准。在同一风险等级区域内，所有农户均以相同费率购买天气指数保险，当灾害发生时获得等同赔偿。可见，保险费率与承灾体风险损失匹配是缓解农业保险市场失灵的关键，而风险区划则为天气指数保险理赔重要依据，也是"指数"触发值确定的前提基础。这里所谓"风险区划"，是指根据农作物生产面临风险，依据其种类、发生频率和强度、时空分布差异性特征以及对作物产量影响程度，按照一定原则进行地域性划分，使农户保费负担与保险赔偿责任相匹配。中国是世界上自然灾害发生频繁的国家之一，干旱、洪涝、台风、暴雨、冰雹等灾害种类多且损失严重，但同一区域内农作物种植种类大多相似、风险类型及发生频率也有一定相似性，因此可以遵循"风险同一性原则"，根据农作物产量损失差异进行风险区域划分。

从发达国家的实践来看，无论风险区域划分依据如何，其实质都是保证同一区域风险水平基本相当，使保险理赔与风险损失相匹配，即使不同地区旱灾、水灾、雪灾等自然灾害发生概率并不相同。例如，美国"农作物一切险"以风险等级为依据划分保险责任区域，每个县设立 5~10 个风险责任区，较好地体现不同地区风险差异；日本将每个府划分成 6~8 个风险等级，不同农作物依据其风险确定相应费率；加拿大开办"农作物一切险"，根据不同省份、不同地区气候、土壤、地理条件进行风险区域划分，根据风险区域采取差异性费率；而德国则根据不同地区雹灾发生次数及强度，针对九大农作物风险将全国划分为 44 个不同等级风险区域。

国内有关农业保险区划研究大多采用实证定量分析展开，学界在"风险区划是厘定科学合理和公平价格的基础"观点上已基本达成共识；且在以水稻、玉米、小麦等大宗农作物为样本的天气指数保险探讨中，均证实保险保障效率必须建立在农作物风险区划基础之上，其中，"指数"阈值与区域整体风险相匹配是该创新险种发展的关键。庹国柱和朱俊生（2016）采用线性回归法、相关系数法划分陕西省渭南地区棉花种植风险等级，指出农业保险区划既要了解该地区农作物灾害时间、空间分布规律以及与各区域灾害联系，也要选择适当的依据和指标。如灾害形成条件差别指标、灾害统计指标以及损失产量指标等；贾建英等（2019）为提高西北旱作冬小麦干旱风险管理水平，选用甘肃省41个气象站1971～2016年逐日常规气象观测资料及甘肃省冬小麦农业生产相关资料，基于自然灾害风险理论，从危险性、暴露性、脆弱性、防灾能力4个因子出发，建立了甘肃省冬小麦干旱灾害风险评估模型，并用 Arc GIS 对甘肃省冬小麦进行干旱风险区划。结果表明，甘肃省冬小麦全生育期干旱高危险区和次高危险区主要位于陇中北部、陇东北部和陇南南部；高暴露区和次高暴露区集中在陇东和陇南地区；高脆弱区和次高脆弱区主要位于陇东大部；次低防灾能力区和低防灾能力区位于陇东大部和陇南北部。甘肃省冬小麦高风险区分布于庆阳市北部和陇南市南部，次高风险区和中度风险区主要位于陇东大部、陇中北部和天水市北部，省内其余冬小麦区属于次低和低风险区。该研究成果将为甘肃冬小麦防灾减灾及可持续发展提供一定理论依据。

一、湘南地区柑橘风险等级分区指标体系构建

根据国际经验，风险等级分区一般有定性方法和定量方法两种类型。其中，定性方法包括主导指标法、套选法、经验法等；定量方法包括聚类分析法、相关分析法、线性回归分析法等，但大多数情况下，风险等级分区均以主导指标法、因子分析法以及聚类分析法相结合进行。占纪文等（2019）根据福建省县域的中晚稻生产情况，选取稻谷历年平均减产率等6个指标为风险指标，运用聚类分析法对中晚稻产量保险进行风险区划，得到低、中、高三个风险大区。邢红飞等（2018）通过构建森林火灾风险区划指标体系，运用聚类分析法，对我国进行森林风险等级区划，将我国区划为4个不同的风险等级区。梁来存和周勇（2019）利用系统聚类法、K－均值聚类法和模糊聚类法对我国粮食生产进行省级风险区域划分等，均从不同方面、以不同研究方法对风险分区进行探索。本节尝试就湘南地区柑橘风险进行等级划分，应用孕灾性、承灾性以及抗灾性指标，从气象灾害危险性、暴露性、承灾体脆弱性以及抗灾性方面着手构建指标体系。

（一）柑橘气象灾害危险性指标选取

所谓"气象灾害危险性"，是指某一地区、某一时间导致气象灾害的自然变异因素、程度及其灾害发生可能性。这里"气象灾害"主要指极端气候条件及自然地理环境。柑橘"气象灾害危险性"通常包括影响柑橘生产的各种致灾因子异常演变度，由致灾因子活动强度、规模以及发生频率所决定。一般情况下，致灾因子异变强度越大，频率越高，所造成的破坏损失越严重，气象灾害危险性就越高。鉴于农业气象灾害成因复杂，单独指标往往不能真实、全面地反映灾害危险程度，研究拟从气象、作物、自然地理环境等多方面选取指标构建评价体系。

柑橘属喜温性植物，气温对柑橘光合作用、吸收作用、蒸腾作用以及根系水分和养分吸收有着重要影响，热能效应能决定树体生长发育过程及生理机能活动，并直接影响其内部化学变化和物质转移。鉴于"温度"是影响柑橘生长发育和产量的关键性因素，有关柑橘"气象灾害危险性"指标，现根据湘南地区实际情况设置如下：

第一，有关柑橘"高温热害"危险性气象指标设置。柑橘生长最适温度为24℃～28℃，且随气温升高果实品质也会随之提高，其中，10℃积温要求在4000℃以上。但是，当积温超过8000℃的极端高温出现时，柑橘质量和产量均会有大幅下降。研究因此选取"日平均温度≥10℃积温正距平""≥35℃高温天数"作为热害危险性评价指标，其中，"日平均温度≥10℃积温正距平"测算公式为：

$$C_1 = H - H' \tag{1-1}$$

第二，有关柑橘"低温冷害"危险性气象指标设置。柑橘忌霜冻，对低温反应十分敏感，其中，越冬条件是决定柑橘生长和分布的主导因素，尤其是冬春极端低温往往成为柑橘栽培的重要制约因子。湖南冬季一般自11月下旬或12月初开始（湘南及个别山间盆地可推迟20天），通常可达3个多月，湘南地区冬季气温适中且降雪较少，但比较湿冷，有时会发生雨淞冰冻天气，在位置和地面结构特殊地区甚至可能出现低温冻害，导致柑橘春季发芽推迟、生理落果期延长以及坐果率降低等现象，柑橘减产幅度增大。鉴于极端最低温度为柑橘气象危险性重要衡量依据，研究拟选取"最冷月平均气温""极端最低气温"作为低温冷害评价指标。

第三，有关柑橘"日照时数"危险性气象指标设置。柑橘是短日照果树，喜漫射光且较耐阴，丰富的日照和降水有利于枝、叶、花芽生长发育，提高坐果、结实和着色品质，对柑橘生长发育、生理生化过程及产量品质形成都产生重要影响。一般情况下，要求年日照时数 1200～1500 小时、年降水量 1000～2000 毫米、空气相对湿度 75%～82%，如果低于这一光照和降水标准，会引起落果或枝条枯死致果实品质下降。鉴于降雨、日照对柑橘产量影响，研究拟选取"年日照时数"作为光照条件评价指标；选取"年降水量""降水负距平百分率"作为水分条件衡量标准，其中，"降水负距平百分率"测算公式为：

$$C_7 = \frac{M - M'}{M'} \tag{1-2}$$

（二）柑橘气象灾害暴露性指标选取

"气象灾害暴露度"一般通过某些环境因素浓度含量以及与作物接触时间、途径特征确定，是衡量农作物接触外部环境的暴露程度指标。根据作物暴露度与气象灾害不良反应关系可对风险及其地域性特征进行分类研究。在柑橘生产中，"暴露性"指承灾体规模和集约度，即可能受到致灾因子威胁的所有柑橘树体、果园和柑橘生产主体覆盖度，通常以单元承灾体数量或价值量作为评估指标。通常情况下，柑橘种植比例越大，地区暴露于致灾因子的柑橘树木越多，意味着区域气象灾害风险越大，受灾财产价值密度越高。因此将"柑橘种植面积/耕地面积"作为不同县（市）潜在气象灾害相对暴露量指标进入实证研究，测算公式为：

$$C_8 = \frac{Q}{Q'} \tag{1-3}$$

（三）柑橘承灾体脆弱性指标选取

在柑橘生产中，"承灾体脆弱性"指由于致灾因子可能造成伤害或损失的程度，主要反映柑橘生产风险可能损失度；而所谓"柑橘承灾体"，则指所有柑橘树体、果园和柑橘生产主体。一般情况下，承灾体脆弱性评价指标因此应当能体现作物产量受主要气象灾害影响损失的程度及地域差异，如成灾面积百分率、受灾面积百分率等，且柑橘减产率与成灾面积百分率多呈较强正相关关系。考虑到湘南地区历年柑橘受灾面积、成灾面积数据缺失，研究拟应用"减产率"作为柑橘承灾体"气象灾害脆弱性"考察指标，测算公式为：

$$C_9 = \frac{\hat{Y} - Y}{\hat{Y}} \times 100\% \tag{1-4}$$

（四）柑橘气象灾害抗灾性指标选取

柑橘种植防灾防损是橘农对可能发生的气象灾害的风险识别、分析和处理，以防止或减少灾害事故发生的工作。承灾体不同、自然灾害不同，防灾减灾能力差异性也大不相同，决定柑橘气象灾害风险等级与防灾减灾能力高度相关，且要素种类繁多。从实践看来，单位面积产量基本能代表一个区域农业生产水平，柑橘"单产产量"波动一定程度反映当地防灾减灾能力。产量变异系数越小，产量越稳定，可以认为柑橘气象灾害抗灾性越强；变异系数越大，产量波动越大，则表明抗灾能力越弱，柑橘种植地域性风险越大。鉴于目前尚不清楚何种要素、何种属性与柑橘气象灾害风险抗灾能力关系最为密切，研究拟选取"单产变异系数"作为衡量单位面积产量年际变动幅度指标进入研究系统。这里主要是考虑到两方面原因：一是该指标能剔除时间趋势和生产力水平差异，较好地反映柑橘产量波动情况；二是该指标能体现湘南地区各市、县柑橘种植土壤条件。单产变异系数越小，表明该地区土壤资源条件越好，越有利于柑橘种植，柑橘气象灾害抗灾性越强。计算公式为：

$$CV = \sqrt{(Y - \hat{Y})^2 (T - 1) / \bar{Y}} \tag{1-5}$$

其中，CV 表示各县单产变异系数，Y 表示各县实际单产，$\bar{Y}$ 表示各县平均单产，$\hat{Y}$ 表示理论单产（即趋势单产），T 表示年数。CV 值越大，表明产量年际波动越大，产量越不稳定，柑橘气象灾害抗灾性越弱，反之亦然。

二、指标量化与检验

根据影响柑橘生产的气候因素、柑橘灾害受损程度等因子，本节拟选取日平均温度≥10℃积温正距平、≥35℃的高温天数、最冷月平均气温、极端最低气温、降水负距平百分率、年均降水量、年日照时数、柑橘种植面积占比、单产变异系数、减产率 10 个指标作为风险分区初始变量进入实证分析（见表 1-1）。

根据 1990~2019 年湖南省气象局数据整理，可得出湘南地区各市、县柑橘气象风险因子初始数据如表 1-2 所示。

表1-1 湘南地区柑橘产量风险区域分级指标及选择依据

因子	定性	指标	选择依据	表达式
孕灾因子（Factor1）	危险性	日平均温度≥10℃积温正距平、≥35℃的高温天数	≥10℃积温在4000℃以上适宜生长，但积温超过8000℃，产量下降	$C_1 = H - H'$
			≥35℃的高温天数越多，产量越低	C_2
		最冷月平均气温	柑橘忌霜冻，冬春的极端低温限制柑橘产量，气温越低，产量越少	C_3
		极端最低气温	同上	C_4
		年日照时数	年日照时数1200～1500小时适宜生长，光照丰富，生长较好；光照不足引起落果	C_5
		年降水量	年降水量1000～2000毫米适宜生长，对柑橘生长发育过程和品质产生影响	C_6
		降水负距平百分率	反映某一时段降水与同期平均状态的偏离程度	$C_7 = \dfrac{M - M'}{M'}$
	暴露性	柑橘种植面积占耕地面积之比	种植比例越大，承灾体越多，潜在损失越大，风险也越大	$C_8 = \dfrac{Q}{Q'}$
抗灾因子（Factor2）	抗灾性	单产变异系数	产量的变异系数越小，产量越稳定，抗灾能力越强	$C_{10} = \dfrac{(Y - \hat{Y})(T-1)^{\frac{1}{2}}}{\hat{Y}}$
承灾因子（Factor3）	脆弱性	减产率	减产率与成灾面积百分率呈较强正相关	$C_9 = \dfrac{\hat{Y} - Y}{\hat{Y}} \times 100\%$

表1-2 湘南地区各市、县柑橘风险分区因子初始数据　　　　单位：%

地区	≥35℃的高温天数	最冷月平均气温	降水负距平百分率	单产变异系数	减产率
道县	12.01	3.63	0.00	0.09394	0.0279
桂阳	40.96	3.90	16.16	0.08828	0.0364
资兴	33.99	3.83	7.38	0.11502	0.0477
祁东	14.06	3.66	0.00	0.11063	0.0537
衡山	30.67	3.78	16.54	0.1073	0.0679
嘉禾	13.05	3.62	0.00	0.10958	0.06
江永	21.25	3.79	5.85	0.09502	0.041
祁阳	15.20	3.73	0.03	0.09057	0.054
宜章	17.32	3.66	0.00	0.09405	0.009

续表

地区	≥35℃的高温天数	最冷月平均气温	降水负距平百分率	单产变异系数	减产率
新田	18.09	3.70	0.00	0.09107	0.017
临武	20.34	3.77	0.97	0.08278	0.071
宁远	13.91	3.64	0.00	0.09528	0.0143
永兴	28.15	3.86	14.83	0.08825	0.0518
耒阳	29.61	3.84	11.28	0.08821	0.0444
衡东	23.14	3.77	6.76	0.10566	0.0584
衡阳	13.22	3.56	13.77	0.1088	0.0553
衡南	23.49	3.83	2.75	0.09068	0.0441
常宁	9.33	3.59	0.00	0.11807	0.0547
安仁	26.06	3.76	6.48	0.11131	0.04341
蓝山	16.83	3.76	0.04	0.11106	0.05535

鉴于研究取集指标量纲不同，缺乏数据可比性。为消除不同计量单位影响，增强指标的可衡量，将该组指标因子进行无量纲化处理，计算公式如下：

$$X_{1ij} = \frac{(x_{ij} - x_{minj})}{x_{maxj} - x_{minj}} \tag{1-6}$$

$$X_{2ij} = \frac{(x_{maxj} - x_{ij})}{x_{maxj} - x_{minj}} \tag{1-7}$$

其中，x_{ij} 表示第 i 个对象的第 j 项指标值；X_{1ij}、X_{2ij} 表示无量纲化处理后第 i 个对象的第 j 项指标值；x_{maxj} 和 x_{minj} 分别表示第 j 项指标的最大值和最小值。式 （1-6）适用于与风险成正比的指标测度，式 （1-7）适用于与风险成反比的指标测度。经过归一化处理后的相关数据如表 1-3 所示。

表 1-3 湘南地区各市、县柑橘气象风险因子归一处理结果

地区	≥35℃的高温天数	最冷月平均气温	降水负距平百分率	单产变异系数	减产率
道县	0.085	0.2186	0.00000	0.316	0.309
桂阳	1.000	1.0000	0.97751	0.155	0.447
资兴	0.780	0.7772	0.44634	0.913	0.628
祁东	0.149	0.2986	0.00000	0.789	0.725
衡山	0.675	0.6446	1.00000	0.694	0.953

续表

地区	≥35℃的高温天数	最冷月平均气温	降水负距平百分率	单产变异系数	减产率
嘉禾	0.118	0.1766	0.00000	0.759	0.825
江永	0.377	0.6639	0.35368	0.346	0.520
祁阳	0.185	0.4847	0.00171	0.221	0.731
宜章	0.253	0.2990	0.00000	0.319	0.000
新田	0.277	0.3985	0.00000	0.235	0.140
临武	0.348	0.6182	0.05874	0.000	1.000
宁远	0.145	0.2471	0.00000	0.354	0.093
永兴	0.595	0.8700	0.89701	0.155	0.693
耒阳	0.641	0.8087	0.68239	0.154	0.575
衡东	0.437	0.6213	0.40889	0.648	0.799
衡阳	0.123	0.0000	0.83247	0.737	0.749
衡南	0.448	0.7942	0.16641	0.224	0.570
常宁	0.000	0.0825	0.00000	1.000	0.741
安仁	0.529	0.5848	0.39201	0.808	0.559
蓝山	0.237	0.5694	0.00244	0.801	0.751

为增强因子分析可信度，本节试使用 KMO 标准对原始指标适合性进行检验，检验标准如表 1－4 所示，其目标在于通过变量间相关系数和偏相关系数比较以验证变量适用情况。通常情况下，KMO 取值为 0～1，但必须大于 0.5 才具分析价值。其中，取值越接近 1，可靠性越强，越适于作为因子分析。

表 1－4　KMO 取值区间与偏相关程度

KMO 值	偏相关程度
0.90～1.00	相关程度高
0.80～0.89	相关程度较高
0.70～0.79	相关程度一般
0.60～0.69	相关程度较低
0.50～0.59	相关程度低
0.00～0.49	不相关

三、检验结果及分析

根据 KMO 取值区间比较来看，"≥35℃的高温天数""最冷月平均气温""降水负距平百分率""单产变异系数""减产率"5 个指标可以用来解释柑橘产量风险"危险性"特征的大部分信息；"柑橘种植面积/总耕地面积"可以较好地评价柑橘产量风险"暴露性"；而"减产率""单产变异系数"在一定程度上适于对柑橘产量风险"脆弱性"与"抗灾性"进行解释。

在进一步验证时发现，抗灾因子（Factor2）与单产变异系数存在高度相关性；孕灾因子（Factor1）中最冷月平均气温、≥35℃的高温天数、降水负距平百分率指标关联度排序居于前三。在湘南地区柑橘产量风险统计数据缺乏情况下，"减产率"应当是目前对承灾因子（Factor3）合理解释的适宜变量选择。

根据 KMO 检验结果确定进入实证分析的柑橘风险等级分区解释变量，并应用 SPSS 进行测算，因子载荷矩阵、方差贡献率和累计方差贡献率如表 1－5 所示。

表 1－5　因子载荷矩阵、方差贡献率和累计方差贡献率

指标	Factor1	Factor2	Factor3
≥35℃的高温天数	0.94011	0.26727	－0.01242
降水负距平百分率	0.93049	0.12515	0.16263
最冷月平均气温	0.89551	0.27174	－0.12686
单产变异系数	－0.44438	0.71041	－0.53603
减产率	－0.44271	0.66719	0.59689
方差贡献率	44.60000	22.21500	13.72600
累计方差贡献率	58.90000	81.11600	94.84200

从表 1－5 可看出，研究所选取孕灾因子、承灾因子和抗灾因子累计方差贡献达 83.46%，能够解释原数据的大部分信息，表明所选取 3 个公共因子科学合理。但是，每个公共因子含义不清晰，并不适用于作为背景解释指标。因此研究拟根据因子载荷矩阵不唯一性，采用方差最大正交旋转法对其实行因子轴旋转。即用一个正交阵右乘 A（由线形代数知道一个正交变换，对应坐标系的一次旋转）使旋转后因子载荷矩阵简化，每个变量仅在一个公共因子上有较大载荷，在其余公共因子上载荷较小或中等大小。旋转后的因子载荷矩阵、方差贡献率和累

计方差贡献率如表1-6所示。

表1-6　旋转后的因子载荷矩阵、方差贡献率和累计方差贡献率

指标	Factor1	Factor2	Factor3
≥35℃的高温天数	0.96909	-0.08148	-0.09809
最冷月平均气温	0.92943	0.01226	-0.16697
降水负距平百分率	0.90474	-0.29366	-0.05599
单产变异系数	-0.14021	0.97121	0.17184
减产率	53.158	0.17016	0.97407
方差贡献率	53.15800	21.30500	20.37900
累计方差贡献率	53.15800	74.46200	94.84200

建立因子分析数学模型的目的不仅要找出公共因子及其变量分组，更重要的是根据每个公共因子意义对实际问题做出科学分析。就统计意义而言，旋转后的因子载荷矩阵有利于获得公共因子和变量间相关系数，能较好地说明某一变量在该公共因子上的重要程度。从表1-6旋转后公共因子数据可得出以下几点结论：

第一，孕灾因子（Factor1）与≥35℃的高温天数、最冷月平均气温、降水负距平百分率具强关联。高温和最冷气温、降水变量能够较好地体现某一地区孕灾环境。温度和水分取值越大，表明气象灾害风险越低，自然环境越适合柑橘生长。

第二，抗灾因子（Factor2）与单产变异系数相关性较强。单产变异系数越小，抵御风险能力越强，可能遭受潜在损失越小，表明该地区拥有较好减灾抗灾能力。

第三，承灾因子（Factor3）与减产率关联明显。"减产率"主要反映气象灾害可能带来产量损失及程度。通常减产率越大，损失越大，地区范围内承灾体可能遭遇的气象灾害风险也越大。

根据该组公共因子测算公式，可求出湘南地区在抗灾因子、承灾因子和孕灾因子上的得分，如表1-7所示。

根据柑橘高温热害公共因子得分可推断出：衡东、衡阳、衡南、祁东、祁阳、常宁、新田、宁远、道县、江永、耒阳、嘉禾、临武、宜章为湘南地区柑橘种植"低风险等级"区域；衡山、蓝山、安仁、永兴为"较低风险等级"区域；桂阳、资兴分别为"较高风险"和"高风险"区域，具体分布如表1-8所示。

表1-7 湖南湘南地区柑橘公共因子得分

地区	孕灾因子	抗灾因子	承灾因子	综合得分
道县	1.141	0.602	-0.126	0.789
桂阳	-2.173	0.800	-0.497	-1.170
资兴	-1.288	-1.436	-0.222	-1.108
祁东	0.758	-0.887	-0.116	0.233
衡山	-1.503	-1.035	-0.549	-1.191
嘉禾	1.005	-0.905	0.258	0.426
江永	-0.248	0.512	-0.335	-0.079
祁阳	0.681	1.058	-0.306	0.594
宜章	0.861	0.493	0.536	0.690
新田	0.648	0.937	-0.351	0.542
临武	0.321	1.739	-0.154	0.555
宁远	1.015	0.461	-0.007	0.699
永兴	-1.295	0.843	-0.050	-0.582
耒阳	-0.664	0.361	3.953	0.232
衡东	-0.404	-0.610	0.255	-0.338
衡阳	0.662	-0.614	-0.371	0.203
衡南	-0.356	1.188	-1.257	-0.118
常宁	1.176	-1.664	0.048	0.330
安仁	-0.599	-1.081	-0.372	-0.644
蓝山	0.262	-0.762	-0.338	-0.061

表1-8 湘南地区柑橘热害风险区划分布情况

风险等级	地 区
低风险	衡东、衡阳、衡南、祁东、祁阳、常宁、新田、宁远、道县、江永、耒阳、嘉禾、临武、宜章
较低风险	衡山、蓝山、安仁、永兴
较高风险	桂阳
高风险	资兴

根据柑橘低温冻害公共因子得分可推断出，新田、宁远、道县、临武、宜章为湘南地区柑橘种植"最适宜区域"；祁东、祁阳、常宁、蓝山、嘉禾为柑橘种

植"较适宜区域";衡阳、江永、耒阳为柑橘种植"不适宜区域";衡山、衡东、衡南、安仁、永兴、资兴、桂阳则为柑橘种植"极度不适宜区域"。具体分布如表1－9所示。

表1－9　湘南地区柑橘冷害风险区划分布情况

适宜区域	地区
最适宜	新田、宁远、道县、临武、宜章
较适宜	祁东、祁阳、常宁、蓝山、嘉禾
不适宜	衡阳、江永、耒阳
极度不适宜	衡山、衡东、衡南、安仁、永兴、资兴、桂阳

综上所述，湘南地区柑橘高温热害、低温冻害风险等级分区结果，可将湘南地区20个市（县）柑橘生产区分为高风险区、较高风险区、较低风险区和低风险区四大区域，如表1－10所示。

表1－10　湘南地区20个市（县）柑橘风险等级分区情况

风险区域	风险等级	地区
低风险区	Ⅰ级	祁阳、宜章、嘉禾、临武、道县、宁远、新田
较低风险区	Ⅱ级	衡阳、祁东、常宁、蓝山、耒阳
较高风险区	Ⅲ级	衡南、衡东、永兴、江永
高风险区	Ⅳ级	安仁、资兴、桂阳、衡山

从上述柑橘风险等级分区来看，当区域风险种类、发生频率与强度相似时，可通过采取风险区划方式使特定空间、特定地理、土壤、气候、社会经济以及技术条件下橘农以相同费率投保天气指数保险。因此，在湘南地区柑橘种植天气指数保险的设计中，可将风险区划作为确定"指数"触发值并制定费率依据，当灾害发生时农户即可获得等同赔偿。一方面使农户保费缴纳与灾害损失相匹配；另一方面也符合保险"风险同一"原则，较好地分散柑橘标的受灾风险。

四、结论及启示

本节研究采用因子分析方法，选取气象灾害危险性指标、气象灾害暴露性指标、气象灾害脆弱性指标和防灾减灾能力指标对湘南地区 20 个县市进行风险等级区域划分，结论表明：第一，在了解地区农作物灾害时间和空间分布规律基础上以区域灾害发生联系选择适当指标，可以对标的物受灾风险进行评估，并对该区域风险等级实施合理划分。第二，在风险区划基础上确定的"指数"阈值，能较大程度地保证费率公平，降低道德风险与逆向选择发生概率。因此，应当逐渐改变目前一个县（或更大）范围内实行统一费率的农业保险方法，而是根据区域风险等级采取差异化费率，逐渐摒弃以行政指令在大面积范围内强制实行相同费率的传统农业保险方式。

第三节　农户个体特征对天气指数保险需求影响实证分析

在市场经济条件下，农业保险与农业科技、农村金融同为现代农业"三大支柱"，因其具有经济补偿、增进福利功能而成为农业支持"绿箱政策"。实践表明，农业保险引入保费补贴机制，在一定程度上解决了农业风险高损失、高保费精算难题，但并不能消除保险行为理性中的道德风险和逆向选择问题。天气指数保险根据实际天气事件（如降雨指数低于约定指数的偏差）支付保费，以客观气象数据与约定承保条款作为保单价值依据，保险权益标准化程度非常高，在市场供给与需求方面较传统农业保险具较强优势。天气指数保险目前尚处于试点阶段，作为农业保险创新产品，政府、保险公司及其他利益集团都不同程度地影响天气指数保险需求。本节试基于沅江黄茅洲镇、泗湖山镇、草尾镇三镇调查数据，围绕农户个性特征、社会因素以及农户个性特征与社会因素相关性等方面，对农户天气指数保险需求相关问题展开深入探讨。

一、文献回顾

从国内外研究成果来看，农户家庭财富、受教育程度、个体风险偏好与主观认知以及气象事件损失敏感性是影响天气指数保险有效需求的重要因素。在受教育程度与天气指数保险需求关联方面，Giulia Roder 等（2019）指出土地和财富较少家庭购买保险概率不高。Ren 等（2016）对农户自身特征与遭遇风险关联影响评估后的结果表明，受教育程度高的农户更愿意通过投保天气指数保险转移气象灾害对生产可能造成的负面影响；Ruth Vargas Hill 等（2011）对埃塞俄比亚农户需求实证分析结果证实，受教育程度越高，农户通过天气指数保险转移风险意愿越强；Hideo Aizaki 等（2021）研究发现，受教育程度高的家庭通常会增加农业生产投资，进而随机影响指数保险需求。在农户个体风险偏好及保险认知与天气指数关联方面，Maganga Assa Mulagha 等（2021）认为，农户对天气指数保险价值的理解对保险需求产生重要影响。若合同价值被低估，保险需求降低。反之，则可能由于基差风险而影响保险赔付满足度，间接影响天气指数保险需求；William M. 等（2018）研究认为，农户购买天气指数保险的意愿与熟知条款和保险人信任度有正相关关系。风险规避型农户对新产品尝试的意愿不强，而边际报酬高的人群更倾向以保险作为气象灾害风险转移方式。Liu 等（2018）研究发现，洪灾过后天气指数保险保费会迅速增长，增幅高达 9%，表明保费支出与人们对天气事件发生悲观情绪呈正向关联；但 Sebastain Awondo 等（2021）对此持不同观点，认为农民更倾向于相信刚发生过洪灾，很多年内不会持续发生，进而缺乏投保意愿；此外，气象灾害损失接受程度与天气指数需求有重要关联。Bucheli Janic 等（2021）对摩洛哥 4 个区域的降雨指数的研究结果表明，干旱、暴雪、洪水等巨灾风险程度越高，农户投保天气指数保险意愿越强，且农户通常会根据曾经历保险赔付满意度决定是否续保。

从我国实践性研究成果来看，林乐芬和李远孝（2020）对江苏 33 个县农户投保意愿的调查数据显示，愿意购买天气指数保险的农户达 82.67%，表明天气指数保险发展潜力很大；曾小艳和郭兴旭（2018）对湖北省 78 个县市农户的研究表明，干旱指数保险支付意愿较低。天气指数保险发展滞后原因在于市场供需双方缺乏信任度、基差风险客观存在以及前期高成本投入。梁崇波（2019）对蜂农保险需求评估结果认为，对以降水和连阴天为指数的天气指数保险参保意愿很强，且以养蜂大户和专业养蜂者等农业主体购买意愿最为明显；宋博等（2014）利用衢州市柑橘种植户调查数据，采用 CVM 估值法测算结果显示，农户购买天气指数保险平均支付意愿低于理论保费，其中，保费占家庭总收入比重、农户对天气指数保险理解程度与投保意愿呈正相关；而价格水平、气象站距离、农户家庭住房估价以及贷款则呈显著负相关。梁来存（2020）围绕需求程度、销售渠道、农户信任程度和监管体系等方面的研究成果指出，险种设计、农户保障期望以及经营主体类型均为影响天气指数保险投保意愿的重要因素。

二、数据来源与描述性统计

（一）数据来源

课题组于 2019 年 7 月对沅江市黄茅洲镇、泗湖山镇、草尾镇三镇展开实地调查。问卷共发放 650 份，回收有效问卷 622 份，有效率为 95.7%。本次调研采用分层随机抽样的方式，由调研人员现场指导完成。样本取集选择主要源于两个方面原因：第一，我国苎麻产量占到世界总产量的 90%，湖南省产量占全国 60% 以上，而沅江市是全国最大苎麻生产基地。2003 年沅江市被定为"湖南省优势区域农作物"；2004 年被定为"湖南省万亩苎麻标准化生产示范基地"；2005 年获得"中国苎麻之乡"称号。近年来，沅江市苎麻产量占全国 20%，商品率高达 98% 以上。在样本取集地域选择上具典型代表性。第二，沅江苎麻种植多分布于丘陵和山区坡地，70%~80% 面积无灌溉条件，全靠天然雨水来调节其生长发育。而湖南全年雨水不均，尤其 7~8 月长江流域进入高温干旱季节，雨量逐步减少，对苎麻生长发育影响很大。除此之外，苎麻周年生育过程中易遭早霜（初霜）、晚霜（终霜）、大风、冰雹、渍害等气象灾害侵袭。在三季麻生产中，头麻可能遭遇渍害、霜害、风害；二麻主要可能遭遇风害、旱害；而三麻则可能遭遇旱害、风害、霜害等。鉴于气象条件为决定苎麻产量的关键，气象灾害事件成为导致苎麻产量损失最主要风险，在天气指数保险需求意愿方面因此具典型取证价值，能较好地体现实践应用情况。

（二）描述性统计

在沅江市黄茅洲镇、泗湖山镇、草尾镇三镇实地调查中，主要从农户个体特征和农户对天气指数保险的认知方面展开。农户个体特征相关调查数据显示：①男性户主比例为 60.5%，占绝大多数。②被调查农户平均年龄为 42.7 岁，其中 30 岁及以下 57 户，占比为 9.2%；31~40 岁农户 260 户，占比为 41.8%；41~50 岁农户 178 户、51 岁及以上 127 户，占比分别为 28.6% 和 20.4%。③在受教育程度方面，9 年义务教育经历以内农户占比为 45.2%，且多为 40 岁以上人群；绝大多数农户为高中学历，占比为 48.9%；大学及以上学历人群占比为 5.9%。表明农户文化程度普遍水平适中，基本能理解和认知天气指数保险与传统农业保险异同。④务农年限 10~15 年的有 177 户，占比为 28.4%；15~25 年的有 259 户，占比为 41.6%，务农平均年限较长，对于农业保险风险保障有较明显认知。⑤农户家庭年均纯收入为 105218.4 元，其中 5 万元以下的有 51 户，占比为 8.2%；10 万~20 万元的有 307 户，占比为 49.4%，20 万元及以上的有 264 户，占比为 42.4%。农户家庭收入差异比较大，适于对天气指数保险保费经济可负担性方面考察。⑥从农户经营类型来看，以农业生产为主的"纯农型"农户有 254 户，占比为 40.8%；"农兼型"农户 176 户，占比为 28.3%。表明被调查样本中以农业生产为主且以农业收入为家庭纯收入构成的被试者占到一半以上。此外，"兼农型"和"非农型"农户被考察对象占比为 30.9%。此组数据分布表明，样本人群能较好地观察不同经营类型农户，基于农业生产和农业收入在家庭中重要程度而可能导致在天气指数保险期望上的差异。

在农户与天气指数保险关联问题调查上：①关于对天气指数保险认知方面，表示"很清楚"和"了解一些"样本占比分别为 16.3% 和 25.2%，而"不了解"样本占比与两者之和基本持平（36.3%）。该组数据表明，目前大多数农户对于天气指数保险产品还比较陌生，距离深入了解和接受该险种尚需一定时间。②对于农户从什么渠道了解天气指数保险问题上，调查结果表明：受社会群体影响占比为 59.8%，其中，政府宣传和保险公司推广引导分别占 36.7% 和 23.1%；源于社会交往的影响占比为 40.3%，其中，同村村民或亲戚朋友、媒体宣传为主要影响因素，分别占 31.5% 和 8.7%。这里可归结于两方面原因：一是政府推广扶持对农户险种了解与投保意识有较大帮助；二是受血缘、地缘影响，同村村民和亲戚朋友宣导容易产生积极效应。③在农户对于气象事件损失敏感性问题上的调查结果显示："不敏感"人群仅占 16.3%，"一般性敏感"样本占 58.9%，而"非常敏感"样本也占 24.8%。进一步调查中发现，"非常敏感"人群大多遭遇过特大洪水、台风或大面积长时间干旱等巨灾风险，且因此造成重大损失。相形之下，"不敏感"人群年龄为 30 岁以下人群。这里可能有两方面原因：一是年轻人冒险精神强，风险规避偏好不明显；二是务农年限相对较短，对于气象灾害尤其是巨灾事件很少甚至没有亲身经历，因此对气象事件敏感性相对较弱。④在对保险理赔过程中"基差风险"认知方面：表示认同并接受样本人群占 26.7%；与认为不公平且缺乏投保意愿比重基本持平（23.3%），表明目前对于天气指数保险中客观存在的"基差风险"形成不理解，但并未产生极端抵制心理而处于观望态度的人群仍占绝大多数。

三、变量设定与模型处理

在农业生产活动中，农户个体行为是基于其内在动力自发产生，是种自发性行为。但这个行为首先必然存在一个可解释原因，而后才可能成为下一个行为的促发因素，但外在环境因素可以影响个体行为方向与强度。事实表明，任何行为的产生绝不是偶然出现，而是受个体意识支配，因此在天气指数保险购买意愿上，在农户个体追求风险保障期望满足目标实现方面必须选择最有利方式达成利益最大化目标。

基于农户思想认识、情感、意志、信念等个体特征具普遍性特征，本节试采用 Logistic 线性回归模型，基于农户个体特征视角对天气指数保险意愿影响因素进行分析。现假设被解释变量为 Y（农户天气指数保险投保意愿），性别（X_1）、年龄（X_5）、文化教育程度（X_2）、年收入水平（X_3）、农户经营类型（X_4）、务农年限（X_6）、气象事件损失敏感度（X_7）、对天气事件与作物产量相关性了解（X_8）、基差风险认知（X_9）9 个变量为解释变量（见表 1-11），可构建计量模型如下：

$$Y = \beta_0 + \beta_1 X_1 + \beta_2 X_2 + \beta_3 X_3 + \beta_4 X_4 + \beta_5 X_5 + \beta_6 X_6 + \beta_7 X_7 + \beta_8 X_8 + \beta_9 X_9 + U$$

$$(1-8)$$

其中，β_0，β_1，β_2，…，β_9 表示待定参数，U 表示随机误差项，X_1，X_2，…，X_9 表示解释变量。

为保证结论可靠严谨，研究首先应用 Maxvel 边际解释值检验选取变量在模型中的重要性与相关性，以获得天气指数保险需求影响的真实可靠影响因素。所谓"边际解释值"，即如果从回归方程中去掉这个变量，不用任何变量进行替代，只运用其他变量进行最小二乘回归，所得到的标准误差 SEE 将有所上升。由于 Maxvel 能确切表明它是边际解释值，对模型难易和直率性方面的解释更具说服力，所以通常被用来检验模型变量。Maxvel 与"t 检验"方法中的解释变量 X_j 与 t 值之间关系可以表示为：

$$Maxvel_j = 100 \times \left\{ \left[1 + t_j^2 \right] / (m \cdot n \cdot 1)^{1/2} \cdot 1 \right\} \qquad (1-9)$$

就上述数据依次对 X_1，X_2，X_3，X_4，…，X_9 与 Y 之间的单变量进行线性回归，各个变量与 Y 之间相关系数（RSQ）分别为：0.017、0.3525、0.436、0.7601、0.4198、0.6101、0.8342、0.3629、0.9278。表明第 1、第 2、第 8 个变量与 Y 的多重线性相关性不高，对 Y 的解释贡献不高，但第 7 个变量（气象事件损失敏感度）RSQ 值为 0.8342，与 Y 有较高相关性，而第 8 个变量（对天气事件与作物产量相关性了解）Maxvel 解释值较低，为 0.3629，表明两个变量线性相关，只需选其中一个即能较好地体现分析结果，模型试保留 X_7，拟合优度

为 $R^2 = 0.845$。经整理修改后的模型为：

$$Y = \beta_0 + \beta_1 X_1 + \beta_2 X_2 + \beta_3 X_3 + \beta_4 X_4 + \beta_5 X_5 + \beta_6 X_6 + \beta_7 X_7 + \beta_9 X_9 + U$$

$$(1 - 10)$$

即农户参加天气指数保险意愿的影响因素 Y = F（性别、受教育年限、户均年收入、经营类型、务农年限、气象事件损失敏感度、基差风险认知），其中 β_0，β_1，β_2，…，β_9 表示待定参数，U 表示随机误差项，X_1，X_2，…，X_9 表示解释变量。变量解释及赋值设定如表 1 – 11 所示：

表 1 – 11　变量解释及赋值设定

代号	变量名称	变量类型	赋值
X_1	性别	虚拟	男 = 0；女 = 1
X_2	受教育年限	定序	初中及以下 = 1；高中 = 2；大学及以上 = 3
X_3	户均年收入	定序	10 万元及以下 = 1；11 万 ~ 20 万元 = 2；21 万 ~ 50 万元 = 3；51 万元及以上 = 4
X_4	经营类型	定序	纯农型 = 1；农兼型 = 2；兼农型 = 3；非农型 = 4
X_6	务农年限	定序	10 年以下 = 1；10 ~ 30 年 = 2；30 年以上 = 3
X_7	气象事件损失敏感度	定序	弱 = 1；中等 = 2；强 = 3
X_9	基差风险认知	定序	低 = 1；中等 = 2；高 = 3

基于上述变量解释及赋值设定我们提出以下研究假设：

第一，男女性别差异较多体现在对事物思维和判断上，一般来说男性偏重理性，而女性则更偏感性，这也决定了男性户主在对待天气指数保险投保问题上会较多根据现实情况权衡投入与产出收益，而女性户主判断则会更偏向主观感知和社会群体影响，尤其是天气指数保险在保险标的、赔付指标和条款方面与传统农业保险相去甚远。研究假设认为，女性较男性在天气指数保险投保上相对谨慎，更倾向于政策性农业保险购买。

第二，受教育时间越长，农户对新生事物接受能力和风险意识就越强，也能更深入了解天气指数保险产品保障功能，对于"基差风险"理解和接受度更高。研究假设认为，高文化程度人群对于天气指数保险产品购买意愿超出低收入人群。

第三，即使农户对天气指数保险具有较强购买意愿，但也仅在具有经济可负担性前提下才能成为有效需求。研究假设认为，年均收入较高农户天气指数保险需求较年均收入较低农户应有明显超出。

第四，农业生产收入在家庭总收入中占比越高，气象事件可能导致的家庭损失越严重，则对天气指数保险产品需求越大。研究假设认为，"纯农型"和"农兼型"农户，因其以农业生产为主，且农业收入在家庭总收入占比超出一半以上，应当较"农兼型"和"兼农型"两类农户的购买天气指数保险意愿更为强烈。

第五，务农年限越长，农户农业生产经验越丰富，利用掌握的当地天气灾害规律提前预判灾害突发，对天气灾害损失遭遇经历更频。研究假设认为，务农年限与天气指数保险购买呈正向变动关系。

第六，天气指数保险能有效弥补传统农业保险的弊端，但由于技术水平落后和气象基础设施薄弱等，可能在重大灾情下出现遭灾受损农户重灾少赔、无损多赔等不公平情况，对农户投保积极性有重大打击。研究假设认为，农户对基差风险认知将决定对天气指数保险产品购买意愿。

通过多元回归分析，7 个变量具体数据如有 $\rho < 0.001$，$\chi^2 = 86.022$，$R^2 = 0.823$，表明模型具有统计学意义，拟合优度较高，具较强说服力。模型处理结果如表 1－12 所示。

表 1－12　模型处理结果

项目	Reg. Coef 回归系数	OR 值（Eep（B））	标准回归系数 β
X₁ 性别（女）			
男	0.245	2.245	0.417
X₂ 受教育年限（高中）			
初中及以下	1.471	0.765	0.613
大学及以上	0.659	1.369	0.654
X₃ 户均年收入（10 万元）			
10 万 ~ 20 万元	0.375	1.169	0.223
21 万 ~ 50 万元	0.446	1.448	0.112
50 万元以上	0.732	1.621	0.119
X₄ 经营类型（农兼型）			
纯农型	1.106	2.468	0.812
兼农型	1.806	3.249	0.834
非农型	0.498	0.835	0.768

项目	Reg. Coef 回归系数	OR 值（Eep（B））	标准回归系数 β
X_5 务农年限（10～20年）			
10年及以下	1.241	0.882	0.549
11～30年	1.890	1.493	0.581
31年及以上	0.879	1.914	0.596
X_7 气象事件损失敏感度（中等）			
弱	1.042	0.842	0.886
强	2.463	1.665	0.901
X_9 基差风险认知（中等）			
低	1.076	0.684	0.745
高	1.803	1.446	0.769
Intercept 截距	0.578	0.426	—

注：①$\chi^2 = 86.022$（$\rho < 0.001$），$R^2 = 0.823$；②各项目变量参照项（括号内）的发生比 OR 默认值为1。

四、几点结论

根据以上回归数据，可得出以下几点结论：

第一，农户个体特征与天气指数保险购买关联 Reg. Coef 回归系数依次排序为：气象事件损失敏感度（2.463）、基差风险认知（1.803）、经营类型（1.106）、务农年限（0.879）、受教育年限（0.659）、户年均收入（0.375）、年龄（0.232）、性别（0.105）。

第二，"气象事件损失敏感度"和"基差风险认知"对农户天气指数保险购买意愿影响最为显著。"气象事件损失敏感度"回归结果表明，"强"回归系数为2.463，表明农户对于暴雨洪涝、干旱、霜冻低温以及风雹等气象灾害发生所造成损失的敏感程度对天气指数保险购买影响显著。在通常情况下，气象事件发生时间、地点具偶然性和不确定性，随着农业规模化、商品化进程加速，农户农业收入持续增长，气象灾害事件带来的损失因此大幅提升，且一种极端自然灾害往往会引发一系列次生灾害，地区间联系与依赖使风险传播被进一步强化，相对于承受能力而言，农户将因此更倾向于购买天气指数保险，与研究假设基本吻合。在"基差风险认知"变量影响中，"高"回归系数为1.803，表明农户对于"基差风险"客观存在这一事实的理解程度对保险购买意愿有着较大影响。即尽管天气指数保险是基于客观标准触发，但农户对于"达到指数触发值未受灾获赔"或"未达触发值但遭灾被拒赔"等不公平现象的认同和接受，在很大程度上决定投保决策。该结论与研究假设相符合。

第三，"性别""年龄"和"户均年收入"在模型中未能显著，回归系数分别为0.105、0.232、0.375。这里"性别"对农户天气指数保险意识形成影响不明显，与原假设有一定出入。可能的原因是，目前农村女性与男性家庭地位几乎相当，对新生事物认知能力也相似，在天气指数保险理解和认知上无明显差异，对于天气指数保险认同差异不大。"户均年收入"未能显著的原因可能是，目前全国各省份农民收入均有较大幅度增长，政策性农业保险普及率较高，天气指数保险尽管暂时未获得政策性保费补贴，但无论就经济可负担性还是保险认知而言，收入水平对农户天气指数保险需求均不能形成重要影响，与研究假设有偏离。随着农业标准化生产程度提高，与年龄密切关联的"农事经验"不再是农户家庭生产规划指导重要依据，对天气指数保险需求同样不产生明显影响效力。

第四节　一个定价方案设计
——基于苎麻干旱指数保险理赔"触发值"测算

苎麻是我国特色的天然纤维作物，生于山谷林边或草坡，海拔2001700米，俗称"中国草"，属于多年生的草本植物。湖南省气候温和、雨量充沛，苎麻种植历史悠久，种植面积和产量都一直位居全国前列。以沅江、汉寿、嘉禾等县种植规模较大，大庸吉首、泸溪、凤凰、平江、浏阳、茶陵、桂阳、耒阳等地种植较多。近年来，随着苎麻价格跌落历史低谷，苎麻产业急剧萎缩，且由于旱灾、涝灾、低温冷害使苎麻烂根而减产甚至绝收，苎麻种植面积和产量大幅下降，尤其是近年来大气环流异常和"拉尼娜"现象出现，气象灾害事件频发。研究选取湖南苎麻种植，以"干旱"这一典型气象灾害事件作为天气指数保险"触发值"测算及理赔方案设计，具较强实践应用价值。

在苎麻干旱指数保险中，所谓"保险理赔"是指在苎麻承保标的发生保险事故，并导致被保险麻农财产受到损失时，由保险公司根据合同规定履行赔偿和给付责任的行为。根据上述释义，在苎麻保险标的风险事故发生后，保险公司理赔关键在于保险金核定，在干旱天气指数保险中，即体现为苎麻天气灾害损失

"触发值"的确定。就某种意义上而言，指数"触发值"是保险理赔的前提基础，也是天气指数发展保险难点和重点。

苎麻天气灾害损失"触发值"的确定，其实质是保险定价的重要构成。Ornsaran（2011）最早设计出天气指数保险理赔公式：保险补偿金 =（触发指数 − 实际气象量）/（触发指数 − 指数下限）× 合约价值，为保险费率厘定奠定基础。随后 Brockett 和 Wang（2003）首次采用无差异定价模型对天气衍生产品进行定价研究，得出买卖双方支付意愿均可用"期望收益 + 风险溢价"表示；Collier 等（2009）得出的天气指数保险费率估算函数表达式为：保险价格 = 可知风险的成本 + 未知风险缓冲成本 + 操作成本 + 资金获取成本。Richards Manfredo 和 Sanders（2004）在卡斯均衡定价扩展模型研究中发现，天气指数保险产品价格取决于天气指数"累积红利"和"随机过程"两个方面，可回避气象风险市场价格而采取直接估价。Turvey（2005）也证实，天气指数和资本市场相关性为零或可以忽略不计，鉴于天气风险并非系统风险，保险费率厘定因此可采用资本资产定价模型（CAPM）进行。Thomas Fischer（2012）以中国南方珠江流域为例研究基于极端降水天气指数保险概率分布情况，认为广义极值分布是珠江流域天气指数保险项目参数估计的最可靠分布。本节试借鉴上述理赔定价思路、设计原理、国内试点经验，对苎麻干旱指数保险"触发值"进行测算，并在此基础上设计一个可行性理赔方案。

一、研究对象基本情况

苎麻属于露天种植，温度、日照、水分和大风影响较大。从湖南苎麻产量与生育期不同阶段气候因素看，洪涝、干旱、低温、高温都可能导致苎麻产量不稳定或品质大幅下降，尤其在温度偏高和降水偏少情况下，缺墒状态使苎麻可能大幅减产。湖南省位于长江中游，为大陆性亚热带季风湿润气候，光热资源丰富，雨量充沛，无霜期较长。据统计，湖南省境内年平均气温为16℃~18℃，年降水量在1200~1700毫米，全年日照总辐射量达到了3300~4040兆焦/平方米，年均日照时数1300~1800小时，有霜期为55~100天，且具有平原、岗地、丘陵和山区复杂地形和地貌（杨珣，2015），非常适合苎麻的生长。但是，湖南地形复杂，受季风环流控制而导致气候多变，春季易遭受冷空气入侵形成阴雨低温天气，长时间阴雨天气严重影响苎麻生长发育，甚至形成冻害而导致死苗。头麻在4月下旬进入旺长期，如果日照充足多为丰收年；反之，则多为歉收年。7~9月各地总降雨量多为 300 毫米，不足雨季降雨量的一半，加之南风高温，蒸发量大，三麻生长期极易遇到秋旱，由于水分缺少而导致生长变缓慢甚至停顿，如果干旱持续时间长，则会造成麻株发育不良和麻叶脱落，夏秋干旱是导致苎麻减产最重要原因（付虹雨和崔国贤，2020）。

2009 年 10 月，湖南气温异常偏高、降水异常偏少，干旱状况呈持续发展态势。湖南省水文水资源勘测局"公众服务一张图"显示，自 7 月 16 日以来有超过 60 天降水量不足 5 毫米，其中 6 个站点连续天数记录达 85 天。在进入 10 月后，多地最高气温达 35℃~37℃，其中，95 个县市达到气象干旱标准，27 个县（市、区）达到重旱、26 个县（市、区）达到特旱等级。中重旱区主要位于张家界、常德、岳阳、益阳、永州、郴州等地，这些区域均为湖南苎麻主产区。益阳、常德产量占到全省近 90%，仅益阳一个地区产量就占到全省总产量一半，岳阳和张家界位居其次。随着全球变暖，频繁发生的旱灾正在成为苎麻生产最主要气象灾害。鉴于"干旱"气象灾害风险转移典型实践价值，本文拟选择干旱灾害为观察对象展开探讨。

二、可选用定价方法

天气指数保险定价方法选择，其实质即对纯费率厘定方式的比较问题。World Bank（2011）指出，天气指数保险产品定价可通过气象数据去趋势化而应用于保险合同定价，包括确定特定天气指数和合同后续赔款分配两部分。天气指数保险赔偿金额通常与指数偏差挂钩，可挂钩指数有"单因素"与"多因素"之分，"单因素"指数产品设计和定价相对简单；而"多因素"产品尽管设计复杂但保障范围更宽。其中以与温度相关产品发展最为成熟，目前超过 82% 的天气衍生品均与气温相关。

根据进入定价的气象数据整理划分，天气指数保险定价可以分为经验定价法、分布拟合法以及动态建模法。这里所谓"经验定价法"，即通过收集天气指数保险以往若干年的损失经验，并以损失的均值作为天气指数保险的价格。比较而言，该定价法建立在历史数据基础之上，相对简单，但无法将极端天气考虑进来，也无法兼顾气候条件时间趋势变动。尤其在近年全球气候变暖大背景下，高温、暴雨、洪水、热浪等极端天气频发，历史经验数据难以很好地体现未来天气状况，因此，需要对历史数据进行动态建模，并以此为依据预测未来天气变化进行费率厘定；而"分布拟合法"对以往经验损失数据拟合分布曲线，将统计分布均值作为天气指数保险纯保费价格。这种对经验定价法的改进，因引入统计分布概念而得以评估历史经验数据之外的极端气象灾害事件发生概率。在通常情况下，均值置信区间越宽，定价波动性越大，保险人可据此确定保费风险附加。尽管分布拟合法是对经验定价法的改进，但仍然只是使用历史经验数据，且不考虑气候条件随时间的趋势性变动。与上述两者相较，"动态建模法"通过对原始气温数据动态建模以预测未来气温变化，既能充分利用历史气温数据，同时又能较好地兼顾气候条件趋势性变动，在思路上有重大突破。具体而言，动态建模将原始气温序列数据拆分为"趋势成分"和"随机成分"两部分。前者使用最小二乘法拟合带趋势项和周期项的趋势方程；而后者则采用时间序列技术对相邻时期内气温相关性建模，当模型拟合效果达到良好状态时，即可相对精准地预测未来气温变化。实践经验表明，这种模拟温度序列作为保险赔付依据具有相对公平性，赔付均值即为天气指数保险纯保费价格。但有两个缺点：一是对数据质量要求较高，二是建模过程复杂且参数不确定性强。

综合考虑天气变量的质量、跨度、时间长短及趋势等多方面问题，天气指数保险定价较多采用精算定价法、衍生品定价法和无差异定价法等方式。

（一）精算定价法

所谓"精算定价"，指对某个既定保险产品形态搭建精算模型，运用精算设定好的精算假设计算该保险产品保费水平过程。目前精算定价保险产品大多基于传统定价理论和模型。保险必须遵循"大数法则"进行业务经营，随着大数据与人工智能的发展，精算定价基于"云＋端"的远程信息获取和处理，将使风险预测更为精准，也能准确定义个体差异，实现动态、差异化的保险精算定价。

（1）燃烧分析法。该定价方法基本原理是假设未来损失与历史经验同分布，利用去趋势化后的历史数据估算赔付现值的期望值。天气指数保险的纯保费厘定，即建立在"未来损失分布与过去相同且服从同一分布"命题基础之上，以历史数据为基础求得现值估值，是最简单的天气合约定价方法。

计算公式为：

$$P = e^{rT} \left[\frac{1}{n} \sum_{i=1}^{n} R_i \right] \tag{1-11}$$

其中，P 表示纯保费，i 表示时间，R_i 表示过去第 i 年天气指数保险带来的收益或是损失，e^{rT} 表示无风险折现因子。

（2）指数模型法。指利用某一种分布模型最大程度地拟合历史数据，并采用一定方法估计出模型参数计算纯保费。通常需借助"蒙特卡罗定价法"选择一个对实际指数能较好拟合的分布函数，同时面临参数分布还是非参数分布两种选择。此外，需要通过确定随机变量是服从"连续型分布"还是"离散型分布"选择参数分布。具体有矩估计、分位数估计和极大似然估计，由于极大似然估计的应用范围较广，计算更加贴合实际情况，因此，农业保险一般使用极大似然估计法。将估计的模型参数代入分布函数，得出相应的期望赔付额。当参数分布不能很好地拟合实际指数时可使用核密度函数非参数分布。

常用的费率厘定公式为：

$$R = \frac{E[loss]}{\lambda\mu} \tag{1-12}$$

其中，R 表示保险费率，E［loss］表示产量损失的数学期望值，μ 表示单产预期，λ 表示保障比例。

（二）衍生品定价法

天气衍生品产生时间较早，天气指数保险因此可直接沿用成熟衍生品定价理论。Black - Scholes 模型为经典金融衍生品定价方法，但并不适合用于对天气衍生品进行定价，这与天气变量波动不满足"基础资产随机流动"模型假设有关。传统意义上基础资产多指可供上市交易的金融资产，而天气衍生品基础资产为温度、降雨量、风速等物理变量。目前可选择的衍生品定价法有风险中性定价法、均衡定价模型或蒙特卡罗定价方法等。

所谓"风险中性定价法"，指在市场无套利条件假设条件下推导市场存在风险的中性概率；"均衡定价模型法"则指通过均衡模型分析包含天气指数风险市场价格，对天气指数进行处理而使其成为可交易资产；而"蒙特卡罗定价法"是借助计算机产生大量随机数，通过仿真模拟得出最后预期收益，进而得到天气衍生品公平价格。其优点在于操作相对简单且能真实模拟实际过程，结论较为贴近实际；但需要产生大量如温度、降雨量等随机模拟数据作为赔付依据，需要选择较为准确的随机过程，且对计算机操作能力要求较高。

（三）无差异定价法

"效用最大化"为无差异定价法的终极目标。其主要思路是：农户购买天气指数保险、保险机构销售天气指数保险，双方因此实现各自财富效应最优。若假定投资者初始财富为 x，投资策略为 $\varepsilon \in \theta$，U（x）为投资者可能实现的最优效用。在不购买天气指数保险情况下有：

$$U(x) = \sup_{\varepsilon \in \theta} E\Big[u\Big(x + \int_0^t \varepsilon\, dS_t\Big)\Big] \qquad\qquad (1-13)$$

其中，S_t 表示资本市场资产价格。在以 F_b^i 价格购买 k 份天气指数保险时，U（x）可以表示为：

$$U(xF_b^i,\ k) = \sup_{\varepsilon \in \theta} E\Big[u\Big(x + \int_0^t \varepsilon dS_t k\ F_b^i + kW(I)\Big)\Big] \qquad (1-14)$$

将最优价格求解公式整理简化后，天气指数保险价格可表示为：

$$U(xF_b^i,\ k) = U(x) \qquad\qquad (1-15)$$

从上述三种定价方法比较看，假设条件和适用范围均有较大差异。基于风险对冲原则，"衍生品定价法"不仅要考虑相关性，还需将风险溢价部分纳入定价模型；"无差异定价法"未能直接给出保费值，通常需要通过评价交易价格和风险附加水平作为保险供求判断依据；而"精算定价法"必须建立在市场无套利前提条件之上。可见，"精算定价法"和"无差异定价法"只是得到保险期望赔付，无法获得风险溢价，但该定价方法无须考虑天气指数与资本市场收益关联，以风险分散为定价基本原则。鉴于益阳、常德、岳阳等苎麻主产区经济发展水平不高，天气指数与资本市场关联度不强，本节拟选用"精算定价法"对苎麻干旱指数阈值进行测算，并在此基础上设计相关理赔方案。

三、苎麻理赔定价方案思路及设计步骤

（一）苎麻干旱指数构建

农业干旱主要是由降水缺少引起的，干旱指数是旱情描述的数值表达。目前国内进行干旱监测的干旱指标多种多样，包括累计降雨量、降水距平百分率、标准化降水指标、帕尔默干旱指数、土壤湿度干旱指数、相对湿润度指数等。上述指标能较好地从不同角度反映出农业干旱程度，但优劣势也各不相同。与土壤水分相关联的"土壤湿度干旱指数""相对湿润度指数"评价指标，其优势在于能直观地反映旱地苎麻农田水分量，但无法对水田旱情实施监测，同时也忽略了蓄水量对干旱抑制作用；"作物水分亏缺指数距平"能反映苎麻水分满足度，但气候干燥区域需水量偏大，且不能将灌溉作用考虑进来；相较于累计降雨量指标，"降水距平百分率"以历史平均水平为基础，能直观反映雨养农业水分供应状况，可对不同地区干旱程度进行相对准确描述，能直观地反映降水异常引起的地区和苎麻干旱，但不能表征降水对作物利用有效性。鉴于苎麻由于不同的生理特性在不同的生育时期对水分的需求不一样，本节基于农业气象观测站苎麻相关数

据资料对土壤相对湿度、作物水分亏缺指数距平、降水距平、遥感植被供水指数四种农业干旱指标进行加权集成，苎麻干旱综合指数计算公式如下：

$$\overline{p} = \frac{1}{n} \sum_{i=1}^{n} p_i \qquad (1-16)$$

其中，n 为 30 年，i = 1，2，…，n。p 表示某时段（一般取滚动 30 天为步长）降水量距平百分率（%）；p_i 表示某时段降水量（毫米）；$\overline{p}$ 表示计算时段同期气候平均降水量。

$$DRG = \sum_{i=1}^{n} f_i \times w_i \qquad (1-17)$$

其中，DRG 表示综合农业干旱指数，f_1，f_2，…，f_n 分别为土壤相对湿度、苎麻水分亏缺指数距平、降水距平、遥感干旱指数等；W_1，W_2，…，W_n 为各指数的权重值。苎麻干旱综合指数等级划分如表 1 – 13 所示。

表 1 – 13　苎麻干旱综合指数等级划分

序号	干旱等级	综合农业干旱指数
1	轻旱	1 < DRG ≤ 2
2	中旱	2 < DRG ≤ 3
3	重旱	3 < DRG ≤ 4
4	特旱	DRG > 4

根据苎麻不同生长阶段降水距平百分率指标与作物产量关系分析，根据苎麻的实际生长情况构建干旱指数。这里"降水量距平百分率"指某时段降水量与常年同期气候平均降水量的差值，是常年同期气候平均降水量百分率负值，表达式如下：

$$P_a = \frac{P - \overline{P}}{\overline{P}} \times 100\% \qquad (1-18)$$

其中，P_a 表示降水量距平百分率，P 表示某时段降水量，$\overline{P}$ 表示计算时段同期气候平均降水量，且 P < $\overline{P}$。苎麻全生育期干旱指数因此可表述为：

$$I_q = \frac{P_q - \overline{P}_q}{\overline{P}_q} \times 100\% \qquad (1-19)$$

其中，I_q 表示苎麻全生育期干旱指数，P_q 表示苎麻全生育期实际降水量，$\overline{P_q}$ 表示苎麻计算时段同期气候平均降水量，且 $P_q < \overline{P_q}$。

（二）苎麻作物减产率计算

苎麻产量受到社会经济和气象等因素影响，通常可分解为趋势产量、气象产量和随机产量三部分。其中，趋势产量反映一定历史时期社会经济技术发展水平的影响，包括施肥、经营管理、品种改良及其他增产措施等；而气象产量反映年际间气象条件差异的影响；随机产量包括统计误差和其他偶然因素，对苎麻产量的影响基本无规律可循。基于上述原因，苎麻产量与干旱灾害之间关系可使用"减产率"来描述，但须对产量资料进行订正，剔除社会经济因素对产量影响。本节在分离产量资料的基础上，采用直线滑动平均法求出各市产量趋势方程，模拟出趋势产量序列。

苎麻实际产量的分解公式为：

$$Y = Y_t + Y_w + \mu \tag{1-20}$$

其中，Y 表示苎麻实际产量，Y_t 表示趋势产量，Y_w 表示气象产量，μ 表示随机因素，一般可忽略不计。

苎麻减产率是指某年的实际产量与其趋势产量的差占趋势产量的百分比负值，用 x 表示，计算公式为：

$$x = \frac{Y - Y_t}{Y_t} \times 100\% \; (Y < Y_t) \tag{1-21}$$

（三）苎麻干旱指数保险的费率厘定

根据损失期望理论，作物保险纯费率等于期望损失值与实际单产之比，即期望损失率。研究拟应用精算定价法，假设 R 表示保险费率，E［loss］表示苎麻产量损失数学期望值，Y 表示苎麻实际产量，Y_t 表示趋势产量，λ 表示苎麻天气指数保险对该作物的保障比例，政策性农业保险中 λ 和 μ 均取值100%，可知：

$$R = \frac{E[loss]}{\lambda Y_t} \tag{1-22}$$

苎麻干旱指数保险费率的厘定可由不同气象条件下干旱灾害造成苎麻减产程度及其减产风险概率之和表示：

$$R_I = \frac{E[loss]}{\lambda Y_t} = \sum_{i \leqslant n} x_i \times P_i \tag{1-23}$$

其中，x_i 表示苎麻不同的减产率，P_i 表示不同减产率出现概率。鉴于干旱所致苎麻减产与干旱气象条件之间通常存在一定对应关系，因而苎麻减产率出现概率即为相应等级干旱灾害出现概率，现采用干旱指数 I 表示苎麻干旱程度。

（四）苎麻干旱指数保险纯保费计算

由于保费等于费率与保险金额之积，可得出苎麻干旱指数保险纯保费 P 为：

$$P = R \times Q \tag{1-24}$$

其中，R 表示纯保险费率，Q 表示保险金额。由于实际保费不单只包含纯保费，还有其他附加费用。表达式为：

实际保费 = 纯保费 P + 管理费用分担 + 未知风险溢价（其他气候条件变化带来的影响）+ 其他费用（再保险费用、巨灾风险准备金）。

（五）基于天气"触发值"的苎麻理赔定价方案确定

根据天气指数保险定义和保险合同内容，当苎麻遭遇干旱且造成减产时，被保险人可以要求相应赔偿。这里所谓苎麻干旱指数保险"触发值"即指，当苎麻遭受干旱事件后，其实际干旱指数值低于合同约定数值时触发赔付值，保险公司根据合约做出相应赔付。在不考虑其他灾害和因素的影响下，苎麻干旱指数保险赔付值即为保险金额与苎麻实际减产率的乘积，"触发值"测算公式因此可整理为：

$$C = I = I'（x = 0\% \text{时}） \tag{1-25}$$

苎麻干旱指数保险赔付值计算公式为：

$$S = Q \times X_s \tag{1-26}$$

其中，C 表示苎麻干旱指数保险的触发值，对应作物减产率为 0% 时干旱指数值；S 表示干旱指数保险赔付值；Q 表示保险金额；X_s 表示苎麻干旱指数值计算的实际减产率。

四、湖南苎麻干旱指数保险理赔定价方案设计

（一）湖南苎麻干旱指数 CI 的确立

苎麻生长发育周期分为苗期、快速生长期和纤维成熟期三个时期，其中，10 月上旬的快速生长期对水分需求极为迫切，也决定了苎麻"三麻"的高产。根据国家气象干旱等级标准，干旱单项指标和气象干旱综合指数 CI 包括降水量和降水量距平百分率、标准化降水指数、相对湿润度指数、土壤湿度干旱指数和帕默尔干旱指数。对气象干旱综合指数 CI 的考察，因此可以围绕标准化降水指数、

相对湿润指数和降水量展开。据气象观测站苎麻生长统计资料显示，湖南省苎麻"三麻"平均生长周期为 8 月中下旬到 10 月中下旬。在保险合同中，"三麻生长期间"为保险责任期限、"三麻因干旱灾害造成产量损失"为保险标的。为了准确地对湖南苎麻干旱状况进行描述，本节拟就苎麻土壤相对湿度、水分亏缺指数距平、降水距平、遥感植被供水指数等指标进行考察，以得到不同阶段干旱指数与作物减产率之间关联。指标解释及测算公式如下：

（1）苎麻土壤相对湿度。土壤相对湿度能直接反映旱地作物可利用水分状况，与环境气象条件、作物生长发育关系密切，也与土壤物理特性有很大关系。"三麻"品种、不同发育阶段、不同质地土壤、苎麻可利用水等多项指标间均存在一定差异。

土壤相对湿度测算公式为：

$$R_{sm} = a \times \left(\sum_{i=1}^{n} \frac{w_i}{f_{ci}} \times 100\% \right) / n \qquad (1-27)$$

其中，R_{sm} 表示土壤相对湿度（%），a 表示苎麻发育期调节系数，w_i 表示第 i 层土壤湿度（%），f_{ci} 表示第 i 层土壤田间持水量（%），n 表示苎麻发育阶段对应土层厚度内观测层次个数（在作物播种期 n = 1，苗期 n = 2，其他生长阶段 n = 5）。

（2）苎麻水分亏缺指数距平。所谓"苎麻水分亏缺指数"，指水分盈亏量与作物需水量的比值，较直观地反映出作物水分需求与供给之间差值。由于不同季节、不同气候区域蒸散差别较大，各区域水分亏缺程度标准难以统一，本节拟选用苎麻水分亏缺指数距平以消除区域与季节差异。

某时段苎麻水分亏缺指数距平（CWDIa）测算公式如下：

$$CWDIa = \begin{cases} \dfrac{CWDI - \overline{CWDI}}{100 - \overline{CWDI}} \times 100\% & \overline{CWDI} > 0 \\ CWDI & \overline{CWDI} \leq 0 \end{cases} \qquad (1-28)$$

其中，CWDIa 表示某时段苎麻水分亏缺指数距平（%），CWDI 表示某时段作物水分亏缺指数（%），$\overline{CWDI}$ 表示所计算时段同期作物水分亏缺指数平均值（%）。

$$\overline{CWDI} = \frac{1}{n} \sum_{i=1}^{n} CWDI_i \qquad (1-29)$$

其中，n 为 30 年，i = 1，2，3，…，n。

$$CWDI = a \times CWDI_j + b \times CWDI_{j-1} + c \times CWDI_{j-2} + d \times CWDI_{j-3} + e \times CWDI_{j-4}$$

$$(1-30)$$

其中，$CWDI_j$ 表示第 j 时间单位（考虑到农业干旱为累积型灾害，一般取 10 天为一个时间单位，采用逐日滚动方法计算）的水分亏缺指数（％），$CWDI_{j-1}$ 表示第 $j-1$ 时间单位的水分亏缺指数（％），$CWDI_{j-2}$ 表示第 $j-2$ 时间单位的水分亏缺指数（％），$CWDI_{j-3}$ 表示第 $j-3$ 时间单位的水分亏缺指数（％），$CWDI_{j-4}$ 表示第 $j-4$ 时间单位的水分亏缺指数（％），a、b、c、d、e 表示权重系数，根据当地实际情况确定相应系数值。

（3）苎麻遥感植被供水指数。这里所谓"苎麻遥感植被供水指数"，指当苎麻在受到干旱时，冠层会通过关闭部分气孔而使蒸腾量减少以避免过多失去水分而枯死，卫星因此能遥感到苎麻冠层温度增高；而当苎麻受旱后会产生叶片萎缩，叶面积指数减少，气象卫星遥感的归一化植被指数 NDVI 会有明显下降，正是基于这一特征，可根据植被指数与冠层温度之比监测作物受旱程度，该方法适用于有植被覆盖区域。

测算公式为：

$$VSWI = NDVI/LST \qquad (1-31)$$

以 10 天为滚动步长清除云的影响，有：

$$TNDVI = MAX[NDVI(t)], \quad t = 1, 2, 3, \cdots, 10 \qquad (1-32)$$

其中，VSWI 表示植被供水指数，NDVI 表示归一化植被指数，LST 表示最大植被指数 TNDVI 对应的亮温（无云情况下），可根据所测算出的植被供水指数划分苎麻干旱等级。

（4）降水量距平。"降水量距平"能直观反映降水异常引起的农业干旱程度，尤其在雨养农业区，是表征某时段降水量较气候平均状况偏少程度重要指标之一。

某时段降水量距平（pa）测算公式为：

$$pa = \frac{p - \bar{p}}{\bar{p}} \times 100\% \qquad (1-33)$$

其中，pa 表示某时段（一般取滚动 30 天为步长）降水量距平百分率（％），p 表示某时段降水量（毫米）；$\bar{p}$ 为计算时段同期气候平均降水量。

$$\bar{p} = \frac{1}{n} \sum_{i=1}^{n} p_i \qquad (1-34)$$

其中, n 为 30 年, i = 1, 2, …, n。

按照不同生育阶段的划分, 对苎麻主产区分阶段的降水量数据进行统计和计算, 分别可得到湖南苎麻主产区不同生育阶段期间降水距平百分率, 且可根据直线滑动平均法求出各市产量趋势方程, 模拟出趋势产量序列。根据苎麻实际产量的分解公式

$$Y = Y_t + Y_w + \mu \tag{1-35}$$

以及苎麻减产率测算公式:

$$x = \frac{Y - Y_t}{Y_t} \times 100\% \ (Y < Y_t) \tag{1-36}$$

可求得湖南益阳、常德、岳阳等苎麻主产区三个生长发育阶段减产率。而后根据苎麻不同生育阶段降水距平百分率与减产率的相关数据, 分别对苎麻全生育期及快速生长期关联系数进行归一化处理, 应用苎麻全生育期干旱指数公式:

$$I_q = \frac{P_q - \overline{P}_q}{\overline{P}_q} \times 100\% \tag{1-37}$$

最终可得出苎麻全生育期及快速生长期的权重系数分别为 0.66、0.34, 假设 I 为苎麻干旱指数, I_q 为苎麻全生育期干旱指数, I_b 为苎麻快速生长期干旱指数, 则湖南苎麻干旱指数表达式为:

$$I = 0.66I_q + 0.34I_b \tag{1-38}$$

（二）与减产率关系的确定

作物减产受多种综合因素影响, 苎麻干旱指数应当与主产区各地实际减产情况相对应。数据选取须满足两个条件: 一是苎麻干旱灾害必须发生, 二是苎麻有显著减产且保证减产率小于 0。研究试根据《中国气象灾害大典——湖南卷》选择主产地干旱灾害数据。在选取旱灾发生年份站点时应剔除非灾年相关资料, 将干旱导致苎麻减产年份和相应站点作为研究样本对苎麻干旱指数与苎麻减产率进行回归分析和检验, 得到 P 值为 0.013, 且通过 5% 显著性水平检验, 可得出湖南苎麻干旱指数与减产率的关联方程为:

$$X = 0.6436I - 3.4892 \tag{1-39}$$

其中, X 表示苎麻减产率, I 表示苎麻干旱指数。根据该表达式, 当干旱指数为 0 时, 其他灾害因素也将导致苎麻 3.4892% 减产。

将其与湖南苎麻干旱指数表达式 $I = 0.66I_q + 0.34I_b$ 联立, 可得到降水量指数与苎麻减产率关系, 如表 1-14 所示。

表 1–14　苎麻降水量干旱指数减产率与不同量级降水量频率

单位：毫米，%

降水量	减产率	降水频率
120	5	32
100	12	18
80	21	12
60	33	4
50	39	4
30	54	0
0	82	0

（三）湖南苎麻干旱指数保险理赔标准确定

由于苎麻作物种植目前尚在试点阶段，本节试根据水稻政策性保险条款中列示保险金额（保费为 360 元/亩，费率为 6%）、赔偿比例等于减产率，以减产率 5% 作为起赔点，干旱天气指数（9 月降雨量）<120 毫米为起赔点，赔付标准如表 1–15 所示。9 月出现干旱天气降雨量不足时，保险公司根据表 1–15 的标准赔付。当降水量达到苎麻干旱"触发值"时，则根据具体数据参照赔付标准确定。

表 1–15　苎麻干旱指数保险赔付标准

单位：毫米，%，元/亩

苎麻干旱天气指数（R）	减产率	赔偿比例	赔付金额
R > 120	< 5	0	0.00
110 < R ≤ 120	5	6	21.96
100 < R ≤ 110	8	10	35.12
90 < R ≤ 100	12	15	52.69
80 < R ≤ 90	16	19	70.25
70 < R ≤ 80	21	26	92.187
60 < R ≤ 70	26	31	114.15
50 < R ≤ 60	33	41	146.16
R ≤ 50	40	100	360.00

（1）当苎麻干旱天气指数处于 R > 120 取值范围时，降水正常或较常年偏

多，地表湿润，气候正常或轻微湿涝，未达到苎麻干旱天气指数保险"触发值"，此时即使发生损失，因未达到保险责任起赔点，保险公司不会对此进行赔付。

（2）当苎麻干旱天气指数处于 90 < R ≤ 120 取值范围时，降水持续较常年偏少，土壤表面干燥，土壤出现水分不足，地表植物叶片白天有萎蔫现象，对苎麻和生态环境造成一定影响。这一时期苎麻减产率为 5% ～ 12%，已达到苎麻干旱天气指数保险"触发值"。在保险责任范围内赔偿率为 6% ～ 15%，赔付金额为 70. 25 ～ 52. 69 元/亩。

（3）当苎麻干旱天气指数处于 50 < R ≤ 90 取值范围时，土壤水分持续严重不足且出现较厚干土层，植物萎蔫、叶片干枯、果实脱落，对苎麻和生态环境造成较严重影响。这一时期苎麻减产率为 16% ～ 33%，已达到苎麻干旱天气指数保险"触发值"。在保险责任范围内赔偿率为 19% ～ 41%，赔付金额为 52. 69 ～ 146. 16 元/亩。

（4）当苎麻干旱天气指数处于 R ≤ 50 取值范围时，土壤水分长时间严重不足，地表植物干枯、死亡，对苎麻和生态环境造成严重影响，这一时期苎麻减产率高达 40%，已达到苎麻干旱天气指数保险"触发值"。在保险责任范围内赔偿率为 100%，即标的全损状态，赔付金额为 360 元/亩。

第五节　发展中国家天气指数保险发展经验借鉴与启示

在许多发展中国家，由于农户分散化经营、保险理赔缺乏透明度以及欠发达的农业保险市场增加了农业保险交易费用，农户家庭往往难以承担高额的保险费率，而政府经济能力又难以支持财政补贴，越来越多发展中国家将天气指数保险作为天气灾害风险分散替代方式（Hess 等，2005；Manuamorn，2007），以替代传统农业保险险种（Chantarat 等，2007；Barnett 等，2008）。当极端天气事件发生时，个人或组织机构可及时获得经济援助。近年来，印度最大私人银行 ICICI 连续 5 年试行以干旱为保险责任的天气指数保险，并将其业务拓展到整个印度国家；政府和世界粮食计划署为埃塞俄比亚制定试点方案，以全国各地气象站基础数据和作物平衡模型确定干旱指数，之后研制包括早期预警系统风险、早期评估保护等干旱指数测试条件，约320万低收入农民因此受益，覆盖面达77%。天气指数保险贡献主要在于两方面：一是提供了资金为干旱灾害风险转移建立救助计划；二是保险赔付与当地降雨指数、主要粮食作物产量增长高度关联，于脆弱小农而言风险规避更为合理，也更具经济可负担性，提高干旱事故发生救济效率。

我国是农业大国，天气指数保险实施目标体现在两方面：一是分散农户生产风险；二是利用该创新险种低成本、高效益优势保障农业生产，维护社会稳定。本节拟对埃塞俄比亚、印度、马拉维等国家天气指数保险成功经验进行比较分析，为建立巨灾风险分摊机制，减少损失负面影响提供参考借鉴。

一、印度几种典型天气指数保险产品

在世界银行等国际组织支持下，印度于1999年开始实行农业保险计划，天气指数保险项目于2003年试行。具体做法是：由农业合作社、工业信贷投资银行通过众多农村小额金融机构向农户销售保险产品，即将天气指数保险与小额金融信贷结合起来，在降低交易成本同时拓宽保险市场份额。之后印度政府向这两家金融机构经营的天气指数保险实施高额财政补贴，同时引导传统农业保险向天气指数保险过渡，实施情况如表1-16所示。

表1-16 印度天气指数保险产品实施情况

实施时间	天气风险	天气指数	目标客户	实施目的
2003年	干旱、洪涝、高温、与天气相关的作物疾病、雾、湿度	多样化的简单天气变量	农民	促进农民获得发展
2004年	干旱、洪涝	降雨量	农民	灾害救济
2007年	晚疫病灾害	温度、湿度	百事公司马铃薯订单农民	促进农民获得发展

印度曾向百事公司签订马铃薯种植农户实施以发展为目的的第三类天气指数保险（WBCIS）。该险种保险责任是由温度、湿度诱发真菌病（晚疫病）带来的损失。2007～2008年，印度农业保险公司（AIC）售出天气保险指数合同62.7万份，承保农作物面积98.4万公顷，收取天气指数保险保费13.9亿卢比，承保金额170.5亿卢比，赔付金额10.1亿卢比，赔付率为73.7%，较传统农业保险经营盈亏平衡点低出79%。之后，印度农业保险公司（AIC）在世界银行支持下

开发了多种天气指数保险项目，表 1 – 17 为 AIC 公司在 Rajasthan 邦 Ganganagar 区开展的小麦天气指数保险。

表 1 – 17　AIC 公司 Ganganagar 区小麦天气指数保险保单结构

单位：卢比/英亩

保险范围	保险目的	保险期间	投保金额	保险事故认定
高温或平均温度上升	抵御因气温上升引发的预期产量损失	1 月 1 日至 3 月 31 日	9000	保险期间内某个两周时间段内平均温度超过特定触发温度
非季节降雨	抵御因过量/非季节性降雨引发的预期产量损失	2 月 1 日至 3 月 31 日	9000	保险期间内任意一个两周期间内日降雨量超过 20 毫米触发赔付
霜冻	抵御因霜冻引发的预期产量损失	12 月 1 日至 1 月 31 日	9000	3 天（及以上）温度持续在 0℃ 及以下

注：参考气象监测站为 Ganganagar 区的气象部或者自动气象站。

目前印度天气指数保险平均费率为传统农业保险的两倍，约为 13%；保险事故发生后，理赔在 15 ~ 30 天可完成，赔付效率较传统险种提高 10 倍以上，有效提高生产效率。在经济指数、产品多样化方面，印度先后推出季节降水指数、加权降水指数、分布式气象指数、连续干旱日数指数、过剩降水指数和低温指数等多种创新产品，相对精确地制定指数公式和赔付方案，农户投保积极性大增，农业保险构成占比逐年提升。

在实践中，印度天气指数保险暴露出一定缺陷。例如连续干旱日数指数（见表 1 – 18），主要为生长周期较长农作物在遭遇干旱天气灾害时提供风险保障，保险赔付触发值为日降水量 < 2.5 毫米。但是，由于作物生长周期跨度长，尽管前期灾害对农作物生长发育已经造成既定负面影响，但很可能仍然未达到触发值，最终无法索赔，这种基差风险正在成为天气指数保险发展"瓶颈"。

表 1 – 18　印度干旱日数指数保险赔付标准

单位：天，毫米，卢比/亩

干旱日数天数	日降雨量	赔付金额
小于 17	< 2.5	0
17 ~ 24	< 2.5	750

续表

干旱日数天数	日降雨量	赔付金额
25～29	<2.5	1500
大于29	<2.5	2000

二、马拉维基于不同目标定位的天气指数保险设计

马拉维位于非洲，是典型的农业国家，80%人口从事农业，主要品种有玉米、花生和烟草，90%以上农作物需依靠降雨，是非洲经济最落后国家之一，人均 GDP 仅 200 美元。根据气象历史记录，马拉维降雨不规则，引发经常性干旱，作物产量低甚至大范围减产，农民因担心亏损而不愿意使用改良种子和肥料等增产生产资料。

2005 年，世界银行商品风险管理工作部在马拉维进行天气指数保险试点，由国际气候与社会研究所（IRI）提供保险产品设计和方案评估技术支持。以干旱作为风险事件，将降雨量作为指数的试点项目有两大目标：一是以种植烟草农民为目标客户实施气象灾害风险保障；二是以灾害救济为目的发展天气指数保险（见表 1–19）。马拉维政府作为农业发展计划的参与者，利用国际市场与期权工具组合分散灾害风险，将国家一级干旱风险转移到国际市场。

表 1–19　马拉维天气指数保险产品概况

开办时间	灾害种类	天气指数	投保群体	保障目标
2005～2006 年	干旱	降雨量	农户	促进发展
2008 年	干旱	降雨量	马拉维政府	灾害救济

气象数据统计通常根据一段时期内灾情发生频率、气象地理分布差异以及地区气象差异相关性确定。在天气数据获取方面，马拉维有超过 30 年的数据，有 21 个初级天气监测站，其中 4 个监测站可为保险政策提供参考、3 个机场投资监测站可以由其雄厚资金保证数据可靠性。此外，可依托官方 13 处气象站采集近几十年历史相关数据建立国家天气风险档案。试点经验表明：①天气指数保险适用于分散型小农户。②天气指数保险能覆盖玉米、烟草等农产品生产领域。③相对精确制定"触发值"是天气指数可持续发展的关键。

三、埃塞俄比亚天气指数保险实践

自 2006 年起，在联合国粮食计划署支持下埃塞俄比亚开始实施天气指数保险，以干旱风险为主要保险标的，将区域内天气风险向国际保险市场转移，兼顾灾害救济与农业保险发展双重目标实现，主要险种情况如表 1 - 20 所示。

表 1 - 20　埃塞俄比亚天气指数保险产品概况

实施时间	天气风险	天气指数	目标客户	实施目的
2006 年	干旱	降雨量	WFP 在埃计划	灾害救济
2005 ~ 2006 年	干旱	降雨量	玉米种植农户	促进农民获得发展
产品筹划	干旱	降雨量	马拉维政府	促进农民获得发展

联合国与世界银行联合开发的 LEAP 软件可以对干旱、洪涝气象灾害进行量化，并在其基础上指数化，这是一款建立在水需求满意度指数（WRSI）基础上的软件。在世界银行商品风险管理集团（CRMG）支持下，埃塞俄比亚对玉米种植面积较小农户进行产品推广，考察当地是否具备天气指数保险实施基本条件。2009 年，Nyala Insurance Share Company（NISCO 公司）在埃塞俄比亚全国推行天气指数保险，并向瑞士再保险公司（Swiss Re）投保再保险。险种设计采用"积木"式原理，主要针对降雨量不足展开。其一，根据作物生长期核心降雨月份设计两种按月赔付产品；其二，主要面向种植面积不超过 0.5 公顷小型农户进行推广；其三，天气数据以投保区域附近国家气象监测机构（National Meteorological Agency）监测值为准，当月累计降雨量低于保险合同约定时即视为触发赔付。

四、对中国的启示

从上述各国天气指数保险发展经验看，有以下三点启示：第一，天气指数保险产品试点应当在天气灾害较明显且具良好相关性区域进行试点，尤其以天气因子与农作物产量密切关联地区为首选。第二，"指数"确定是天气指数保险设计中最重要的部分。必须科学确定对该投保农作物产量起决定性作用的天气影响因子，且指数应满足客观透明、可观测、易测量等特点。这里有四个值得重视的问题：一是需要具备合适可做参考的气象监测站；二是需要设定好天气因素所引致赔付发生的触发值；三是确定一次付清或按天气水平的增量做出相应比例保险金；四是根据作物生长期确定投保的期限，根据作物的生长特点分段设置触发值、增额和上限。第三，因地制宜确定保险区域、合理保险期限和保险金额等指标，完善区域气象基础设施和数据提供系统，尽可能地降低基差风险发生。

第二章 "价格型"农业保险险种创新：农产品期货价格指数保险

随着市场经济进一步发展、经济全球化及国际游资流动加剧，我国农产品价格波动增大，自然风险正逐渐被以价格为代表的市场风险所取代，成为影响农产品种植收入主要因素。自 2014 年起，国务院先后出台《关于全面深化农村改革加快推进农业现代化的若干意见》，首次提出"探索粮食、生猪等农产品目标价格保险试点"；2015 年发布《关于加大改革创新力度加快农业现代化建设的若干意见》，强调"积极开展农产品价格保险试点"；在 2016 年出台的《关于落实发展新理念加快农业现代化实现全面小康目标的若干意见》中，明确"完善农业保险制度，探索开展重要农产品目标价格保险以及收入保险试点"。农产品价格保险作为市场风险管理重要工具，正在成为保障农业生产经营者合法收入与保险公司偿付能力充足的"稳定器"。这里所谓"价格保险"，指在与保险公司签订保险合同时即确定一个预期价格，若保险标的价格低于合同约定价格，保险公司即按照合同赔偿合同约定差额。该"价格"既可以由农户自行约定，也可以根据期货市场价格确定。

从目前实践情况来看，"期货价格指数保险"与"指数（目标）价格保险"是现阶段最为典型的价格创新险种，统称为"期货价格指数保险"，其保险运行机制与"看跌期权"十分相似。国内外不少观点支持将其视为保费等同于期权费的风险管理工具。保险公司接受农户投保后即在期货市场上购买看跌期权合约，如果交割期现货价格低于期货价格，保险人将得到的期货差价补偿，并可以此向农户支付合同约定赔偿。首先，对农户而言，通过购买蔬菜期货价格指数保险，让农户能够运用类似于"看跌期权"的市场价格风险管理工具，减少损失。其次，对政府来说，有助于运用市场机制探索农产品价格形成机制改革，充分发挥各级政府财政补贴的杠杆作用。最后，对保险公司来说，用创新的形式聚集与分散风险，进行蔬菜目标价格保险的试点以及改革，为现代农业发展贡献力量。同时，也可以提供专业风险管理服务，以专业的经营推动业务发展和获取适当的盈利。

第一节 有关农产品价格风险"可保性"的几种代表性观点

近年来，农产品受季节性气候变化、商品交易市场影响以及国内游资炒作，价格上下波动频繁，"断崖式"激烈波动造成的危害巨大。尤其是蔬菜市场价格操纵事件发生，导致产量增加但农户收入却有不同程度下降，此时农产品期货价格指数保险开始进入公众视野，成为了农产品市场风险分散的一种新型路径安排。国外经验表明，该险种不仅有利于提高保障水平，增强农户投保积极性，还可以更好地应对国际市场挑战，促进农业保险市场健康可持续发展（肖宇谷，2018）。目前我国期货价格指数保险处于起步阶段，相关研究成果相对较少。在已有研究中，乔立娟等（2018）采用风险价值法（VaR）对多种农产品风险进行度量，发现不同类型农产品价格风险程度差异明显，蔬菜是一个风险频发且损失程度较高的产品类型；农民对于蔬菜、生猪等农产品价格指数保险具有强烈需求（陈充和宋善英，2015）；尤其是菜价季节性波动特征显著，蔬菜市场风险管理方式亟待改进（杨娟和钱婷婷，2021）。目前蔬菜期货价格指数保险相继进入试点阶段，成为国务院关于促进蔬菜生产，保障市场供应和价格稳定的重要举措，起到平抑蔬菜价格、保障蔬菜供给稳定、促进社会和谐的作用（刘凯和穆月英，2018）。

在农产品期货价格指数保险运作流程中，目标价格设置是关键环节，价格设置过低会降低对农民的吸引力，过高则会影响保险公司偿付能力充足。发达国家通常运用期货这一金融衍生品价格发现功能对农产品保障价格进行设计。从我国期货市场发展情况来看，可交易农产品品种类型少，且各地区经济发展水平差距大。试点地区因此大多以过去农产品产量、价格波动率、生产成本等数据作为定价依据，不同地区、不同时期的历史数据显然缺乏可靠性，理论界在价格风险

"可保性"问题上始终未能达成共识。

根据保险经济学一般原理，一种保险产品是否可实施推广，其关键取决于风险是否能够得到有效分散、损失赔付是否可控制在可承受范围之内等。从目前已有文献资料来看，理论研究多集中于农产品价格风险是否可保？如何承保理赔？需要关注哪些问题？国外可借鉴经验等；而实证研究则停留于不同种类农产品期货价格指数保险的经验介绍与政策建议方面。作为一种市场价格风险管理工具，农产品价格风险是否属于"可保风险"？这涉及"大数法则"在农产品同质风险单位承保中的适用，涉及价格系统性风险采取保险这一财务性转移风险方式可行性问题。下面我们就目前学界具有代表性两种截然相反观点展开讨论。

一、农产品价格风险不适用纯粹风险处理方式，是一种不完全可保风险

根据保险经济学原理可知，蔬菜价格风险为纯粹风险，即只有损失机会而无获利可能的风险，符合可保风险条件，但并不适用回避风险、预防风险、自留风险和转移风险等处理方式，表现出不完全可保特征。目前我国农业生产缺乏种植统筹规划，规模化程度较低且农户跟风现象严重，通常造成农产品价格剧烈波动（杨娟，2021）。尤其是蔬菜、水产养殖等鲜活产品，大多为本地产销，封闭循环特征明显。对于保质期短且运输性差的本地产销蔬菜，可采取限定种养植数量方式控制供给增长，能较好地平滑市场价格波动，但这仅限于商品化程度低下的小规模蔬菜生产。相比较之下，大宗农产品同质性、可运输性强，尤其在全国统一大市场及大流通基本形成后，价格风险系统性特征更加明显，保险公司很可能面临巨额损失赔偿风险。由此可推断，农产品价格风险虽然是种纯粹风险，但保险公司不会大规模推广，业务发展会控制在可预期、可控制损失范围内，因此，可将其视为一种不完全可保风险。

二、农产品价格系统性风险难以从时间、空间上进行分散，是一种不可保风险

根据保险"大数法则"，尽可能增加同质风险单位是保险公司最典型的风险分散途径，但这必须建立在风险独立且分布基本相似的前提基础之上。农产品价格风险系统性特征显著，很难在空间上进行分散，而从时间上转移又存在两个问题：一是在收取保费积累足够资本金之前发生价格大幅度下跌，很可能造成保险公司偿付能力不足；二是如果从时间上分散风险，则要求保险公司将全部或大部分保费作为赔付准备金，这显然有悖于金融机构"流动性"基本原则。

三、农产品价格风险满足保险基本原则，可视为一种可保风险

从农产品价格风险特征来看，基本满足保险四大原则：第一，期货价格指数保险保障的是农产品价格下跌损失，即以最低价格为农产品提供保障。根据经济学"理性人"假设，价格下跌只会对农户形成损失而不可能产生盈利，因此完全满足"纯粹风险"这一可承保要求。第二，农产品价格风险具有大量独立、同分布特征标的，保险公司可通过承保多品种农产品，以不同标的搭配及构成优化分散价格系统性风险。乔立娟等（2018）建立季节调整模型就大宗蔬菜价格波动进行研究，结论认为白菜、西红柿和四季豆价格受市场长期趋势影响较大，而黄瓜、菜椒等蔬菜则主要受季节性影响。可见，若保险公司承保多种类型蔬菜品种，应当能较好地分散标的风险。第三，农产品价格波动本身以货币体现，即使处于不同区位，同类农产品在价格走势上也将逐渐趋于一致，符合"可保风险"概率分布可确定且损失可货币计量基本原则，满足"风险可测性"的可保前提。第四，尽管农产品价格风险并不完全满足"非系统性"，其风险分散规律也并不完全符合保险"大数法则"定律，市场价格下跌时保险公司须就全部标的赔偿，赔付压力巨大。但是，随着农产品市场一体化程度增强，尤其是经济发展和数字化技术进步，之前未能满足风险独立性条件价格风险将得以完全分散。如大数据、云计算可对同质风险分布进行统计分析；人工智能技术可精确预测价格波动概率等，诸如此类创新技术应用以及政策合理干预可逐渐调整直到与可保风险前设基本匹配。

第二节 "保险＋期货"模式运作机理解析

在资本市场上，保险与期货均具备风险转移功能，前者为低风险市场，而后者则属于较高风险市场。根据我国现行的《保险法》，保险公司不允许直接在期货市场上以保费实施交易；且目前价格保险存在再保险机制缺失，只有与期货市场合作才能取得交易资格。就期货市场来看，尽管在风险分散实际运行中承担了再保险角色，但适用范围局限性、场内期权缺失、监管机制不健全等问题，决定了其在未来较长时期内很难成为农产品价格风险分散的可推广模式。就某种意义

而言，无论是农业保险还是期货市场，在风险管理上都存在难以克服的缺陷，如果将"保险"与"期货"有机联结，则能获得两者资源配置优势，也称之为"期货价格指数保险"。换言之，如果保险公司、农户、期货市场、政府相关部门共同参与，这种"保险＋期货"模式就能较好地兼顾双重风险保障。就其实质而言，这是一种为防止农产品价格下跌，以期货市场合约价格作为保险定价基础，由保险公司和期货市场共同开发的、农户、保险公司和期货市场三方共赢的农产品市场风险资本转移模式。

自 2018 年中央一号文件明确鼓励发展农业保险与农产品期货协作模式之后，大连商品交易所、郑州商品交易所交易活动量不断扩张，白糖、豆粕场内期权陆续推出，农产品期货、期权品种正在成为价格风险分散标的。实践证明，"保险＋期货"模式不仅创新了农业保险公司风险管理方式，而且促进了保险行业与期货市场的共同繁荣，是解决农产品价格保险定价缺陷和风险管理短板最优创新模式（Ghosh，2008）。于刚和王思文（2017）对辽宁省玉米成本与收益的研究成果证实，期货价格指数保险将能够提高农户收入，且"期保合作"可实现双方共赢。准确地说，"保险＋期货"模式全称应当为"价格保险＋场外期权＋场内期货"金融业务模式，其中，保险公司、农户、期货公司、政府部门等均为参与主体。模式运行机理如图 2-1 所示。

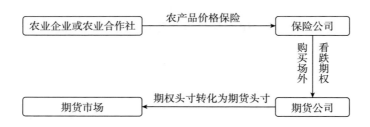

图 2-1 "保险＋期货"模式运作流程

由农业企业或农户向保险公司缴纳一定保费进行投保，然后保险公司通过向期货公司支付权利金购买场外看跌期权，由此将价格风险转移到期货公司；期货公司将保险公司行权后的期权头寸转化为期货头寸对冲风险，最终将农产品价格风险分散由期货市场投机者共同承担。一方面，农产品期货价格指数保险合同设计成本较低，较单纯农产品期货操作简单，农户容易理解与接受；另一方面，农户通过投保将农产品价格风险转移到保险市场，保险公司再通过期货、期权等金融衍生工具将风险转移到期货市场，实质上实现价格再保险，从根本上破解保险公司被动承担风险的困境，有利于保险偿付能力的补充。就某种意义上而言，期货价格指数保险，可视为通过"农产品价格保险"与"场外看跌期权"两种金融工具，将农户、农业合作社或农业企业价格风险最终转嫁到期货市场投机者的过程。具体运作机理可解释如下：

（1）农户、农业合作社或者农业企业购买农产品价格保险实现风险财务转移。其中，保险费率根据农产品期货价格厘定，在一般情况下，多选择期货合约主力价格为比照标准。此时期货市场的贡献在于充当了真实价格发现者的角色，保险定价更为准确，理赔也更为公平。

（2）保险公司向期货公司缴纳权利金通过购买看跌期权进行风险转移，实现农产品价格保险的再保险。在农户与保险公司签约后，当合同约定保障价格低于现货市场收购价格时，农户交易仅损失保费；但若合同约定保障价格高于现货市场，保险公司则赔付其差价。该过程实际上应当是保险公司应用"看跌期权"这一金融工具进行风险转移的过程。即保险公司替农户买进一份卖出期权，如果合约价格低于市场价格可选择不履约，仅损失期权费用；若合约价格高于市场价格，则选择履约时进行套期保值。就其实质而言，期货价格指数保险是一种合理利用金融衍生工具的保险产品，是在不违背市场价格规律的基础上对传统价格保险的补充与升级，较好地解决农业保险"再保险"难题。

（3）期货公司以其专业优势，将保险公司行权后的期权头寸转化为期货头寸，风险自此转移到期货市场，由期货市场投机者共同承担，实现股指期货套期保值。于保险公司这一套期保值主体而言，可较好地规避价格原保险风险；于市场来说，保险交易主体的加入意味着风险分摊单位增加，能较好地平滑市场价格波动。

第三节　期货价格指数保险与传统农业保险比较优势分析

随着中国农产品价格形成机制深化以及与国际市场的融合，农产品价格系统性风险逐年上升。近年来，农业保险和农产品期货市场发展迅速，但两者之间单独存在的优势明显不足，"保险＋期货"协调模式则较好地弥补了这一缺陷。一是期货市场具有连续性和预测性，可以利用期货市场的价格发现功能为农户提供相对精确保险定价参考；二是期货市场套期保值功能可以将保险公司从风险承担者角色中转移出来，以再保险替代实施风险转移（吴婉茹和陈盛伟，2017），这与期货市场在价格参考与风险分散方面具显著优势有关（蔡胜勋和秦敏花，2017）；朱俊生等（2017）对"保险＋期货"保费优势的研究认为，该模式能以价格风险转移梯度效应较好地发挥保险精算与期货风险管理在专业技术上的优势，能在不影响现货价格市场形成条件下增加财政支农资金硬约束，且在一定程度上避免农业直接补贴，更符合国际一般规则。与传统农业保险相比较，无论在风险规避、市场交易，还是在价格制定方面，期货价格指数保险都表现出明显比较优势，具体如表2－1所示。

表2－1 期货价格指数保险与传统农业保险比较

项目	传统农业保险	期货价格指数保险
风险规避	单纯市场风险管理，只能降低而不能转移风险	购买看跌期权向期货市场转移风险以期货市场交易主体风险分摊实施"再保险"机制替代
市场交易	时间和空间分散导致信息不对称，市场交易处于无序状态	突破保险标的现货交易时空制约避免保险标的现货交易可能引发道德风险
险种定价	市场批发价格或零售价不能反映真实价格信息	期货价格以其权威性成为保险产品定价科学依据
发展前景	由单纯保产量向保价格、保收入险种过渡	期货与保险合作共赢具有极大发展空间

一、风险规避比较优势

就"保险＋期货"模式与传统农业保险比较来看，前者主要是保产量风险，且保费厘定主要针对不同作物品种分区进行，且由于勘察定损主观性特征使其操作方式缺乏规范、透明性。

（1）期货市场风险共担机制可实施农产品价格风险"再保险"替代。与传统农业风险相比，农产品价格风险具有极强的系统性，价格变化规律难以追踪，甚至存在人为投机问题。无论是我国还是国际保险公司，均不对农产品价格保险提供再保险，农产品价格风险因此无法通过再保险形式进行转移。即农户购买期货价格指数保险，风险即从农业生产端转移到保险端，保险公司须承担事故发生约定赔偿风险。若农产品价格持续偏低，保险公司将面临着巨额赔付困境，最终影响保险补偿能力充足。就此意义而言，我国现行农产品价格保险单纯承担市场风险管理职能，保险公司仍须承担全部风险，即只能降低而不能转移风险。换言之，在传统农业保险中，只是实现农业风险在农户和保险公司之间分摊，风险承受能力较弱；而当保险公司加入期货市场后，可利用期权、期货等金融衍生工具转移风险，实现农产品价格保险"再保险"替代，如通过购买看跌期权将风险转移等。此时农产品价格风险传递到整个期货市场交易主体，由期货市场所有投机者分摊，这种风险共担机制可以被视为一种分散巨额保险赔付的"再保险"功能替代，保险公司风险抵御能力因此得到极大增强。

（2）保险公司购买看跌期权可降低价格系统性风险引发的巨额赔付。投资本身就是保险公司的一项重要业务，通过股指期货等金融工具规避风险通常是保险公司化解投资不足的一项重要渠道（Froot 和 Stein，1998）。在期货价格指数保险中，保险公司在期货市场上出售与承保作物数量相同、方向相反期货合约，即将农业生产风险转移至期货市场交易者。这一操作可视为保险公司以出售看跌期权承担农产品价格下跌风险的过程，通常采取在场内或场外期权市场购买农作物看跌期权以对冲风险。当承保作物价格上升时，保险公司以保险费支付期权费；当承保作物价格下降时，保险公司则通过期权使用而获得利润弥补赔付支出，避免农产品价格保险系统性风险可能产生的巨额赔偿。李亚茹和孙蓉（2018）对我国期货市场玉米、小麦套期保值功能实证研究结果证实农产品期货套期保值在绩效上有明显优势；吴开兵和仇铮（2021）测算出几个主要农产品期货品种套期保值比率和绩效，指出期货市场规范化专业操作能较好地发挥套期保值功能，"保险＋期货"运作模式因此可作为一种能提供风险规避金融工具选择。李梅华（2019）的研究表明，保险公司利用期货、期权等金融衍生工具转移风险，可大幅缩减保险赔付可能产生的偿付能力缺口。保险公司通过期货市场套期保值实现资金增值，不但扩大保险资金入市规模，也拓展了保险资金管理渠道（李华和张琳，2016）。

二、市场交易比较优势

（一）期货市场组织和秩序优势可突破保险标的现货交易时空制约

在传统现货市场上，农产品交易时间和空间都具很强的分散性，农业生产信息获取能力弱且滞后，容易导致农业生产者价格判断与决策失误，增大农产品市场流通风险。期货交易引入农产品价格保险后，期货市场交易专业人员以其专业性市场分析和经验对未来经济行情进行预测，能更为客观准确地体现市场供求关系，拓展交易时间，突破交易区域空间制约，市场信息传递真实可及，这些都在不同程度上降低价格下跌市场风险。就此意义而言，期货市场价格形成的过程，实质上就是一个不断收集信息并做出调整而后形成价格的过程。

（二）期货市场规范化制度能较好地避免保险标的现货交易可能引发的道德风险

期货市场交易主体包括各种进口商、分销商、生产者、加工者以及投机者，多通过期货市场交易实现供需集中与市场流动。交易过程透明且价格真实。根据期货市场相关规定，所有期货合约只能实行场内交易而不得实行场外交易，采取公开竞争与自由报价，因此较好地避免现货交易可能引发的诈骗和垄断。此外，期货市场具有规范运作和履约信用优势，这些给农产品保险标的现货交易带来积极影响，并在一定程度上平滑信用风险所致的市场价格波动负面效应。

三、险种定价比较优势

目前我国农产品市场定价多使用市场批发价格或零售价格，不能反映标的实际交易价格。一方面，农产品价格数据信息更新不及时，部分历史数据还存在空白，保险精算因信息数据不足而缺乏定价依据，目标价格预测偏差很难避免。另一方面，目前采用多个标准化菜市场零售价格作为定价参考依据，由于田头交易价格、外埠交易价格、零售市场价格等交易方式或交易地点不同，多地零售价格与真实交易价格显然不可能一致，现有价格参数与实际交易价格存在偏离。如果保险合同约定保障价格低于市场收获价格，农户会因损失赔偿不满意而不愿投保，保险需求不足；若约定保障价格过高，很可能导致保险公司陷入高额赔付风险（叶明华等，2016）。就此意义而言，价格发现是保险合同制定技术关键，也是农产品价格保险的定价基础。

在期货市场较成熟国家，期货价格往往被视为一种权威价格而成为现货交易参考依据。美国收入保险最大的成功之处在于保险公司能够较好地运用期货市场业务，最大优势在于利用期货市场进行保险产品定价（Chia Chun Lo，2013；Young Cheol Jung，2016），即所谓"期货价格发现功能"。从实践应用来看，期货市场能提供定价依据主要源于几个方面原因：一是根据期货市场价格报告制度，期货交易所达成任何一笔新交易价格均需向会员及场内代表报告并对外公布，价格传递信息及时有效，市场交易者可根据期货市场实时价格变化做出调整，期货市场价格真实性因此大幅提升；二是期货价格是买卖双方对于未来价格预测，通常能反映远期成本及其他因素；三是期货市场买卖转手频繁，这种连续形成价格对市场供求关系变化反应准确，且从价格变动可观测市场供求关系变化及趋势走向。陈明和张凤荣（2017）就美国芝加哥商品期货交易所与我国大连商品交易所黄豆期货价格进行实证研究，认为期货商品交易所具有较好的价格发现功能，期货价格在未来现货价格发现中具关键性影响。孙蓉和刘震等（2018）的研究也证实，期货价格能综合产销多环节因素，与农产品真实价格更为接近，可为保险提供相对准确的价格发现参考。可见，在期货市场公平公正与高效竞争交易机制下，期货价格真实性、连续性、预期性和权威性使其可成为保险科学定价的前提基础。

四、发展前景比较优势

一般情况下，参与期货市场交易主体主要有两类：一是利用期货市场套期保值功能对冲风险；二是投机套利，亦即套期保值。于期货交易而言，保险资金作为交易主体进入期货市场，不仅能为农业保险公司提供资金管理和风险转移新渠道满足投资者需求（郭蕙荞，2016），也能增强保险期货产品活力（赵新慧，2016），最终以其长期性和稳定性特征优势促进期货市场平稳发展（王芳，2016）。实践表明，农业保险资金的进入，能扩大期货市场交易量和交易额，增强价格发现功能；保险资金间接参与期货市场，能拓宽套期保值交易参与主体，增加农产品期货市场交易品种，在抑制期货市场过分投机同时强化期货市场功能优势。就保险公司来看，期货与保险合作经营符合WTO"绿箱"政策，有利于农产品进出口且直接降低国家财政支出压力。并且，农产品期货市场功能定位为农业风险管理提供风险规避平台。当保险公司存在较大资金需求时，可通过卖空或卖空股指期货获取收益，不仅能提高保险资金使用率，也能增加保险资金流动性。此外，由于保险资金具长期投资特征，与期货市场的合作可使其获取稳定持续收益，并在此前提下进行更高投资回报险种设计。可见，期货价格指数保险是一种农业生产者、保险公司和期货公司多方合作共赢风险转移机制，不仅能带来巨大社会效益，而且能带来巨大经济效益。

第四节　期货价格指数保险利益集团目标谋求与博弈

一、期货价格指数保险参与主体

在期货价格指数保险中，参与主体可分为三大利益集团：一是投保农业经营者。在中央政府与地方政府联合提供保费补贴情况下，该人群当为期货价格指数保险最大受益者，也是最直接受益者。二是保险与期货金融机构合作联盟。两者联合设计期货价格指数保险产品、运营产品项目，为农业生产者价格风险分散提供专业化金融服务。三是政府，包括中央政府与地方政府。在法律和政策约束下共同为期货价格指数保险提供一定比例财政补贴，且同时负有监督保险公司与期货公司运营的责任，如图2－2所示。

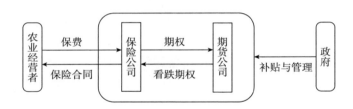

图2－2　期货价格指数保险参与主体及相互关联

二、期货价格指数保险利益集团及目标谋求

（一）政府利益集团及其目标谋求

农业保险具有公共物品的属性，且在农业生产中具有重要的风险分散功能。传统农业保险主要承保自然风险，以价格波动为重要内容的市场风险并不在保障范围内。实践证明，我国是单一制国家，中央政府负责制定政策且负有监督政策执行效果责任，地方政府负责执行政策并接受中央政府或者上一级政府监督，但各自目标衡量不同决定了两者在经济利益追求上各有侧重。中央政府多倾向于从宏观层面维护国家整体利益考虑，对农业保险做出顶层策略规划；地方政府优先

局部利益,侧重于本地经济发展中主导农产品风险保障险种推广,而对总体性目标关注不足。但是,无论中央政府还是地方政府,都致力于以下几大相同目标:一是在世贸组织规则允许范围内,以农产品价格保险替代直接补贴对我国农产品市场风险实施保护,减轻经济全球化和国际游资带来的冲击;二是降低价格波动对农业生产影响,以价格稳定提高农民收入水平。目前期货价格指数保险尚处于试点阶段,尽管也享有政府财政支持,但较之政策性传统农业保险有明显短处。前者包括保险费补贴、生产经营主体管理费补贴以及税收优惠等方面;而后者更多只提供"保费补贴"。为提高保险参保积极性,中央或地方财政直接提供一定比例保费补贴以缓解农业保险市场供求矛盾,并对农业保险经营主体管理费用给予一定"生产经营费用补贴",但"税收优惠政策"激励方面不予支持,由保险公司和期货公司自行承担。在期货与保险共赢同时,政府财政压力有显著降低。

(二)农户利益集团及其目标谋求

在未来较长时期内,小农经济仍是我国农业生产主要方式。一方面,这种小规模生产限制专业化生产和农业科技含量提升;另一方面,商品化目标谋求使之面临严重市场风险冲击,农户风险规避意愿强烈。在农产品期货价格指数保险中,农户利益集团期望目标可归纳为四类风险标的:一是农产品价格的趋势性变动风险;二是农产品价格周期性风险;三是农产品价格季节性风险;四是农产品价格随机变动风险。实践表明,农户参与期货价格指数保险的决策过程,是一种利益最大化为目标下衡量参保成本和收益后的理性行为。

假定 q 为投保农作物标的数量,R 为农户农业收入,P 为农业保险保费水平。在预期效用最大化目标谋求下,期货价格指数保险必须将参保预期成本和预期收益考虑进来,此时农户预期效用 EU 表示为:

$$EU = \int_0^Q U(R + I(R) - P + s - wq) dG(R, q) \tag{2-1}$$

其中,G(R,q)表示投保农作物数量及收益联合分布;I(R)表示风险发生时农业生产者可获得农业保险赔款;w 表示各种农作物价格水平;s 表示政府行为,当政府不进行保险补贴时,s = 0,当政府以一定比例补贴农产品期货价格指数保险保费时,s > 0。

(三)保险与期货机构合作及其目标谋求

在我国现行金融监管制度环境下,保险公司不允许在直接期货市场进行交易,只能通过购买场外期权费方式向期货市场转移风险。即在根据场外期权行权价格、期权费等能反映市场变动信息基础上进行险种设计，并将其出售给具有风险回避需求的农户人群。就其实质而言，保险公司只是作为农户风险转移至期货市场媒介的存在，保费与场外期权费之差则为其中介服务费。可见，期货价格指数保险是一种建立在场外期权产品基础之上的险种设计，将合同约定标的物在某一时段均价作为参考依据，多以亚式期权为行权类型，保险公司在到期日确认期权产品盈亏而后决定是否履约。就此意义而言，期货价格可视为一种能提供将承保风险向期货市场转移的权威性价格依据，期货市场因此具有价格发现功能。

尽管期货公司从产品设计到产品运营都十分专业，且具有丰富风险管理经验，但进入农业生产领域尚不能独立运作，必须以保险为中介进行市场开发。这里有两方面原因：一是作为金融衍生工具，期货操作专业素养及资金门槛居高，难以被农户熟知并掌握；二是期货经营网点少且集中于大中城市，无论是地理距离还是产品宣导上都存在明显欠缺，农户更愿意通过保险交易转移风险。此外，我国期货公司经营模式与利润来源单一，为社会公众所了解及认可度不高，尤其是粮食期货存在过度投机等，导致农产品期货短期内不可能成为农户风险管理方式的重要原因。

鉴于保险公司与期货公司各自领域中的制约，因此，在利益最大化目标下具备双方合作共赢动机。在具体运作上，保险公司向农户提供期货价格指数保险后，购买期货公司场外期权产品，保费与期权费之间差额为其利润来源。保险市场良好客户基础和渠道优势能较好地弥补期货公司不足；期货公司则主要承担场外期权产品专业设计，为保险产品提供权威性价格制定依据，其中，销售额与套期保值交易成本之差即构成期货公司主要利润来源。可见，保险公司与期货公司存在共同利益，期货与保险两者联合经营以价格风险为标的业务可以扬长避短、优势互补。下面我们对这一合作函数表达式进行简单阐述。

现假定将期货保险业务细分为期货价格指数保险与其他保险，其中，期货价格指数保险供给量为 Q_1，保费为 P_1；其他保险的供给量为 Q_2，保费为 P_2，保险公司经营成本为 $C(Q_1, Q_2)$，此时保险公司的利润 π 可表示为：

$$\pi = P_1Q_1 + P_2Q_2 - C(Q_1, Q_2) \tag{2-2}$$

基于保险公司自身利益最大化目标追求，有如下函数表达式：

$$\pi = P_1Q_1 + P_2Q_2 - C(Q_1, Q_2) + \mu(C - C(Q_1, Q_2)) \tag{2-3}$$

其中，μ 是拉格朗日乘数。根据利润最大化的一阶条件：

$$\begin{cases} \dfrac{\partial \pi}{\partial Q_1} = 0 \\[2mm] \dfrac{\partial \pi}{\partial Q_2} = 0 \end{cases} \qquad\qquad (2-4)$$

可得：

$$\frac{P_1}{P_2} = \frac{\dfrac{\partial C}{\partial Q_1}}{\dfrac{\partial C}{\partial Q_2}} = \frac{MC_1}{MC_2} \qquad\qquad (2-5)$$

从上式可看出，保险公司获得两类保险业务的保费收入与两者边际成本之比相等。期货公司可根据承保农产品标的设计场外看跌期权，通过出售给保险公司收取期权费用。在这一过程中，作为看跌期权空头，期货公司主要利用期货进行对冲风险。若期货价格下跌则增加空头合约，若价格反向而行则减少期货空头合约持有。就此意义而言，在期权产品定价科学与对冲策略设计合理的前提下，保险公司可实现价格风险转移，而期货公司也将因此获得期权收益。鉴于保险公司业务成本包含经营成本和赔付损失费用两部分，期货价格指数保险尽管承担风险能力超出一般险种，但当其业务边际成本大于其他保险险种时，很可能导致偿付能力不足，如赔付率高等。可见，期货价格风险管理能力是两者合作共赢关键，不但决定期货公司最终盈亏，也决定以其作为定价依据的保险市场可持续发展。

三、期货价格指数保险利益集团间博弈均衡

从以上论证结果可推断，与期货价格指数保险业务发展关联的利益集团应当存在以下几种博弈关系：保险公司与农业生产者之间的博弈、政府与保险公司之间的博弈、期货公司与保险公司之间的博弈等。现就这些博弈展开详细分析。

（一）研究假设

（1）农业经营主体、保险公司、期货公司均为"经济收益最大化"理性行为人，政府则为"政治与社会利益最大化"目标的追求者。

（2）农业经营主体不投保时预期收入为 A，价格波动市场风险发生概率为 γ，风险发生后损失为 L，农业经营主体需要承担部分保费为 P，受损后保险公司以货币形式赔付 I，经营管理费用为 C。在不投保条件下，农业经营主体预期收益函数表达式为：

$$N_1 = \gamma(A-L) + (1-\gamma)A \qquad\qquad (2-6)$$

投保时的预期收益函数表达式则可表示为：

$$N_2 = \gamma(A - P - L + I) + (1 - \gamma)(A - P) \qquad (2-7)$$

（3）保险公司可以自由选择是否承保期货价格指数保险。当保险公司选择承保时，无论投保农业生产者受损与否，保险公司均需向期货公司支付期权费 F，保险公司经营此项业务相关成本为 C_B，政府直接保费补贴为（$\varphi - 1$）P，政府通过补贴保险公司经营费用或者向其提供税收优惠给保险公司带来经济利益为 R_B，此时保险公司预期收益可表示为：

$$B_0 = \gamma(\varphi P - I - F) + (1 - \gamma)(P - F) - C_B + R_B \qquad (2-8)$$

（4）与其相似地，期货公司也可以选择是否参与保险业务经营。当其选择参与时，无论保险公司是否行使看跌期权，都将收到保险公司期权费 F，期货公司经营此项业务成本为 C_Q，政府通过补贴经营费用或提供税收优惠给保险公司可能为其带来额外收益为 R_Q。此时期货公司预期收益可表示为：

$$Q_0 = F - C_Q + R_Q \qquad (2-9)$$

（5）通常情况下，政府并非单纯以经济效益作为政策制定目标，提供补贴因此包含有社会利益目标。现假定政府预期政治社会收益为 R_P，此时政府预期收益可表示为：

$$G_0 = R_P - (\varphi - 1)P - R_B - R_Q \qquad (2-10)$$

此时应当有 $G_0 \geq 0$。

（二）保险公司与农业经营主体间的博弈

农产品期货价格指数保险是以农产品价格市场波动为风险责任的险种。当农户收获或出栏农畜产品上市，市场价格低于保险合同事先约定保障价格时，由保险人赔偿市场差价损失。保险公司与农业经营主体间的博弈矩阵如表 2-2 所示。

表 2-2　保险公司与农业经营主体之间的博弈

		保险公司	
		承保	不承保
农业经营主体	投保	N_2，B_0	N_1，0
	不投保	N_1，$-C_B$	N_1，0

当 $N_2 - N_1 = \gamma I - P > 0$ 时，农业生产者选择投保期货价格指数保险，保险公司也会选择承保保险，此时双方分别获得相应收益，即实现双赢目标。这里提升农业经营主体的参保意愿有两种可选择方法：一是提高政府补贴保费比例。当政

府承担保费比例较高而农业经营主体所需缴纳保费 P 较低时，农业经营主体倾向于投保；二是提高保险合同约定保险金赔付。在利润最大化目标谋求下，保险公司提高保险金赔付 I，必须依赖于政府政策扶持。

（三）政府与保险公司间的博弈

政府支持保险公司开展期货价格指数保险业务，一是通过保费财政补贴增加同质风险单位，保险公司利润增加；二是以税收优惠政策或者直接补贴保险公司经营管理费用弥补保险展业可能产生利润亏损。政府与保险公司之间博弈矩阵如表 2 - 3 所示。

表 2 - 3　政府与保险公司之间的博弈

		保险公司	
		承保	不承保
政府	补贴	G_0，B_0	0，0
	不补贴	0，$B_0 - R_B$	0，0

当 $B_0 - R_B \geq 0$ 时，保险公司预测不会产生亏损，因此可能开展期货价格指数保险。当政府对保险公司提供补贴时，保险公司预期收益通常会大于无补贴时预期收益。基于对政治和社会整体利益提升的考虑，政府通常会对期货价格指数保险实施扶持，或许短期内试点项目有所缺失，但如果发展前景广阔，应当与传统政策性农业保险给予同等待遇。自 2015 年以来，山东全省蔬菜价格保险累计保费超 8 亿元，财政补贴金额在 6.2 亿元以上，保险金额在 90 亿元以上，财政资金使用效应提高了近 14 倍，在保证保险公司偿付能力充足同时，基本弥补生产成本，增强农民抵抗市场风险能力，表现出政府与保险公司间的一种合作博弈特征。

（四）期货公司与保险公司间的博弈

在价格型保险中，保险公司产品设计首当其冲的是事先约定保障价格，当被保险人发生合同约定价格风险，或被保险标的市场价格低于约定保障价格时，由保险公司负责赔偿价格差额。换言之，在"保险 + 期货"合作模式下，农畜产品上市或出栏时，市场价格低于保险保障价格时，保险公司将依据合同约定实施差额补偿。对于保险公司而言，承保后即在期货市场上购买看跌期权合约，当交割期现货价格低于期货价格时，保险人将获得期货差价补偿，可将此作为理赔准备金。在这一过程中，保险公司实际上是充当中介角色，代理农户购买某种农产品期权，将风险向期货市场转移，自身仅承担很少风险责任。

对于期货公司而言，尽管从产品的设计到产品的运营均十分专业，具有丰富的产品设计经验与高水平风险管理能力。但在目前我国农业生产者金融知识与金融素养不足情况下，难以充分利用期货期权等金融工具实施风险对冲，但保险公司基层网点分布广泛、保险产品设计相对简单且合同签订程序简便，因此，通过保险这一渠道中介吸收潜在客户，是未来较长时期内期货金融衍生工具实施风险转移的基础。

在 Q_0、B_0 条件下，保险公司首先需要根据期货市场标的期货合约价格设计期货价格指数保险的具体条款，约定保险事故的触发条件与赔偿金额，在期货公司卖出看跌期权后释放部分风险；而期货公司以一定的期权费向保险公司销售场外期权产品，当期货公司收取的期权费用能够覆盖未被对冲的风险敞口时，那么期货公司预期不会亏损，也意味着这种套期保值操作将农户生产风险顺利地释放出去，这一创新金融产品最终帮助参与各利益主体实现共赢。博弈矩阵如表 2 - 4 所示。

表 2 - 4　期货公司与保险公司间博弈情况

		保险公司	
		承保	不承保
期货公司	参与	Q_0，B_0	0，0
	不参与	0，0	0，0

期货价格指数保险的开展要求保险公司与期货公司的共同参与，双方合作共赢。即必须满足 Q_0、B_0 条件，否则很可能导致双方预期收益与成本为零。其中，期权费设置科学合理是双方达成合作意向的决定性因素，也是两者利益博弈焦点。如果期权费用设定过高，在保险公司风险分散渠道选择上不具有优势；而如果期权费用设置过低，期货公司又将因经营成本居高而难以为继，这两种情况都将带来期货价格指数保险市场萎缩。目前我国期货市场尚处于初始阶段，很难找到足够多的看涨期权合约市场投机者，缺乏足够市场容量接受看跌期权合约购买。并且，期货交割结算与保险理赔存在时差，保险公司因此很难大规模操作期权交易。这意味着两者合作博弈存在一定困难，保险公司难以通过完全市场化运

作实现产品推广。随着农民金融工具应用能力强化，或在金融严格监管下允许保险公司或期货公司独立运营期货价格指数保险业务，期货与保险双方博弈格局可能发生实质性改变。

四、小结

随着全球经济一体化和国际市场的融合，农产品价格系统性风险逐年上升。农业保险和农产品期货是风险回避的有效金融工具，但现阶段两者单独运作的时机尚不成熟，期货价格指数保险能较好地弥补这一缺陷。"保险＋期货"协调模式能以价格风险转移梯度效应发挥保险精算与期货风险管理专业技术优势，不但能在不影响现货价格市场形成条件下增加财政支农资金硬约束，且从根本上改变农业直接补贴方式，更符合国际一般规则。与传统农业保险相较，无论在风险规避、市场交易还是价格制定方面，期货价格指数保险都表现出明显比较优势，这与可以利用期货市场价格发现功能为保险提供相对精确定价参考、与期货市场套期保值功能能将保险公司从风险承担者角色中转移出来，以替代再保险实施风险转移。

在期货价格指数保险各利益集团的博弈过程中，保险公司以其巨量保险基金稳定期货市场，服务于农业生产风险管理；农业经营者在享有政府补贴条件下降低参保成本；政府则通过财政补贴获得政治社会效益整体提升，财政资金因引入市场机制而获得更高效益。利益集团的这种目标一致性推动期货价格指数保险持续稳健发展，激励效应明显。

第五节　典型案例分析

——以山东金乡大蒜期货价格指数保险试点为例

山东是我国蔬菜生产大省，蔬菜产量连续十多年居于全国首位，也是我国最早试点蔬菜期货价格指数保险的几个省份之一。2017 年山东蔬菜参保面积共 237 万余亩、保险金额总量高达 49 亿元，居全国承保规模之首；2018 年，农业保险保费收入为 28.2 亿元，增长 19.6%，为 1761.4 万户次农户提供 772.4 亿元风险保障，试点证明期货价格指数保险有助于提高蔬菜种植户抵御价格风险的能力，也有利于平滑蔬菜市场价格异动。

中国的大蒜产量占全球总产量的70%以上，中国的大蒜种植面积达70万公顷，占全球大蒜种植面积的60%以上，主要产区集中在山东、河南、江西、广西、安徽等省份，其中"金乡大蒜"是山东驰名商标，大蒜品牌价值达218.19亿元，排全国蔬菜类第一位和农产品第八位，连续八年蝉联"中国国际有机食品博览会"金奖，且先后获得中国国家农产品地理标志认证、中欧"10＋10"地理标志认证等荣誉，正在成为世界大蒜种植培育、储藏加工、贸易流通、信息发布和价格形成"五大中心"。基于典型取证价值考虑，本节拟选择金乡县为大蒜期货价格指数保险研究样本取集地，在对其试点成效及存在问题深入剖析基础上提出可行性对策及建议。

一、背景介绍

山东省金乡县种植大蒜历史悠久，是我国著名的"大蒜之乡"，自1982年开始规模化种植，20世纪90年代得以迅猛发展，目前大蒜种植、加工产业成为当地支柱产业，也成为金乡农民的主要收入来源。金乡县常年种植大蒜70余万亩，拥有800多家大蒜储存加工企业以及500余家自营进出口企业，大蒜冷藏能力300余万吨，年加工能力达110万吨。随着县域经济规模的持续扩大，产业结构的调整优化，大蒜收获面积已占到全国大蒜主产区的1/10，如表2-5所示。

表2-5　全国大蒜主产区和金乡县近三年大蒜收获面积　　单位：万亩

年份 大蒜收获面积	2017	2018	2019	2020
全国大蒜主产区	470.00	568.00	598.69	603.00
金乡县	58.34	64.50	52.39	63.60

自2007年以来，金乡县大蒜价格波动频繁，有的年份甚至价格疯涨，出现"蒜你狠"之类极端事件。2019年山东省金乡县大蒜种植面积为52.39万亩，较之2018年的64.50万亩减少了12.11万亩，减幅高达18.78%。到2020年，金乡县大蒜种植面积增加18%，且县域周边地区增长率高达33%，又重新恢复到2018年的种植规模。究其原因，很大程度上可归结于市场价格不稳定造成的农

户大蒜种植计划变动影响。其一，蒜农年龄偏大且受教育水平较低，信息获取多依靠农户之间口口相传，无法保证信息的准确性与时效性，大蒜种植年度计划制定缺乏科学依据；其二，农户不习惯采用政府正规信息渠道，通常以上年度大蒜销量和价格作为当年种植规划依据，市场供给因此很不稳定；其三，销售渠道单一，多为中间商上门收购，农户议价权缺失使资本方得以囤积炒作，市场价格被人为操纵而波动频繁，大蒜种植年度规划因市场供求判断干扰而出现较大偏差。此外，目前平滑市场价格一般使用发改委价格调节基金采取补贴形式进行，无论在保障深度还是广度上局限性明显，这些都在不同程度上加剧大蒜价格波动，对农户生产积极性影响很大。

2015年山东省开始试点蔬菜目标价格保险，其中，以大蒜、大白菜及马铃薯等需求量大且价格容易剧烈波动的菜品为首批试点对象。这里所谓"大蒜目标价格保险"，是一种以保物化成本为基础的创新险种，以标准化赔付指数作为约定目标价格，为农户再生产顺利进行提供保障的保险产品。其中，"目标价格"为赔付标准的特定指数，一般参照生产全成本或往年价格，且应用期货市场价格发现功能确定，因此，就某种意义而言，也可视为一种特殊的期货价格指数保险。理赔计算公式为：赔偿金额 = 每亩保险金额（元/亩）×保险面积（亩）×{[目标价格（元/斤）－实际价格（元/斤）]/目标价格（元/斤）}。其中，赔偿系数 =（全成本价格－实际价格）/全成本价格；全成本价格 = 每亩完全成本/平均亩产量。例如，农户种一亩大蒜大约需要1800元蒜苗费、600元土地租金费、350元农药化肥费、200元人工费，整体约需投入3000元；在正常年景下，每亩大蒜的蒜薹苔产量约500斤、蒜头产量一般可达3500斤，而前者收购价格为2元/斤，后者收购价格约为2.3元/斤，蒜薹产值约为1000元/亩；蒜头产值约为8050元/亩。即大蒜总产值约为9000元/亩，除去种植成本，纯利润约为6000元/亩，该测算值即为大蒜期货价格指数保险中"目标价格"厘定的重要依据。经过几年试点探索，2020年金乡县大蒜期货价格指数保险承保面积达63.60万亩，以每年种植大蒜盈亏点为目标价格，保险公司对跌幅部分进行赔付。2015～2019年，保险赔付总计达4.48亿元，保证在大蒜价格进入低谷时蒜农种蒜不赔本，在保持大蒜市场价格稳定的同时维护生产平稳进行，有力地推动了金乡县大蒜产业化发展。我们就金乡县2019年、2021年大蒜期货价格指数保险方案进行比较分析，如表2-9所示。

表 2－6　金乡县 2019 年、2021 年大蒜期货价格指数保险方案

保险方案 ＼ 年份	2019	2021
承保范围	2018 年种植 2019 年收获的生长和管理正常、保险期间均衡上市大蒜（苔蒜、云蒜等除外）	2020 年种植 2021 年收获的生长和管理正常、保险期间均衡上市大蒜（苔蒜、云蒜等除外）
承保亩数	30 万亩	60 万亩
目标价格	1.50 元/斤	1.73 元/斤
基本保障水平	大蒜期货价格指数保险金额为 2000 元/亩，保费率为 7%，保费为 140 元/亩。具体保险条款由保险合同约定	大蒜期货价格指数保险金额为 1800 元/亩，保费率为 7%，保费为 126 元/亩。每亩大蒜完全成本 5000 元，平均亩产量 2000 斤
保费分担比例	保费由投保农户自行承担 40%（即每亩缴纳 56 元保费），各级政府补贴 60%（每亩共补贴 84 元保费。其中：省财政补贴 45%，即每亩负担 63 元；市县财政补贴 15%，即每亩负担 21 元）	保费由投保农户自行承担 40%（即每亩缴纳 50.4 元保费），各级政府补贴 60%（每亩共补贴 75.6 元保费）
理赔条件	保险期间大蒜实际价格低于目标价格时，视为保险事故发生，保险公司对跌幅部分进行相应赔付，高于目标价格时则不发生赔付	保险期间大蒜实际价格低于目标价格时，视为保险事故发生，保险公司对跌幅部分进行相应赔付，高于目标价格时则不发生赔付
理赔计算方法	赔偿金额＝每亩保险金额×保险面积×[（目标价格－实际价格）/目标价格]×赔偿系数。其中，赔偿系数＝（全成本价格－实际价格）/全成本价格；全成本价格＝每亩完全成本/平均亩产量	赔偿金额＝每亩保险金额×保险面积×[（目标价格－实际价格）/目标价格]×赔偿系数。其中，赔偿系数＝（全成本价格－实际价格）/全成本价格；全成本价格＝每亩完全成本/平均亩产量
投保方式	投保蒜农凭土地确权证登记的大蒜种植面积进行投保	投保蒜农凭土地确权证登记的大蒜种植面积进行投保

就表 2－6 比较来看，金乡县 2019 年、2021 年大蒜期货价格指数保险计划在理赔计算方法、投保方式、理赔条件等项目上基本没有变动，保险标的均为当年种植次年收获的生长管理正常、在保险期间均衡的上市大蒜。当次年大蒜市场价格低于目标价格约定标准时，农户即可申请理赔。在具体实施过程中，若大蒜实

际价格低于目标价格（价格指数），即视为保险事故发生，保险公司对跌幅部分进行相应赔付；若大蒜实际价格高于目标价格（价格指数）时，赔付程序不会启动。计算公式为：赔偿金额＝每亩保险金额×保险面积×［（目标价格－实际价格）/目标价格］×赔偿系数。其中，赔偿系数＝（全成本价格－实际价格）/全成本价格；全成本价格＝每亩完全成本/平均亩产量。如 2021 年大蒜每亩完全成本约为 5000 元，平均亩产量为 2000 斤，即可测算出全成本价格。

上述两个年份保险计划变动主要在于目标价格设定、保险金额、投保规模、保费交缴额度、政府财政补贴等几个项目。目标价格设定由 2019 年的 1.50 元/斤提高为 2021 年的 1.73 元/斤（地头销售价），且同时保险金额由 2000 元/亩降为 1800 元/亩。在投保范围上，全县各乡镇街道符合条件所有实际大蒜种植面积可全部投保，但承保总量由 2019 年的 30 万亩提高为 2021 年的 60 万亩。此外，保费交缴额度有一定程度降低，从 2019 年的 140 元/亩降低到 2021 年的 126 元/亩，农户自行承担部分为 50.4 元/亩（占比为 40%），各级政府承担部分为 75.6 元/亩（占比为 60%），较好地解决了省级财政保费补贴少而无法"应保尽保"的问题。2021 年山东省财政预算列支保费补贴 3402 万元，实现大蒜种植全覆盖。

二、山东金乡大蒜期货价格指数保险取得的成效

（1）以"政府—保险公司—蒜农"长效保障机制直接规避价格不完全可保风险。大蒜期货价格指数保险将不完全可保价格风险纳入保障范围，为蒜农提供收入损失补偿。金乡县种植大蒜历史悠久，本地独有的水土气候非常适合大蒜生长，且农户大多都积累了丰富的种植管理经验，自然风险和产量不确定风险相对较小，适于期货价格指数保险推广且可强化保险公司可持续供给意愿，如增加承保大蒜细分种类、扩大保障范围等。但是，供应量增加或需求量减少会导致价格下降，而供应量减少或需求量增加将造成市场价格上涨，这种供求关系不平衡是市场价格波动重要原因，其实质仍在于大蒜价格为不完全可保风险，且系统性贯穿于大蒜生产到最终销售等环节。例如，气候因素致大蒜减产、早熟或晚熟，供给量短期内急剧变动；上年度价格高低影响农户未来预期，导致当年大蒜种植规模缩小或扩张。此外，生产资料价格上涨、耐久蔬菜囤积替代消费以及运输不畅导致局部供求失衡等，都刺激大蒜市场价格大幅震荡。

自大蒜期货价格指数保险试点以来，金乡县委、县政府根据山东省大蒜目标价格保险政策要求，明确大蒜目标价格保险试点工作指导思想和基本原则，积极探索建立的"政府—公司—蒜农"三位一体大蒜期货价格指数保险长效机制，不断夯实大蒜产业在乡村振兴战略实施中的主导地位。其一，地方政府和保险公司共同监管理赔核查，确保蒜农价格损失赔偿公平公正。金乡县政府制定有关大蒜目标价格保险理赔工作相关文件，保险公司以此为依据判定保险责任事故发生，确定是否承担理赔责任，并建立台账公开制度将参保及保险公司赔付信息公开，通过蒜农监督以提高政府公信力。其二，由地方政府牵头成立专项督导小组强化理赔核查督查，保证保险金足额发放，不会出现截留、代扣或挪用现象。其三，金乡县相关政府部门会同镇街与保险公司深入村、户进行宣导，有针对性地宣传政策、解释保险条款，确保农户明确自己的权利和义务，引导广大农户自愿投保。此外，考虑到市场价格偏差是大蒜期货价格指数保险理赔触发关键，也是保险金给付重要依据，金乡县发展改革局不断改进和完善价格监测，规范价格监管工作，以真实可靠的数据为大蒜期货价格指数保险提供科学支撑。这些都进一步强化大蒜期货价格指数保险在农户收入保障中功用，通过损失补偿提升农户生产积极性，维持大蒜市场稳定发展。

（2）以基于价格风险保障的技术进步间接实现多方合作共赢。在大蒜期货价格指数保险实施中，以保险专业技术拓展市场，通过理赔精细化管理严控大蒜市场价格风险，以供给侧保障农户收入稳定。与此同时，基于风险规避保障增加农户在大蒜种植及深加工方面的生产投入，实现"政府—保险公司—蒜农"多方合作共赢。首先，在保险领域专业技术应用方面，保险公司根据险种风险特性建立赔案分级审核制度，严格控制虚假投保风险；重点关注"基差风险"管控，尽量避免群体纠纷事件发生。其次，在强大风险保障前提下，蒜农投资增资信心大幅提升，与农业科技人员及相关企业合作进一步增强，研究大蒜产业发展关键技术，实现栽培技术标准化，提高大蒜机械化水平及设施环境调控技术水平。最后，建设覆盖全县大蒜监测网络，搭建"山东价格指数发布平台"整合多个模块，以指数数学模型后台自动计算、指数曲线生成、指数数据分析与预测等功能实现价格数据准确，为保险"指数"科学厘定提供数据来源与决策保证。

（3）以价格风险财务性分散保障农户收入稳定，推动大蒜产业化发展。随着大蒜期货价格指数保险深入开展，金乡县以高标准规划建设全国规模最大、科技含量最高且加工门类最全的食品产业园，其中，国际大蒜产业园为其重要构成之一。在市场价格风险有效分散条件下，金乡县以管理智能化、生产机械化、种植标准化和环境生态化推进大蒜标准化种植，建立完善溯源体系和大蒜育种实验室，以前沿种植模式实施绿色防控及机械化种收。尤其随着水肥一体化、大蒜种收全程机械化等新技术的全面推广，大蒜"产前—产中—产后"标准化技术体系逐步完善，在带动全县"三品一标"种植同时，以此为依托建设万亩标准化种植基地，以其规模化种植、产业化经营形成产业集群。这些在很大程度上可归功于相对成熟的期货价格指数保险为种植户提供收入损失补偿保证。

三、可借鉴经验与启示

实践经验表明，期货价格指数保险较好地体现了政府调控与市场调控相结合的优势，是农产品价格市场风险管理的发展方向，但对于农户、保险公司及地方政府而言，这既是应抓住的机遇且同时也是一种挑战，如财政补贴政策、巨灾风险分散机制等配套政策法规完善、保险专业技术指导和数字化科技弱化价格风险系统性与周期性特征等。有学者认为，风险分散应从价格形成机制、政府保费补贴、巨灾风险分担机制、信息共享等着手（牛海霞，2017）；应当以构建分类投保制度，强化信息共享健全价格制度，完善巨灾风险分担制度（李耀跃，2016）；应当综合运用比例分保、赔付率超赔、事故超赔等多种再保险手段健全农业保险业务风险保障体系，例如通过比例合约实现风险时空上的分散或借助超赔合约防范价格下跌可能带来的群灾群损风险（王克等，2019）等。借鉴上述理论成果并综合金乡县试点经验，有以下几个问题值得重点关注：

（1）有关"农户保险认知与参保决定"问题。大蒜期货价格指数保险应对的是市场风险，而农户更多关注自然风险及其灾害损失补偿，缺乏足够市场风险防范意识，投机心理较强，归纳来看有三方面原因：其一，部分农户认为市场价格下跌是种不确定风险，何时发生？何地发生？会不会发生？均为偶然性概率，因此存在明显侥幸心理。而与之相较，参保大蒜期货价格指数保险所缴纳保费是必须性支出，因此缺乏投保意愿。其二，市场上不少蒜农或基于投机动机非理性扩大种植规模或根据上年度赔偿额度制定种植计划，对于价格风险降低更多依靠预测而非科学判断，这些都可能使产量不稳定而导致市场价格异常波动。其三，蒜农对保险公司不信任导致参保意愿缺乏。例如，看不懂保险条款、被保险业务人员误导、理赔困难或赔偿满意度低下等。基于以上种种原因，大蒜期货价格指数保险推广应当通俗易懂且诚信宣导，并以大数据分析简化承保和理赔环节，在提升农户满意度同时获得蒜农信任。此外，鉴于不同地区风险差异性较大，应当根据不同需求制定多样化保费支付方式，例如，低赔付地区费率可逐年降低，而高赔付地区则可实施惩罚性费率等。

（2）有关"基差风险降低"问题。农产品期货价格指数保险是一种建立在"价格指数"科学制定基础之上的险种创新，是对农业生产经营者因市场价格波动、农产品价格低于目标价格（价格指数）损失给予补偿的经济制度安排。不同于以实际产量或生产损失为理赔依据的传统农业保险产品，期货价格指数保险以指数为"触发值"进行设计，具信息透明、交易便捷、损失理赔简单等优势。因此，期货价格指数保险无须掌握单个农户种植信息，在降低运行费用的同时能有效避免"逆向选择"与"道德风险"的发生。但是，即使在保险覆盖面宽广的情况下，由于地域及其他因素影响也会导致标的价格有显著差异，如果不能针对当地产品独立设计保险产品，且不能及时细节化和独立化，"基差风险"将难以控制。例如，某些蒜农销售价格并不低于往年，因达到目标指数"触发值"而可获赔；而某些蒜农遭受价格下跌严重损失，却因所处地区未达到指数"触发值"而无法获赔。并且，即使采取相同赔付标准，也可能产生损失和赔付不一致问题。可见，基差风险是农产品期货价格指数保险发展的"瓶颈"，而"指数"的科学合理制定则决定与风险保障目标偏离，是理赔公平公正的关键，这些都必须建立在全面、准确价格信息基础之上，无论是保险实施区域还是保险理赔触发价格都必须以"数据"真实可靠为支撑。基于上述种种原因，应当尽可能地改善数据系统、健全数据收集共享系统以及蔬菜产品价格监测体系，以数据库分析处理为后续运作提供精确数据；应当根据现有价格监测和成本效益统计增加监测品种，提高价格采集样本代表性。考虑到保险合同建立在"指数"制定基础之上，而期货价格指数保险是以价格波动数据为依据估算赔偿金额，因此，为确保价格制定科学合理，应当充分考虑农产品价格周期性、价格系统性以及政府政策影响，将价格波动所致损失指数化，当指数达到一定水平，且造成一定影响时启动赔付程序。此外，应致力于规划建设农业保险大数据平台，建立线上线下一体化服务网络体系，推动卫星遥感、大数据、云计算等数字技术在期货价格指数保险领域中的应用，并在价格监测结束后尽可能缩短理赔时间。

（3）有关"保费政府财政补贴"问题。与其他商业保险不同，农业保险弱质性特征明显，无论是期货价格指数保险还是传统农业保险都需要政策支持。现阶段我国传统种养殖险种通常享有中央财政补贴支持，如小麦、玉米、棉花、奶牛、育肥猪保险等，均为政策性农业保险标的。而不涉及粮食安全的农产品一般只享有省市县级补贴，中央财政不提供直接支持。很显然，各地财政状况不可能完全一致，也决定了期货价格指数保险发展必然处于不均衡状态。如在金乡县大蒜保险试点方案中，政府保费补贴比例为60%，随着试点规模的扩张，地方财政支付压力将不可避免地随之剧增，因此，应在考虑农户和保险公司双方利益诉求基础上调整保费补贴水平，对于贫困户集中地区可给予更多保费补贴。考虑到价格风险受市场经济影响大，为保证保险公司偿付能力充足，政府有必要在财政允许条件下提供直接补贴或税收优惠。此外，引导保险公司从政策化逐渐向商业化转型，在产品设计上实时调整保险条款；鼓励保险公司建立应急方案，防范价格大幅下跌可能引发的群灾群损巨额赔付风险等。

第三章 "收入型"农业保险险种创新：农业收入保险

　　我国目前实施的农业保险大多为政策性农业保险，即政府通过保费补贴等方式对种植业、养殖业遭受自然灾害和意外事故造成经济损失进行补偿的风险管理方式，能将财政手段与市场机制有机结合。实践表明，尽管这是一种创新政府救灾方式、分散农业风险的优势风险分散路径选择，也是为世贸组织所允许的农业"绿箱"政策。但究其实质而言，这是一种以产量作为赔付依据仅提供直接物化成本保障的风险分散方式。比较看来，近年试点的农产品目标价格保险，也同样是以单一农产品价格作为理赔标准的创新险种。随着我国新型农业经营主体不断涌现，农业规模化、集约化发展导致减产自然风险和价格下跌市场风险剧增，无论是"保产量"还是"保价格"，两者作为单一风险保障工具都无法为农户收入稳定提供有效保障。

　　从理论上来说，价格与产量并非完全独立的两个变量，两者相互联系且相互影响。收入＝产量×价格，即包含农产品产量和农产品价格两个方面。在农产品市场上，产量和价格呈显著负相关，它们之间存在自然对冲（Natural Hedge）关联，其方差关系通常有 Var（收入）＜Var（产量）＋Var（价格）成立。可见，农业收入保险相对单独产量或价格型保险更具有优势。当农产品产量上升时，市场价格会相应下降；当价格下降时，农户会理性缩小生产规模或降低生产投入，产量必然出现下降。换言之，无论是农产品价格还是产量变动，农业收入都将面临不确定风险。农业收入保险兼具价格和产量双重保障效用，只在农户收入降低与边际效用提升条件下提供保险金补偿，且直接作用于农户"收入"这一保险终极目标。实践表明，将产量风险和价格风险有机关联，设计收入保险组合产品进行风险对冲，能为农户收入提供相对充分保障。

美国是全球农业收入保险起步最早且发展最为完善的国家，险种设计上兼具产量与价格双重保障功能，有很多经验值得借鉴（齐皓天和彭超，2015）。根据美国保险协会有关报告，自1996年农业收入保险试点探索之后，目前已拥有较为成熟的收入保险产品体系。具体包括农产品收入保障计划、不含收货价格的农产品收入保障计划、调整农场总收入保障计划、调整农场总收入保障计划简化版、团体风险收入保障计划、牲畜风险保障计划以及牲畜毛利润保障计划等多种类型（何小伟和方廷娟，2015）。在主体运作责任上，有关法律法规制定、监督监管市场运作等事项由农业部风险管理局主导负责，保险具体销售、实践操作及理赔事宜由指定商业私营保险公司承担。保险合同涉及承保标的、承保数量、保障程度及保险期限等要素。其中，标的农产品历史平均产量、指定商品交易所农产品期货价格分别为制定"产量"与"价格"合同约定标准参考依据，两者乘积则为应缴纳基础保费。保险责任为农产品因产量下跌或价格波动所致的投保人收入下滑资金损失。如若根据期货价格计算预期收入超出实际收入，保险公司即依据合同约定提供损失赔偿。此外，作为一种准公共物品，美国农业部给予参保农户60%左右保费补贴，同时为商业私营保险公司提供一定比例业务费用支持。

何小伟和方廷娟（2015）对美国收入保险发展背景及现状进行介绍，并对其保单设计和具体运作模式进行了分析，提出可借鉴美国农业收入保险运行经验，加强数据采集，提高财政补贴，建立大灾风险分散机制；齐皓天和彭超（2015）详细介绍了美国收入保险数据采集、保单设计、土地规划和监管方面以及资金结算方面的优势，强调加强收入保险制度保障；温施童（2016）对美国收入保险产品种类、运作模式、保障效果和风险管理机制深入研究，认为收入保险扩大了农业保险风险保障范围，成为农户防控生产与市场双重风险的重要工具。

从美国农产品收入保障计划设计原理与运作流程来看，涵盖面积、产量等数据采集系统以及美国发达的农产品期货交易市场是保险产品价格发现的基础，保险产品多以此作为预期收入计算重要数据来源。刘日（2018）以占农险市场高份额收入保险为研究对象，分析了美国收入保险期货价格发现机制定价作用，认为收入保险与期货市场协同发展是构建系统高效收入风险分散制度的基础前提（武龙龙，2016）。陶天龙（2017）以美国玉米收入保险为例，从收入保险风险及管理角度提出未来发展方向；冯丽娜（2017）也从美国农产品收入保险成功经验出发，指出我国目前在政策支持、保费补贴等方面的不足。此外，应当加速健全农产品价格、种植面积等基础数据采集体系，积极开展农作物收入保险有关法律法规等制度探讨，完善农产品期货市场价格发现机制，建立完善的保费补贴机制（游悠洋，2015）。

理论界不少研究成果表明，农业收入保险能提高农户生产积极性，实现农作物大规模生产，且保费补贴能降低农户投保成本，提高农户风险管理意识；帅婉璐和何蒲明（2017）研究证实，农业收入保险作为市场化风险管理手段可以有效防止政策干预对价格机制的负面影响，有利于价格形成机制的完善。

我国关于农业收入保险研究起步较晚，实证数据材料缺乏，但对于该险种能有效分散农户面临的产量和价格风险，为农户收入稳定提供保障优势，理论界基本认同并达成共识。就其实质而言，农业收入保险可以理解为因农产品产量或价格波动造成农业收入下降提供保障的新型保险产品（曾勤，2016），较价格指数保险保障度更强，是目前农产品目标价格保险的一种升级形式（张峭，2019），也是补充完善农产品目标价格保险产品体系优势的路径选择，有利于农产品价格机制的进一步完善（庹国柱和朱俊生，2016；肖宇谷和王克，2019）。从实践效果来看，目前正在试点的农业收入保险产品保障范围并不全面。例如牲畜养殖收入保险，通常以某个养殖场全部收入作为保险理赔依据，若保险有效期间内养殖场实际收入低于约定收入，养殖场主可获得差额赔付。但是，该保险责任并不包含牲畜死亡等生理价值损害所引起的损失，仅补偿生产成本损失。本章首先就传统农业保险农户收入保障状况、收入保险运行机理展开研究；其次以大豆为保险标的，在对大豆收入风险引发因素、大豆风险管理工具分析基础上，设计一个可行性大豆收入保险合同；最后基于风险偏好与保费可负担性视角，就家庭农场收入保险投保决策问题进行实证探讨。

第一节　政策性农业保险农户收入风险保障效用实证分析

农业生产是典型的靠天吃饭的产业，极易受到自然环境的影响。农业保险能够分散风险，在一定程度上稳定农民农业产出预期（舒尔茨，1964），从而提高农民生产经营的积极性。根据农业保险的一般性质，农业保险既不是完全意义上的私人物品，也不是典型的公共物品，而是介于私人物品和公共物品之间的一种准公共物品，是一种由政府发动组织的，旨在保护和扶持农业生产发展的公益性保险产品。实践证明，作为"绿箱"政策的农业保险能较好地分散规避农业风险，保障农民农业收入；借助于农业保险，农民可以将原本自身难以抵御的风险在更大范围内分化，从而保障稳定农业生产经营性收入（余艳，2020）。政策性农业保险是政府推动的，强制性执行的。通过有关条例法规对参保农户给予保费补贴，或其他优惠政策待遇。黄颖和吕德宏（2018）基于2007～2017年的省级面板数据，运用多重中介效应模型考察农业保险对农民收入的直接影响和要素配置的间接传导机制。得出农业保险通过直接效应和间接效应两种渠道提高农民收入，其相对贡献分别为61.19%和38.81%，农业保险对不同保障水平地区农民收入的影响具有异质性。此外，农业保险具有损失分摊功能，可让受灾参保农户获得最低保障收入（韩旭东等，2020）。Babcock等（1997）在美国爱荷华州的调研结果也证实，农户可以通过农业保险理赔获得直接收益。

目前我国农业保险大多属于产量保障型险种。即当作物产量低于合同约定标准而形成损失时，由保险公司给予赔偿。农户因获得风险保障而推动生产规模化，而保险公司因同质风险单位集合众多而得以从空间和时间上分摊损失，符合保险"大数定理"。但传统农业保险只是提供产量方面的单一保障，并不能满足市场价格风险分散需求，那么，此类政策性保险保障度如何？农户期望满足度怎样？这些都涉及农民增产与增收问题。本章以湖南澧县的680个生猪养殖户、水稻种植户调查样本为依据，就差异化条件下政策性农业保险收入保障效用比较分析，为收入保障创新险种后续研究寻求一个合理的逻辑起点。

一、数据来源与模型设定

（一）数据来源

湖南省主产水稻、生猪、油菜、茶叶、淡水产品等农产品，素有"鱼米之乡""湖广熟，天下足"的美誉，是2007年首批中央财政指定开展政策性农业保险省份。常德澧县位于长江中游的洞庭湖西岸，拥有湖南省最大的澧阳平原，粮、棉、油、猪、鱼为五大支柱农产品，具典型取证价值。鉴于水稻种植保险、生猪保险是目前政策性农业保险的重要险种，研究拟将两者列为考察对象，于2020年8月采取问卷形式进行实证调研。这里所谓"水稻种植保险"，是指以水稻在生长期间遭受自然灾害损失补偿为保险标的的险种。保险责任包括暴雨、洪水、霜冻、冰雹造成的水稻损失。保险金额通常以地方最近3～5年每亩平均产量与国家收购价格之积的六成确定，其中，绝产（全损）按保险金额全额赔付；部分减产（部分损失）则根据承保时确定的亩产量和实际亩产量差额六成与国家收购价之积作为赔付标准。而所谓"生猪保险"，则指以种猪、肉用猪为保险标的养殖业保险。保险标的为种猪、肉用猪（自仔猪断乳分圈饲养开始至育肥出栏为止）。保险期限一般为6个月；种猪自选作种用开始，保险期限为一年。保险期限内发生责任事故生猪死亡，肉用仔猪按其死亡时重量和活猪收购价值的5~8成进行赔偿，或规定相应档次定额赔偿，种猪则按约定保险金额理赔。

自2013年开始，湖南省已基本确定十大政策性农业保险保费补贴比例。通常情况下，农户、龙头企业、农民合作组织只需缴纳25%的保费即可获得保险保障。水稻种植保险每季每亩苗期保险金额为240元，分蘖拔节期为280元，成熟期为320元，保险费率为5%（16元/亩）；生猪养殖保险中，能繁母猪保险的保险金额为1000元/头，保险费率为6%（保费60元/头）；育肥猪保险的保险金额为500元/头，保险费率为6%（保费30元/头）。

考虑到农户生产经营不再局限于个体，大量新型农业经营主体正在成为农业生产主要构成，试将家庭农场、专业大户、农业合作社等农村微观经济组织也纳入问卷调查范围。此外，为提高样本有效性，研究选择至少三年以上且曾有过投保经历生猪养殖户为观察样本，通过比较"已投保"与"未投保"农户在变异系数、福利值上的差异检验政策性农业保险的收入保障效应。有关"水稻作物种植保险"调查问卷发放320份，回收302份；"生猪养殖保险"问卷发放300份，回收284份，调查问卷有效率为94.7%。具体调查指标体系如表3-1所示。

表3-1　问卷调查具体指标　　　　　　　　单位：%

调研指标		水稻保险		生猪保险	
		频数	百分比	频数	百分比
农户年龄	30岁及以下	12	10.0	15	12.5
	31~40岁	45	37.5	40	33.3
	41~50岁	48	40.0	54	45.0
	51岁及以上	15	12.5	11	9.2
文化程度	小学及以下	45	37.5	22	18.3
	初中	48	40.0	42	35.0
	高中或中专	14	11.7	33	27.5
	大专及以上	13	10.8	23	19.2

续表

调研指标		水稻保险		生猪保险	
		频数	百分比	频数	百分比
务农人数	2 人及以下	20	16.7	18	15.0
	3~5 人	62	51.7	81	67.5
	6 人及以上	38	31.6	21	17.5
生产经营组织形式	家庭农场	16	13.3	18	15.0
	专业大户	30	25.0	81	67.5
	农业企业	18	15.0	21	17.5
	农民合作社	36	30.0	34	28.3
	其他	20	16.7	18	15.0
家庭年收入	≤10 万元	34	28.3	24	20.0
	11 万~20 万元	56	46.7	63	52.5
	≥21 万元	30	25.0	33	27.5
农户对保险认知度	≤20%	56	46.7	40	33.3
	21%~60%	43	35.8	63	52.5
	≥61%	21	17.5	17	14.2
已购买农业保险次数	≤1 次	12	10.0	6	5.0
	2~5 次	72	60.0	81	67.5
	≥6 次	36	30.0	33	27.5
投保目的	政府宣传	66	55.0	58	48.3
	规避风险	40	33.3	50	41.7
	其他	14	11.7	12	10.0
理赔满意度	≤50%	77	64.2	69	57.5
	51%~80%	25	20.8	30	25.0
	≥81%	18	15.0	21	17.5

在对"生猪保险"有关调查问卷整理后发现：第一，生猪养殖户大多采取将乳猪或保育猪养成育肥猪以后出售，且同时通过母猪繁殖自补猪栏模式进行生产经营，但也有约 11.2% 的养殖户采取自购猪仔以填充猪栏。其中，约 58.7% 的经营主体曾遭遇生猪或疾病、自然灾害和意外事故致死伤经济损失，尤其在生猪流行病发生后，供给短缺导致市场价格大幅震荡。深入访谈中了解到，在 2012 年洪涝中，投保养殖户因担心洪灾期间进水、猪舍倒塌等损失，提前将肥猪出栏

或将母猪淘汰，短期生猪抛售量剧增，之后猪舍环境条件变差可能产生疫情多发的状况，这些在灾后都形成生猪供给滞后效应。第二，投保养殖户具有规模化生产趋势。受未来生猪市场行情看涨或国家政策引导，近年来绝大多数生猪养殖户逐渐加大投资，规模化养殖趋势正在逐渐形成。

"水稻种植保险"被试样本数据显示，约86.2%的种植户留有足够的稻谷自用，其余均用于市场出售，仅13.8%的种植户将全部稻谷留为自用。进一步调查中发现，将稻谷完全留用样本中，种植面积大多在1~7亩范围；家庭农场、农业企业等新型农业经营主体，则大多通过承包或土地流转进行规模种植。其中，被调查农户有81.7%曾遭遇因自然灾害、意外事故致收获量价值或生产费用损失。此外，规模化种植家庭农场、农业企业等生产经营组织有季节性雇工情况，而小规模种植农户则多利用自家劳动力或小型农用机械设备进行农事生产。

（二）模型设定

农业保险的终极目标即为分散农业风险、保障农民收入。考虑到变异系数是一种比较两个及以上观测值变异程度的统计指标，可较为完美地去除不同情况下的单位及平均值，且可以用标准差与平均值比值表示，因此本节拟采用变异系数检验生猪养殖保险、水稻作物种植保险收入风险保障效用。函数表达式为：

$$CV = (SD \div AVG) \times 100\% \tag{3-1}$$

$$AVG = \frac{1}{n} \sum_{i=1}^{n} x_i \tag{3-2}$$

$$SD = \sqrt{\frac{1}{n} \sum_{i=1}^{n} (x_i - AVG)^2} \tag{3-3}$$

其中，CV 表示变异系数；SD 表示标准偏差；AVG 表示平均值。

通常情况下，变异系数越大，说明被比较样本观测值之间差异程度越大。在农业保险中，已投保与未投保农户所对应差异系数越大，则表明不同风险管理方式选择所产生的收入保障度有显著差异。将两类人群变异系数检验结果比较分析，可初步判断政策性农业保险的收入保障效应。当未投保农户收入变异系数大于投保农户，且数值间差异显著时，说明政策性农业保险收入风险规避效果较好；反之，则不然。此外，对不同微观经营主体变异系数进行比较，可检验政策性农业保险在不同条件下为农业生产经营者提供的收入保障差异。

在政策性农业保险中，风险可视为收入低于其预期收入而造成的农户损失不确定性。根据投资个体风险偏好，可分为风险回避者、风险追求者和风险中立者。农户投保不仅受到风险本身大小影响，而且还受到其自身风险偏好作用影响。通常情况下，风险追求者主动追求风险，喜欢收益波动性胜于稳定性；风险回避者在预期收益率相同时偏好于低风险资产；相形之下，风险中立者既不回避风险，也不主动追求风险，一般根据预期收益调整做出投资决策。实践表明，即使在同一种风险条件下，风险喜好者保险保障效应往往较风险厌恶者有明显低出。但需要重视的是，在不同收入、风险及风险厌恶系数下，基于收益最大化目标实现考虑，农户一般会理性选择最优风险分散途径。

在农户风险偏好 μ 为某一固定值时，"已投保"与"未投保"农户福利值有较大差异，可根据得出结论对政策性农业保险风险管理价值及其收入保障度进行检验。为加强结论可信度，研究在采用"变异系数检验"之外，拟采用"均值—半方差"模型再次验证农户投保生猪保险和水稻种植保险在收入保障方面的福利值。模型在 Markowitz "均值—方差"模型基础上演化而来，函数表达式为：

$$W = E(I) - \frac{1}{2}\mu Var_{semi}(I) \tag{3-4}$$

$$Var_{semi}(I) = \frac{1}{n} \sum L_i^2 \tag{3-5}$$

$$L_i = max(E(I) - I_i, 0) \tag{3-6}$$

其中，W 表示农户所获得福利，E（I）表示农户期望收入，μ 表示农户相对风险厌恶系数，Var_{semi}（I）表示收入半方差，I_i 表示第 i 年农户的实际收入，L_i 表示农户收入损失。研究拟运用 T 方法检验其统计意义上显著性，判断结论可靠性。

二、风险偏好差异条件下政策性农业保险收入保障状况

（一）不同风险偏好农户生猪保险收入保障效用

在农业生产中，不同生产个体对风险所持态度具有显著差异。某些人可能喜欢大得大失的刺激，而某些人则可能更倾向"求稳"。根据生猪养殖户风险态度我们可以将其分为风险回避者、风险追求者和风险中立者，对风险的不同认知使其在农业保险投保行为上差异明显，因此，在计算福利值同时设置不同风险厌恶系数（μ=0.1，0.2，0.3）进行细化分析，具体如表3-2所示。

表3-2 不同风险偏好农户生猪保险收入保障情况

	CV 模型				MSV 模型		
	均值	t	Sig.		均值	t	Sig.
投保—未投保	-0.006	-3.208	0.000	$\mu=0.1$	11.74	3.439	0.001
				$\mu=0.2$	24.69	3.287	0.001
				$\mu=0.3$	41.01	3.218	0.001

从变异系数检验 CV 模型处理结果来看,"已投保"较"未投保"被试样本均值低出 0.006,且配对样本 t 检验具显著性。表明生猪保险对农户收入风险有分散作用,具有一定保障效用;而在针对福利值判断的 MSV 模型中,当农户风险厌恶系数为某一固定值(0.1、0.2、0.3)时,"已投保"较"未投保"被试样本均有较明显超出,且随着农户风险厌恶度增强,两者福利值差距随之加大,表明农户在投保生猪保险后收入风险有较明显降低。值得注意的是,在变异系数 CV 模型中,"已投保"较"未投保"样本收入风险仅降低 6%;"MSV 均值—半方差"模型处理结果表明,即使在风险厌恶系数为 0.3 时,农户农业收入福利也仅提高约 5.5%。该组数据表明,生猪保险对农户收入风险具分散效应,但福利保障度不高。这里可能的解释是,生猪保险作为传统政策性农业保险,通常只承保生猪在饲养役使期因牲畜疾病或自然灾害和意外事故所造成的经济损失,是仅单纯对以死亡损失负责赔偿的"产量型"险种,市场价格风险并未纳入保险责任,而收入=产量×价格,仅产量一项难以取得较强收入保障效应。

(二)不同风险偏好农户水稻种植保险收入保障效用

考虑到水稻种植保险通常是以村为单位统一投保,研究拟将"个体农户"与"村级单位"细分为两大风险人群,根据不同群体特征对收入风险规避及其收入福利保障效用进行考察。对于收割稻谷完全留用的农户,因其未以商品销售获利,不产生会计准则意义上的收入,研究将其排除于分析样本之外。

表3-3 中变异系数 CV 模型与"MSV 均值—半方差"模型处理结果显示,个体农户"已投保"较"未投保"被试样本在收入风险保障上存在显著差异,即使在投保水稻种植保险后,这种收入不稳定状况仍未能有明显缓解。湖南省农业厅、统计局相关数据显示,近年稻谷产量具稳中有增趋势,且单产逐年增长明显,但个体农户收入并没有显著增长,大多与往年基本持平,市场价格波动应当是重要原因。从"村级"风险单位 CV 模型和 MSV 模型处理结果看,"已投保"较"未投保"农户收入风险有较为明显降低,表明水稻种植保险在农户收入风

险分散方面具整体性正效应。从两者变异系数比较来看，"已投保"农户收入风险仅降低11.7%；而"均值—半方差"模型处理结果显示，即使在风险厌恶系数达到0.3，农户收入福利值也仅提高约7.2%。该组数据表明，即使在产量逐年递增的情况下，若市场价格波动频繁，也可能发生"谷贱伤农"的增产不增收情况，农户收入保障效应未能显著。

表3－3 不同风险偏好农户水稻种植保险收入保障情况

	CV 模型				MSV 模型		
	均值	t	Sig.		均值	t	Sig.
农户范畴							
投保—未投保	0.052	7.029	0.000	$\mu = 0.1$	− 29.362	− 5.617	0.001
				$\mu = 0.2$	− 37.566	− 5.769	0.001
				$\mu = 0.3$	− 44.808	− 5.903	0.001
村一级范畴							
投保—未投保	− 0.018	− 12.153	0.000	$\mu = 0.1$	20.742	2.635	0.000
				$\mu = 0.2$	36.072	3.489	0.001
				$\mu = 0.3$	53.447	3.982	0.001

三、生产规模差异条件下政策性农业保险农户收入保障状况

（一）不同生产规模农户生猪保险收入保障效用

在农业生产经营中，规模是要素聚集及其组合比例的数量指标，前者体现生产经营内部结构合理性，而后者则表明其占据空间大小。在生猪保险中，经营规模决定生产力发展状况，而收入效益则是规模经营的终极目标，不同生产规模生猪养殖户的收入保险效用大相径庭。研究试以生猪养殖100头为标准，根据平均值将被试样本划分为"大型养殖户"与"小型养殖户"两类人群，风险单位类型涉及专业大户、家庭农场、农民合作社等不同生产规模农村微观经济组织形式，采用 CV 模型及独立样本 T 检验方法对其投保生猪保险的收入保障效用进行评价，如表3－4所示。

全部样本分析结果表明，不同生产规模农户参保生猪保险在收入保障方面差异明显。农业企业、家庭农场、农民合作社等大型养殖户子样本数据显示，收入保障效用较小型养殖户有不同程度低出，表明政策性农业保险对小规模生产农户

收入保障效用更强。究其原因，应当与小规模生产大多投入资金有限，农业保险可能是其唯一风险分散工具有关。相比之下，大型养殖户往往资金雄厚，且可选择风险管理工具多样化，基于利润最大化与风险最小化目标兼顾，通常会采取多元风险管理途径，保险财务性风险转移方法只是其中一种，风险分散效果因此并不显著。

表 3 - 4　不同生产规模农户生猪保险收入保障效用情况

	Levene 检验		T 检验		
	F	Sig.	t	Sig.	均值差
小型养殖户					
方差相等	0.807	0.369	-1.334	0.036	-0.003
大型养殖户					
方差不相等			-1.013	0.048	-0.003
子样本 1：农业企业					
方差相等	8.059	0.232	-0.469	0.011	-0.009
方差不相等			-0.458	0.019	-0.009
子样本 2：家庭农场					
方差相等	8.028	0.176	-2.681	0.022	-0.010
方差不相等			-5.088	0.037	-0.010
子样本 3：农民合作社					
方差相等	9.273	0.203	-2.659	0.015	-0.011
方差不相等			-4.978	0.029	-0.010

（二）不同生产规模农户水稻种植保险收入保障效用

研究拟将所有独立生产农户视为一个整体，以 50 亩种植规模为依据将其划分为"小型种植户"与"大型种植户"，采用 CV 模型及独立样本 T 检验方法，就不同生产规模下水稻种植户投保农业保险的收入保障效用进行评价，如表3 - 5 所示。

CV 模型处理结果显示，投保水稻保险"小型种植户"变异系数均值较"大型种植户"低出 0.007，但独立样本 T 检验未能显著；MSV 模型处理结果表明，当变异系数为固定值时，已投保小型种植户收入均值低于大型种植户，独立样本 T 检验同样未能显著。鉴于 CV 模型和 MSV 模型处理结果相似，我们可以就此推断,不同生产规模农户水稻种植保险在收入福利保障效应上无明显差别,可能与"水稻"为政策性农业保险重点保障粮食作物,覆盖面广且享有国家最低收购价格保护等政策有关。该组数值普遍偏低,表明两者于农户收入保障效果都不理想。进一步调查后归纳看来可能有两个方面原因:一是水稻种植保险主要承保自然灾害造成经济损失,市场风险负面效应未能涉及。而随着农业生产规模化、商品化发展,市场价格波动风险日益明显。二是国家采取水稻最低收购价,其初衷为避免"谷贱伤农"稳定粮食生产,在水稻价格出现大幅下滑时也能较好地保障种植户收入。尽管该保护政策只提供直接成本损失保障,且农户满意度不高,但无论怎样也是风险管理的一种方式,水稻种植保险保障效用一定程度上被削弱。

表 3 – 5 不同生产规模水稻种植户农业保险收入保障效用比较

		Levene 检验		T 检验		
		F	Sig.	t	Sig.	均值差
CV 模型						
	方差相等	1.064	0.309	0.499	0.553	−0.007
	方差不相等			0.501	0.608	−0.007
MSV 模型						
$\mu = 0.1$	方差相等	2.603	0.118	−0.140	0.773	−11.496
	方差不相等			−0.133	0.809	−11.496
$\mu = 0.2$	方差相等	2.421	0.129	−0.125	0.902	−18.805
	方差不相等			−0.119	0.913	−18.805
$\mu = 0.3$	方差相等	2.373	0.139	−0.116	0.894	−28.527
	方差不相等			−0.110	0.909	−28.527

四、生产组织形式差异条件下政策性农业保险农户收入保障状况

(一)不同生产组织形式农户生猪保险收入保障效用

农业生产组织形式通常由农业生产在社会总生产体系中的功能定位确定,并由此决定从事农业生产的主导组织形式,决定土地与职业农民权益关系。随着农业科技进步,尤其是种业和机耕机播机收的推广,农民生产劳动投入大量减少,企业和资本加速进入农业领域。目前农业生产组织主要有以下四种形式:一是传

统农户，也称之为小农经济或者小农经营。其特点是在家庭联产承包责任制体制下，农户为土地承包经营单位，家庭劳动力直接从事农业生产。二是规模化经营大户，指每个劳动力经营 30 亩以上，每个农户经营 60 亩以上的生产组织，生产者主体多为精明能干的粮食生产能人、种田把式，经济发达地区有经营规模甚至高达 3000～6000 亩，多见于粮食主产区。三是农村专业合作社，经济发达地区也包括农民股份合作社。主要特征为资金自筹，技术知识结构限制性较强。四是农业公司，这是一种由外来资金、技术、管理、信息引领的公司企业，农民并不独立生产，其收入由土地租金收益、劳务收益以及农产品出售分成构成，通常表现为工商资本参与下的规模化经营设施农业、标准农业、超大规模畜牧业以及各种农业示范园区等形式。目前国家粮食基地农业园区、蔬菜大棚，现代化养殖场，特定特种农产品种植基地多采用此生产组织形式。随着经济的发展，此次调研数据显示，有 83% 的农户为农村专业合作社或农业企业成员，有 56% 的农户以家庭农场组织形式进行农业生产，表明传统农户正在加速向规模化现代农业经济组织转型。考虑到这一发展趋势，研究拟选择农村专业合作社、家庭农场和农业企业作为考察对象，采用 CV 模型及独立样本 T 检验方法，就不同生产规模下生猪保险对养殖户收入保障效用进行评价，如表 3 - 6 所示。

表 3 - 6　不同生产组织形式下生猪保险农户收入保障情况

	Levene 检验		T 检验		
	F	Sig.	t	Sig.	均值差
农村专业合作社—家庭农场					
方差相等	1. 084	0. 177	- 0. 692	0. 040	- 0. 052
方差不相等			- 1. 105	0. 045	- 0. 052
农村专业合作社—农业企业					
方差相等	0. 707	0. 412	- 0. 907	0. 036	- 0. 071
方差不相等			- 0. 922	0. 041	- 0. 071
家庭农场—农业企业					
方差相等	1. 179	0. 061	- 1. 067	0. 073	- 0. 010
方差不相等			- 2. 884	0. 081	- 0. 010

　　表 3 - 6 数据显示，在投保生猪保险后，农村专业合作社农民收入保障效用与家庭农场基本持平，但比照农业企业有一定程度下降。可见，农村不同微观经

济组织投保农业保险，其收入风险并不必然减少，保障效用差异明显。进一步调查发现，上述生产组织在经营规模、物质装备及经营管理能力方面均显著超出传统小农户，所面临风险并不仅限于自然灾害或疾病导致的饲养动物死亡，复杂多变的市场价格变动风险正在接近甚至超出产量风险。而目前生猪保险相关保险责任仅限于对饲养动物遭受自然灾害或疾病所致直接成本损失进行补偿，并不涉及养殖户收入损失，对于以商品化价值取向为目标的农业经营组织而言，其保障效用显然不够充分。

（二）不同生产组织形式农户水稻种植保险收入保障效用

随着社会的发展和农业科技进步，除部分农民依旧依据家庭联产承包责任制进行分散性小规模生产之外，大多数农民均加入农业合作社，或通过土地流转开办农业企业、家庭农场等。从实践情况来看，不同组织形式下的农民生产经营所面临的收入风险是有差别的。本节拟运用 CV 模型及样本 T 检验方法，就不同生产组织形式农户投保水稻种植保险的收入福利保障效应进行比较，如表 3 - 7 所示。

表 3 - 7   不同生产组织农户投保水稻种植保险收入福利保障情况

	Levene 检验		T 检验		
	F	Sig.	t	Sig.	均值差
农业合作社—家庭农场					
方差相等	1.427	0.212	− 0.721	0.033	− 15.934
方差不相等			− 0.954	0.039	− 15.934
农业合作社—农业企业					
方差相等	1.053	0.459	− 1.012	0.040	− 16.067
方差不相等			− 1.025	0.048	− 16.067
家庭农场—农业企业					
方差相等	1.293	0.108	− 1.477	0.024	− 2.613
方差不相等			− 2.683	0.035	− 2.613

从表 3 - 7 模型处理结果来看，农村专业合作社农民收入风险高出家庭农场，且与农业企业存在明显差异，该结果与之前理论预期一致。此外，农业合作社农民收入保障度较家庭农场、农业企业均有低出，而家庭农场与农业企业十分接近。该结果表明，在参保水稻种植保险后，不同新型农业主体收入福利保障度均

有一定幅度提升，但商品化程度与收入保障效应有较为明显的负相关关系，即生产组织商品化程度越高，水稻种植保险的收入保障效应越低。一般情况下，商品化率越高意味着专业化、市场化和社会化程度越高，遭遇市场风险概率及损失程度越大，鉴于收入受到产量与价格双重因素影响，其收入福利保障性因此有显著降低。

五、小结

本节研究基于常德澧县水稻保险、生猪保险相关调查数据，运用变异系数、"均值—半方差"模型并结合 T 检验方法，从农业生产主体不同风险偏好、不同生产规模、不同生产组织角度考察政策性农业保险对农村微观经济主体收入风险保障效用，有以下两点结论与启示：

第一，政策性农业保险在一定程度上分散参保农民收入风险，保障了农民农业收入，与设计目标一致。相对于"未投保"样本，即使在风险偏好存在明显差异情况下，农户收入保障水平仍有不同程度提升，但就农民收入福利值增长而言，无论是"生猪保险"还是"水稻种植保险"，都表现出政策性保险作用不突出，且与商品化率呈反向变动关系。究其原因，与目前农户遭遇风险并不单纯只是产量风险，还包含复杂的多元市场风险，且随着商品化、规模化发展，市场价格波动对经营主体收入的负面影响将日益增强有关。

第二，政策性农业保险对小规模农户收入福利保障效用超出大规模农户，很大程度上源于承保风险仅局限于产量，且以实际产量低于合同约定产量为保险事故作为保险金给付条件，并未涉及"收入"这一终极目标所导致。在市场不断扩张与经济全球化背景下，随着农业生产科技、资本含量增加，急需能兼顾产量与价格双重风险保障新型险种，以降低多重风险可能带来的不确定损失。该结果可得出两点启示：一是以农业保险为风险分散途径在提升农户收入福利保障方面有较大空间，政策性农业保险应适度拓宽目前仅限于直接物化成本补偿的保险责任范围，对于收入型险种与传统产量型农业保险给予同等财政支持待遇；二是应加速有关市场价格风险保障险种创新，可尝试如价格指数保险、期货价格保险等，逐渐向兼具价格与产量双重风险保障的农业收入保险过渡。

第二节 农业收入保险运行机理及运作模式分析

一、农业收入保险运行机理

农业风险主要体现在产量风险与价格风险方面。所谓"产量风险"，是指自然灾害给农业生产带来的风险，通常表现为农产品产量减少；而"价格风险"，则指受市场环境影响所产生的农产品价格大幅波动。现行农业保险能较好地分散农业产量风险，国家价格补贴机制也在一定程度上平滑了农产品价格波动给农户带来的损失，且现阶段期货市场可提供相对准确的价格。经验事实表明，无论是单一产量保险还是价格保险都不能满足农户收入保障，只有将产量与价格相关联实现风险对冲，才能在保证保险公司偿付能力充足的前提下满足农户收入风险保障目标期望。尤其在规模化生产经营扩张与市场价格波动加剧的情况下，商品化盈利目标使农户对市场价格波动关注度提高。不同于国内农产品收入保险尚处于试点阶段，美国20世纪90年代就开始进行收入保险试点，经过几十年实践和完善已日渐成熟，实践证明，农业收入保险对农业生产、农户收益具有显著保障优势，拥有巨大发展空间（Cole和Gibson，2010）；Hennessy等（1997）将农业收入保险与美国1990年农场计划比照发现，前者仅以后者1/4的成本即可达到同等福利保障水平，增幅高达33%，为1990年农场计划的133%。

根据农业收入保险设计原理，一般涉及"产量"和"价格"两个方面。价格包括"保障价格"和"收获价格"，通常由相对成熟的农产品期货市场确定；"产量"则多参考当地农产品历史生产量平均水平制定；"农户收入"作为保险标的，可表示为地区历史平均产量、保障价格与保障水平三者的乘积，函数表达式为 $y = EY \times TP \times a$。其中，$y$ 表示最高保险金额，EY 表示历史产量，TP 表示保险保障价格，a 表示保障水平，实际收入为"实际产量"与"收获价格"的乘积，而收获价格则由近期合约平均价格确定。在农产品成熟后，当实际收入高于或等于合同约定保险金额时，保险公司无须理赔；如果农户实际收入较承保标准有低出，保险公司则赔付合同约定差额，函数表达式如下：

$$Compensation = \max\{0, (Eb \times Yb \times K - Es \times Yr)\} \qquad (3-7)$$

其中，Compensation 表示保险公司赔偿金额，Yb 表示农产品预期产量，Eb 表示农产品保障价格，K 表示保障范围，Yr 表示农产品实际产量，Es 表示农产品收获价格。

经验事实表明，农产品产量增长通常会带来市场价格下跌，与之相似，农产品减产则可能导致价格上涨，产量和价格表现出较为显著的反向变动关系。若能将两者有机结合，则可通过风险对冲在防范产量风险的同时平滑价格波动风险。根据这一风险分散机理，保险合同设计均须体现以"产量与价格组合为农户提供收入损失补偿"这一目标宗旨，无论农产品产量和价格如何波动，在保险事故发生时农户都能依据合同约定实现收入期望保障预期目标。保险事故发生后农户实际收入函数表达式为：

$$Revenue = \max\{Eb \times Yb \times K,\ Es \times Yr\} \tag{3-8}$$

其中，Revenue 表示农户出险后实际收益，Eb 表示农产品保障价格，Yb 表示农产品预期产量，K 表示保障范围，Yr 表示农产品实际产量，Es 表示农产品收获价格。

鉴于"收益最大化"为农户保险保障终极目标，在保险合同中，最终收入始终是被保险收入与实际收入中的较大值，意味着农户实际收入总是大于或等于被保险收入，即始终存在 Revenue ≥ Eb × Yb × K。换言之，只要投保农业收入保险，农户均能获得保险合同约定期望收入。保险具体运作流程如图 3-1 所示：

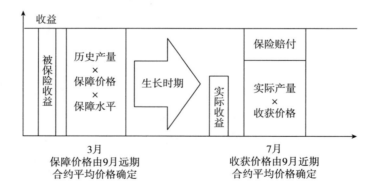

图 3-1　农产品收入保险运作流程

从图 3-1 中可以看出，当单位面积产量降低、价格下跌或产量价格共同变化而致农户收入损失时，由保险公司给予赔偿，有利于农户增加农作物生产、增加生产资料和劳动力投入，在促进作物种植面积拓展的同时提高生产能力；保险公司将某种农产品或某区域多种农产品作为投保对象，依据不同地区产量水平、价格水平和合同约定保障度确定标的收益赔偿标准，当农户实际收入水平低于被保险收益时，由保险公司履行合同约定进行赔偿。

二、农业收入保险运作模式

（一）运作主体

作为农业保险体系中的高级阶段，农业收入保险财政补贴制度为世贸组织所支持，符合国际市场发展（石践，2016），且符合世界农业政策发展的方向（章文君，2018）。长期以来，我国传统农业保险以产量保险为主，随着市场风险加剧，农户在承保导致产量损失的自然灾害和意外事故之外，对于市场因素所引起农产品价格波动风险规避需求日益增强，农业收入保险因其在价格系统性风险保障方面特别优势而进入快速发展阶段，但在主体运作上与传统险种相较并无实质性改变。具体来说，仍然由商业保险公司、各级政府以及商业再保险公司多方构成。商业保险公司是保险产品主要供给者，负责保单设计和价格拟定，且承担农户投保与理赔工作；各级政府通过对农户提供保费补贴、对保险公司提供经营管理费用进行财政支持；商业再保险公司通过签订分保合同，将其所承保部分风险和责任向其他保险人进行二次保险，以规避危及保险公司偿付能力风险。具体如图 3-2 所示。

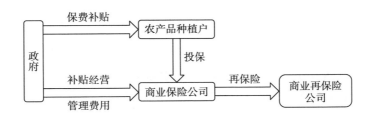

图 3-2　农产品收入保险运作模式

（二）保险责任

农业收入保险是实现目标收益保障的风险财务转移方式，保险责任主要包括"保障价格"和"保障水平"，其中，几个重要指标分别为历史产量、保障价格和保障水平。历史产量一般根据地区多年产量测算平均值，因此具有较强的稳定性与客观性，但保障价格确定的可靠性困难。受农产品价格波动频繁及其他多种因素影响，无论在"保险合同约定价格"还是"收获价格"方面都缺乏科学精确的判断依据。目前我国引入期货交易，以当季农产品期货价格为基础设定保险保障取值范围，这种基于期货市场的价格发现机制在农业收入保险费率厘定上具较强参考价值。就其"保障水平"而言，目前农业收入保险最低保障水平为70％，以5％差额递增，最高能达90％，极少数地区可高达95％。这种责任分摊方式使部分风险农户自留，因保险公司理赔额度降低能较好地保证其偿付能力充足。

（三）政策性补贴

政府通过提供保费补贴、经营补贴和管理补贴，鼓励农业收入保险稳定发展。不同于普通财产保险，农业生产的高风险性会造成保险赔付率居高、经营极不稳定，因此需要高费率才能保证保险公司偿付能力充足，但这直接影响到同质风险单位减少，削弱"大数法则"适用性。基于农业保险准公共物品这一属性，政府因此会提供保费补贴、经营补贴和管理补贴等财政支持。根据现行规定，中央财政对农户保费补贴采取区域差别执行，其中，中西部地区和东北地区补贴40％，东部其他地区补贴35％，建议有条件地区对建档立卡贫困户保费自缴部分给予减免，且同时取消县级财政保费补贴。此外，对商业保险公司政府也通过提供经营、管理费用补贴推动保险研发和推广，保证农业收入保险供给的持续稳定。

（四）风险管控

农业是个弱质产业，容易受到各种自然灾害的影响。一般情况下，产量风险具有不可预测性和相对独立性，因此可以在时空上有效分散；而价格风险系统性特征明显，区域间传导迅速，若遭遇集中性市场价格下跌，保险公司将面临高额赔偿。并且，农业生产分散性特征也导致"逆向选择"和"道德风险"发生率居高，保险赔付风险远超出其他财产保险，这些都决定了农民收入稳定急需风险管理模式创新。目前试行的有两种风险转移方式可降低赔付以保证充足偿付能力：一是利用资本市场通过套期保值实现产量风险与价格风险对冲；二是利用再保险合约实现风险二次转移。前者可借助期货市场、巨灾风险债券等金融工具对冲风险，以化解系统性风险增强保险公司承保能力；而后者则可通过订立再保险合约，建立原保险与再保险公司风险分担机制，以损失共担、利益共享关联保证农业收入保险供给侧稳定。

第三节 一个农产品收入保险合同设计

——以大豆保险为例

大豆是最主要的植物油来源，也是重要的植物蛋白来源，在农业中具有非常重要的地位。目前我国大豆主要有五大产区，即长江流域的春夏两季大豆区、东北三省春大豆区、黄淮流域夏大豆区、江南南部秋大豆区以及云南和两广南部大豆多熟区等。大豆属于大宗商品，流通量大、同质性强且商品化率高，且种植面积、产量、新能源属性以及国家价格保护政策等多种因素都可能引发大豆价格的频繁波动，出现产量、价格或产量及价格均不稳定的状况，严重影响豆农收入。目前政策性农业保险仅为豆农提供产量或直接成本损失补偿，但种植收入才是农户生产经营的终极目标，而收入通常由产量和价格共同决定。在产量居高情况下，如果市场价格大幅下跌即可能出现"谷贱伤农"现象。更重要的是，国内85%的大豆依赖于进口且没有掌握定价权，国际市场价格的任何波动都会迅速传导到国内市场，随着国际市场交易常态化，大豆期货价格或现货价格均能够借助电视、报纸、网络等形式传播，信息传递使国内大豆价格震荡进一步加剧。实践证明，无论是以单一产量还是以单一价格为保险责任的险种都难以有效保障农民收入水平，尤其在城镇化发展使耕地面积缩减，且国内非转基因大豆产量低而不具备价格优势的状况下，农户急需能兼具价格与产量双重保障的风险管理工具。研究试借鉴美国农产品收入保障计划，结合我国具体国情，以大豆为标的设计农业收入保险方案。具体分为两个步骤：第一，就当前我国大豆收入风险现状进行分析，并简要介绍几种常见大豆风险管理工具；第二，在诠释大豆收入保险必要性及经济性基础上，通过合同基本要素确定设计大豆收入保险方案。

一、大豆收入风险主要影响因素

（一）产量波动影响豆农种植收益

我国大豆播种面积在经过 2013 年前走低之后，近年来逐年递增，产量在总体上表现出上升趋势，但安徽、湖北等省份减产较为明显，且大豆质量有所下滑，优质高蛋白大豆粮源减少使市场价格震荡加剧，对于豆农收入影响日益显著。2010~2019 年大豆播种面积以及产量统计情况如图 3-3 所示。

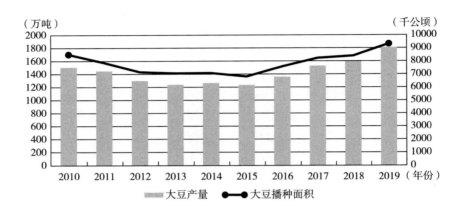

图 3-3 2010~2019 年大豆播种面积以及产量统计情况

资料来源：国家统计局。

近年来，我国大豆播种面积增长加速，2018 年全国大豆播种面积 8412.77 千公顷，较 2017 年增加了约 167.96 千公顷，2019 年大豆种植面积增加 1000 万亩。根据农业农村部 2020 年发布的《大豆振兴计划实施方案》，我国正在扩大东北、黄淮海和西南地区大豆种植面积，2022 年争取达到 1.5 亿亩。尽管我国大豆种植规模处于逐年扩张状态，但豆农种植收益并没有明显改善。究其原因，除洪涝、干旱、霜冻等自然灾害对产量产生负面影响之外，种植成本高也是重要原因之一。相关统计数据显示，我国每亩大豆种植成本约需要 750 元（土地租金约 300元/亩，种子成本在 50 元/亩，人工、管理、肥水及农药等基本费用 400 元/亩），2001~2015 年亩均总成本增加高达 210%，远超出美国 35.29% 的增幅，并且呈逐步扩大趋势。尽管目前生物科学研发致力于高产新品种，但从试验到大面积播种收割需要时间，这些都决定了短时间内大豆单产很难有大幅提升，即成本居高同时产量低下。有资料显示，即使在高产年份，产量一般也只有 180 千克/亩，如果以收购价格为 5 元/千克计算，每亩产出不足 1000 元，刨去物化成本等支出，豆农种植收益为 500~600 元/亩，这种"高成本—低产量"组合表现出显著不经济特征，很大程度上削弱农民种植意愿。2010~2019 年大豆生产价格指数统计情况如图 3-4 所示。

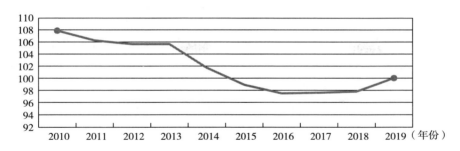

图 3 – 4 2010 ~ 2019 年大豆生产价格指数统计情况

资料来源：根据 2010 ~ 2019 年国家统计局相关数据整理。

（二）市场供求失衡影响大豆价格稳定

在大豆产量形势不容乐观的同时，国内大豆市场价格也不稳定，同时其他以大豆为原材料的产品价格也因此被拉动上涨，这种多米诺骨牌效应加剧了整个农产品物价波动。2020 年大豆市场有两个上涨的阶段，1 ~ 7 月市场价格从 4000 元/吨涨到 5600 元/吨，新季度大豆上市后开秤价格从 4000 元/吨涨到约 5400 元/吨。究其根源，除大豆生长受到品种、光照量、水量等众多自然因素影响之外，疫情、灾情、舆情等因素也会诱发上涨预期，并且，国家间的经济贸易增量扩张使其加入国际市场供求状况变动因素。大豆价格波动应当是多种共同因素作用结果，2011 ~ 2020 年大豆现货价格震荡十分明显，如图 3 – 5 所示。

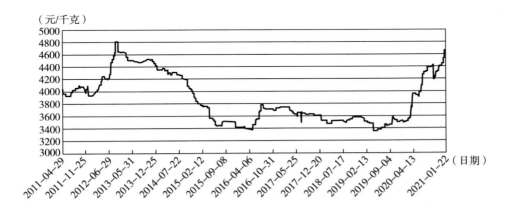

图 3 – 5 2011 ~ 2020 年大豆现货价格波动

资料来源：中国畜牧业信息网。

归纳来看，国内大豆价格不稳定可能有以下三方面原因：

第一，随着人民群众可支配收入增长，大豆因含有大量不饱和脂肪酸、多种微量元素、维生素及优质蛋白质，且具美白护肤、强健器官、降低血脂等多种功效，使消费需求大幅上涨，而产量增长却十分缓慢。2013～2018年，大豆产量从1240.71万吨增长到1596.71万吨，增幅不到1/4，"物以稀为贵"使大豆价格逐年上涨。

第二，临储大豆经过2018年和2019年投放，库存基本已经见底，虽然还有部分轮换和一次性储备大豆，但总量大幅度下滑，市场供需调控力被显著弱化，这应当是近年来大豆价格波动明显的重要原因。由于国产大豆供应偏紧甚至存在较大缺口，价格上涨与整个大豆市场基本面基本符合。

第三，大豆收购情况可能带来市场价格剧烈震荡。作为农业保险的保险标的，大豆具有明显生命周期和生长规律，受生物学特性制约明显，洪灾、旱灾、雹灾、虫灾都可能使大豆上市提早或推迟。下游加工企业出于生产库存考虑，可能抢购大豆推高市场价格，也可能减少收购量而拉低市场售价。如果当年曾出现过一波价格大幅上涨，农户因对大豆市场期待而可能持惜售心理，这种"持豆待涨"观望态度增加企业收购难度，导致市场价格的进一步提升，尤其在行业外主体携资金入市抢豆情况下，大豆现货市场价格振幅扩大。

（三）国际市场变动因素导致大豆价格震荡

随着国家间经济贸易增量迅速扩张，大豆价格不再只是被国内市场产量所左右，而被加入国际市场供求状况变动因素影响。我国大豆每年使用量在1.1亿吨左右，而进口量就占1亿吨，这是由我国人口众多而耕地有限的国情所决定的。我国耕地总面积约18亿亩，如果这1亿吨大豆生产自给自足则需占用7.7亿亩种植耕地，加上现有大豆种植的1.4亿亩农地，即需要超过9亿亩耕地。很显然，我国不可能将一半耕地用于大豆生产，因此采取进口大豆以满足国内市场需求，进口规模呈逐年增长趋势，2010～2019年大豆进口数量以及金额如图3－6所示。自2013年以来，我国大豆年均进口额均在38000百万美元左右，对外依存度高达85%，但在国际农产品市场上却没有定价权。这意味着国际大豆价格的任何波动都会很快传递到国内，加上美国、加拿大等发达国家投机者、经纪商炒作频繁交易导致期货价格波动加剧，大豆现货市场价格可能出现大幅震荡。自2008年次贷危机爆发以来，全球经济始终低迷，包括我国在内的许多国家为刺激消费复苏经济采取宽松的货币政策，如增发大量货币、降低利率等，货币贬值直接造成大豆实际价格上涨。此外，随着科技的发展，大豆可部分替代由古代海洋生物漫长演化成的石油，可作为生物柴油而被赋予新能源特性，与绿色发展理念十分契合，潜在需求的增加进一步推动市场价格上扬。

（万吨，千万美元）

图 3 - 6 2010 ~ 2019 年大豆进口数量以及金额统计

资料来源：根据 2010 ~ 2019 年国家统计局相关数据整理。

（四）国家价格保护政策干预影响大豆价格稳定

基于生产者或消费者权益保护初衷，我国一直实施大豆价格保护政策。2019年中央一号文件明确指出，"完善大豆补贴政策，实施大豆振兴计划，多途径扩大种植面积"。统计数据显示，如果不采取价格补贴，玉米种植收益通常超出大豆；但如果实施价格保护政策，大豆种植收益则在一定程度上超过玉米，这与大豆价格稳定能够提升农民种植积极性，从而带来产量增长有关。根据农业部发布的《大豆振兴计划实施方案》可知，我国扩大东北、黄淮海以及西南地区大豆种植规模，力争在 2022 年达到 1.5 亿亩。相关统计数据表明，国家价格保护政策可较好地避免丰年"谷贱伤民"，但大豆最低收购价格往往高于市场出清状态下均衡价格，这种人为干预无法正确反映其供求状况，极易导致市场价格扭曲，推动市场价格逐年上涨。

二、大豆收入风险管理工具

为有效分散大豆收入风险，通常会采取相应措施进行风险管理，如对大豆自然风险与市场风险量度、评估及应变策略确定等。这是一个成本与收益权衡方案，也是风险分散行动计划和决策的选择过程。实践表明，政策性风险管理工具与市场性风险管理工具相结合，有助于豆农降低决策错误和损失发生。就大豆收入风险管理而言，产量风险管理工具相对成熟，风险控制因此更多倾向于价格风险调节，具体如图3-7所示。

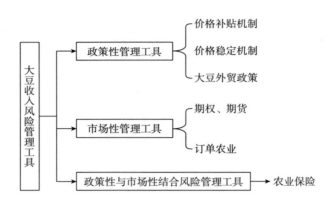

图3-7　大豆收入风险管理工具

（一）政策性价格风险管理工具

政府根据价格形成内在规律和市场供求规律，可通过经济、法律和行政手段对大豆市场价格形成、运行和变动进行约束，通过调节大豆需求和供给影响其价格形成，最终实现大豆市场价格平稳目标。目前我国大豆价格稳定行政手段主要有政策调控和行政干预，如大豆价格补贴制度、大豆价格稳定制度以及大豆对外贸易政策等。

（1）大豆价格补贴制度。长期以来，政府通过无偿支付补贴金以缓解豆农遭遇价格波动冲击，这是由国家对大豆价格波动造成亏损的农户给予的价差补偿，也是价格补贴的一种制度性安排，包括大豆保护价差补贴、大豆进出口贸易差额补贴等多种政策工具。具体实施中，通常由国家规定农产品最低价格以保证农业生产者最低收益，即对农产品生产经营实行补贴。当市场价格超出保证价格时，农业生产者可自由出售大豆；如果低于保证价格，政府就给予生产者一定程度补贴。目前我国大豆价格补贴有三种形式：一是价差补贴。即在大豆收购价格提高后，国家财政对未能及时调整销售价格而致亏损的企业提供补贴。二是超购加价补贴。指经营主体由于大豆超购而增加支出由中央财政给予的补贴。一般情况下，国家收购大豆可分为"统购"和"超购"两种形式，其中，统购部分实行大豆统购价格，超购部分则在大豆统购价格基础上进行百分比加成，超出统购价格差额即为大豆超购加价，由中央财政给予补贴。三是企业亏损补贴。即对大豆加工的其他关联企业，由于购销价格倒挂或毛利不敷开支时提供的财政性补贴，主要就企业流通费用进行补贴。其价格补贴渠道也有三种形式：一是由政策性金融机构提供大豆抵押贷款，抵押大豆数量乘以支持价格为贷款额度。二是政策干预性收购。即国家按支持价格收购抵押农产品。三是直接补贴，在豆农不愿接受上述两种办法时，国家可直接给予补贴，其金额为支持价格与全国加权平均市场价格的差额与生产贮存商品数量的乘积。

（2）大豆价格稳定制度。大豆价格稳定是政策性指导重要目标之一，这是一种以稳定大豆价格为目标的直接性政策风险管理工具，较之价格补贴机制针对性更强，通常包括大豆保护价格、大豆收储及大豆风险基金等政策工具。所谓"大豆保护价格"，即国家根据大豆生产成本而制定的最低价格。当大豆支持价格高于市场均衡价格时，政府会根据事前确定支持价格进行收购；反之，豆农可不关联大豆支持价格，直接依据市场价格实施交易。

大豆是关系到国计民生的农产品，也是政府为调控市场价格服务的重要储备商品。为平抑或稳定市场价格，政府以建立大豆收储制度通过收放大豆储备量来影响市场供给，实现大豆价格调节目标。所谓"大豆收储制度"，实质上是一种通过吞吐库存调控大豆市场价格的管理制度。当大豆市场供给出现较大缺口而致价格暴涨时，政府适时抛售储备商品以增加市场供给，达到平抑市场价格目标；反之，当市场供大于求致价格下滑时，政府通过入市收购遏制价格过度下滑，通过转入储备进而增加市场需求，最终实现大豆市场价格平稳运行。

与前两者比较，"大豆风险基金"是国家设立的专项资金，其目标在于通过宏观调控稳定大豆价格波动、保障大豆供给充足以及维护大豆市场交易秩序，是大豆保护价格、大豆储备等风险管理方式正常运行的前提基础。根据《价格法》第二十七条规定，政府可以"设立价格调节基金、调控价格、稳定市场"。大豆作为对国计民生有重大影响的商品，政府设立价格调节基金可降低市场价格波动的负面影响。大豆价格调节基金功能主要体现在以下三方面：一是扶持大豆生产，如对生产基地建设资金支持，对豆农收购奖励或补贴等；二是对流通企业执行政策性差价补贴；三是用于大豆批发市场或大豆直销市场建设，通过市场交易渠道拓展稳定市场价格。

（3）大豆对外贸易政策。随着经济全球化发展，豆农收入不稳定部分由国外大豆价格波动引致因素比重日益增加，关税、外汇管制、绿色壁垒相关联政策性风险管理工具被用来平滑大豆国际市场风险，在一定程度上缓解了进口大豆价格波动对国内市场的冲击，但并不能从根本上解决大豆价格震荡问题。

（二）市场性价格风险管理工具

大豆生产周期性强、农产品易腐、运输不耐储等风险客观存在，使市场价格反应有滞后，且市场信息不对称、区域内产品同质性强以及农户议价能力差等多种因素都在一定程度上造成供求不平衡，导致价格波动频繁。实践表明，大豆价格政策调控和行政干预在一定程度上兼顾农民利益，较好地保证大豆生产流通，但无论是大豆补贴还是大豆收储制度都会加重国家财政负担，且行政干预掩盖农产品加工企业真实成本，加重市场价格扭曲，削弱市场价格配置社会资源有效性。可见，单纯地依靠政策性价格保护不具有可持续发展潜力，拓展市场性价格风险管理渠道才是大豆市场健康平稳发展的基础。目前大豆价格市场性风险管理工具较为常见有"期货期权"等金融衍生品，此外，"订单农业"也可视为一种准金融衍生品。

（1）期货、期权金融衍生工具。期货价格多产生于期货交易所内大量标准化合约，兼具集中性、公正性、权威性、全面性以及灵敏性多重优势，且与现货交易价格相关联，通常被作为大豆价格风险分散重要市场化工具。其中，期货期权最重要的优势在于"价格发现"和"套期保值"功能。根据期货市场运行一般规律，交割时间临近会使期货价格逐渐回归现货价格，豆农因此可借助期货价格发现机制调整生产决策或利用风险对冲降低收益损失。而"期权"作为期货升级产品，重要优势在于赋予合约买方交割选择权，意味着买方盈利空间无限制，而亏损仅以约定价格为限，于大豆交易买方而言风险大幅降低，较好地平滑市场价格波动。实践表明，期权期货能在一定程度上分散大豆价格风险，但我国期货市场尚处于初级阶段，更重要的是，农民文化教育水平无法支持金融衍生工具运用，因此，直接运用期货、期权金融衍生工具保障农户收入，在未来较长时期内尚缺乏足够的可操作空间。

（2）订单农业。所谓"订单农业"，指农户根据本身或所在的乡村组织与农产品购买者之间签订的合约，并进行生产组织安排的一种产销模式，是近年来出现的一种新型农业生产经营模式，也称为"合同农业"或"契约农业"。合同一方是农民或农民群体代表，另一方可以是企业，也可以是经纪人、运销户及其他中介组织。对大豆订单农业而言，通常在大豆种养之前签订合约，规定农产品收购数量、质量及最低保护价，明确交易双方应享有的权利、义务和约束力，待农产品收获后依合同有关约定进行交付，可以被视为一种期货贸易，也称之为"期货农业"。

实践表明，订单农业作为以销定产的价格风险市场化管理创新工具，对稳定农产品价格、确保农民合理收益具较强积极作用。农户或与科研、种子生产单位签订合同、或与农业产业化龙头企业及加工企业签订购销合同、或与专业批发市场签订合同、或与专业合作经济组织和专业协会签订合同，订单农业以其所特有的契约性、预期性优势适应市场需求，较好地避免豆农盲目生产引发的价格震荡。值得重视的是，这种契约式订单农业在实践过程中缺乏相应约束机制，可能因为农民契约意识差、恶意违约而导致交易双方失信问题难以避免，大大削弱了农户收入风险保障效用。

（三）政策性与市场性相结合价格风险管理工具

严格意义上来说，农业保险应当是介于政策性干预与市场性调节之间的价格风险管理工具。传统农业保险主要承保产量风险，以农作物生产干旱、洪涝等自然灾害或疾病疫情造成的损失为主要保险责任。美国、英国、欧盟等发达国家有以农产品价格风险或收入风险为保险标的险种，如美国有毛利润收入保险计划、全农场收入保险计划、农作物收入保险计划等多种类型。农业收入保险是对低于目标收入损失进行赔偿的保险产品，不但可以承保因农作物生长过程中遭遇自然灾害导致的产量风险，且可承保因农产品价格异常波动造成的市场风险，以价格与产量对冲平滑收入波动负面影响，降低商业保险公司潜在赔付压力，自 2014 年以来，我国政府鼓励各地区积极试点目标价格保险、农业收入保险也正在摸索阶段，实践表明，此类创新险种作为政策性与市场性相结合风险管理工具能有效增加保险产品可持续供给，是我国未来创新并完善农业保险的优势路径选择。

三、大豆收入保险合同设计

理想的风险管理是能以最少的资源尽可能化解最大的危机，风险管理因此通常须面对有限资源的科学运用问题，这里必然会涉及机会成本问题。经验事实表明，尽管大豆风险管理方式多样化，但并不一定真实有效。大豆收入保险并非直接以保障收入为切入点，而是以参保农民"目标收入"为赔付依据，对豆农实际农业收入低于目标收入损失部分进行经济赔偿，较全面地保障了豆农收入，实践证明是一种有效风险管理工具。本部分拟设计大豆收入保险合同，以期为大豆种植农民收入风险分散提供参考。

根据《保险法》第十条规定，保险合同是投保人与保险人约定保险权利义务关系的协议。农产品收入保险合同设计应包含有保险主体、保险期限及保险金额等核心要素。在本部分中，大豆收入保险合同是以大豆收入为标的，以豆农农业收入稳定为保险责任的风险财务转移契约，是对大豆种植者实际农业收入低于约定保障水平损失差额赔付的承诺。

合同当事人为豆农投保人和保险人，合同内容为保险双方权利义务关系，包含保险标的、保险价值与保险金额、保险风险、保险费率、保险期限违约责任与争议处理以及双方当事人应尽义务与享受权利等，在设立、变更或终止方面归属于民事法律范畴。当合同双方商定保险合同条款、合同双方发生法律约束效力后，即被视为保险合同成立和生效。

（一）合同当事人界定

通常情况下，与保险合同有直接利益关系的参与者即为保险合同的当事人。即因保险标的利益产生保险需求，与保险人签订保险合同并支付货币自然人或法人，主要包括投保人、保险人以及被保险人。在大豆收入保险合同中，"保险人"指经营保险业务，与农户订立保险合同，收取保费，并在保险事故发生或者保险合同届满后，对农户赔偿损失或给付保险金的保险经营主体。主要权利是收取保费，主要义务为保险事故发生后进行理赔。鉴于大豆收入保险目前仍在试点摸索阶段，应当首先由规模大且市场份额占比高的保险公司承担，此类保险人资金雄厚、管理方式先进且更易获得政府财政扶持，相对较强的风险抵御能力能较好地保证偿付能力充足。随着农业收入保险的不断完善，在风险可控范围内应当允许更多商业保险公司参与竞争，以避免垄断促使保险市场良性发展。

大豆收入保险合同中的"投保人"，不仅指传统意义上的农民，还涵盖家庭农场、农业企业、农业合作社等新型农业主体。随着规模化、集约化、商品化的发展，此类规模农业市场交易风险增大，直接影响收入期望保障目标实现。并且，考虑到该群体资金充足、风险防范意识及农业保险有效需求有明显超出，相较于传统农民而言应当将其培育成为农业收入保险重点推广人群。

（二）合同保险期限设置

所谓"保险期限"，即当保险事故发生时保险人必须承担理赔责任的时间段。大豆收入风险必须考虑到自然灾害可能造成的产量风险、可转移的价格风险或两者兼有风险，因此，保险期限应当为从大豆种植到上市交易这一段时期。鉴于我国地域辽阔，大豆栽培有春大豆、夏大豆以及秋大豆等多种类别，大豆收入保险的保险期限应该设置多个时间段以满足投保农户的多样化需求。根据大豆种植一般规律，春大豆多在 4~5 月播种，7~8 月成熟；夏大豆多在 5~6 月播种，9~10 月成熟；而秋大豆则主要在 7~8 月播种，11 月左右成熟。本合同中因此将保险期限设置为 4~8 月、6~10 月、7~11 月等时间段以供选择。

（三）合同目标价格确定

目标价格是保险事故发生后根据合同理赔的依据，也是用于计算可保障收入的关键参考数据，农户可保障收入即建立在该保障价格基础之上。就此意义而言，大豆收入保险合同中的"目标价格"，可以理解为合同约定赔偿值。即大豆市场价格低于该取值范围，保险公司即给予赔偿。可见，目标保障价格确立是大豆收入保险未来能否有效实施的关键。如果目标价格确定缺乏科学合理性，与实际价格存在严重偏离，这种与收入保障期望的差距很容易引发"逆向选择"和"道德风险"的发生。Cole 和 Gibson（2010）指出，农业收入保险保障价格应当具备能较好地反映标的价值、充分竞争、频繁发布数据、具有标准化及可量化检验五大特征属性。

根据我国国情，大豆保障目标价格确定可根据大豆批发市场现货价格确定，也可以基于大豆期货价格确定。长期以来，大豆现货价格多由国家有关收储政策所决定，较少地被市场竞争所影响，不能较好地反映大豆的实际价值及预期价值。如若以国家收储作为保障价格确定依据，不可预测因素很可能成为豆农收入下降诱因。相比之下，期货价格能较好地体现当前与未来影响市场供求的多种因素，是一种市场充分竞争下的价格发现机制，具有公正性、预测性等多重优势，符合 Gibson 所指出的五大特性。在本部分中，拟选取大连商品期货交易所大豆期货作为目标保障价格测算依据，主要有三方面原因：一是大豆期货产品是我国相对成熟的农产品期货品种，以其价格发现机制作为保险合同目标价格确定的重要依据具有一定的科学合理性；二是保险人可通过期货套期保值功能实现风险对冲，较大程度地保障农户收入稳定与提升；三是期货市场频繁发布价格数据、具有标准化及可量化检验优势，有利于保险交易双方就标的价格达成一致，并以最低成本签订合约，实现多方共赢。

（四）合同保险费率厘定

所谓保险费率，指保险人根据保险金额向投保人或被保险人收取保费的比例，由纯费率和附加费率两部分构成。纯费率亦称净费率，是保险费率的主要部分，用以弥补财产损失和给付保险金依据；而附加费率则由保险公司根据自身经营成本设定。

在大豆收入保险中，保险费率是投保农户应向保险公司支付保费的计算基础，直接决定豆农选择保险这一风险财务转移管理方式的成本支出，费率高低直接影响豆农投保意愿。考虑到大豆收入保险合同是以大豆收入为标的，产量与价格风险两者为保险责任的合同，本部分不再采用单变量参数或非参数分布进行拟合，尝试构建联合分布函数进行，大豆收入保险纯费率函数表达式为：

$$r = \frac{E(RL)}{\theta R} \qquad (3-9)$$

$$E(RL) = \int_0^{xy} (xy - R) f(F(x), F(y)) dxdy \qquad (3-10)$$

其中，r 表示保险费率；E（RL）表示预期大豆收入损失；θ 表示保障范围；R 表示大豆保障收入；x 表示大豆产量；y 表示大豆价格；F（x）表示大豆产量分布函数；F（y）表示大豆价格分布函数；f（F（x），F（y））表示大豆收入的概率密度函数。

（五）保险金额确定与保险金测算

（1）保险金额确定。所谓"保险金额"（Insurance Amount），是指某保险公司承担赔偿或给付保险金责任的最高限额。在大豆收入保险合同中，"保险金额"指农户对大豆这一保险标的实际投保金额，也是名义风险暴露值。鉴于这一数值选取科学合理与合同双方经济利益高度相关，因此成为保险合同设计的最重要内容。在大豆收入保险合同中，保险金额的函数表达式如下：

保障收入 = max（保障价格，收获价格）×实际历史平均产量×保障范围

上式中"保障价格"为大豆期货价格；"收货价格"为大豆实际成熟上市交易市场价格；"实际历史平均产量"选择过去 10 年同一地区播种大豆实际产量平均值；"保障范围"指合同保障度，通常处于 70% ~ 90%。

（2）保险金测算。在大豆收入保险合同中，"保险金"是保险人根据保险合同约定对被保险人或受益人进行赔付的金额，可以理解为农户大豆收入低于合同约定水平时，保险公司对其物质损失赔偿额度。是保险人承担保险责任表现方式，也是保险公司作为合同当事人重要义务之一。当农户投保人实际大豆收入低于保单约定目标保障收入时，视为保险事故发生，保险人对其应赔付保险金的函数表达式为：

理赔金额 = 保障收入 - 实际收入

保障收入 = max（保障价格，收获价格）×实际历史平均产量×保障范围

实际收入 = 大豆实际产量×收获价格

第四节 风险偏好、保费可负担性与家庭农场 收入保险投保决策实证研究

农业保险引入中国几十年来，始终未能取得快速发展，与保险责任局限于物化成本补偿有关。此外，农户小规模生产本身具有风险分散功能也是个重要原因，尤其是近年来农户兼业经营增加使农业收入家庭贡献率持续下降，进一步加剧政策实施与目标偏离。与单纯传统产量、成本型农业保险比较，兼具产量与价格双重风险保障的农产品收入保险（以下简称收入保险）应当更符合现代农业需求，也更具保障效率（Cole 和 Gibson，2010）。国外实践经验表明，美国 90% 以上农业保险为收入保险；法国、西班牙、巴西等收入保险成功地为农民提供了产量与价格双重风险保障。2015 年 12 月，《中共中央　国务院关于落实发展新理念加快农业现代化实现全面小康目标的若干意见》提出将重要农产品纳入收入保险保障范围；2017 年中央一号文件要求"探索建立农产品收入保险制度"，2018 年中央一号文件明确对"稻谷、小麦、玉米"三大粮食作物进行收入保险试点。与现行产量保险相比较，收入保险将价格下跌与减产保险责任整合为单一保障项目（Goodwin，2008），能有效分散自然灾害、市场竞争及政策变动等多重风险（齐皓天和彭超，2015），不但使农户获得更高预期收入，同时确保较高公共产出（Cole 和 Gibson，2010）。从国内实践来看，2016 年安信农业保险公司对上海松江、浦东粮食家庭农场进行中晚熟粳稻与麦子收入保险试点，承保水稻 18666 亩、麦子 1900 亩，家庭农场缴纳保费 53 万元，获赔 208 万元；2017 年 7 月内蒙古甘河农场收入保险共承保大豆种植面积近 3 万亩，获赔 1700 万元；2017 年，黑龙江农垦集团赵光农场、襄河农场大豆收入保险承保面积约 3.75 万亩，获赔 247 万元。由此可见，收入保险研究具有重要理论及实践价值。考虑到该险种刚进入试点阶段，尚未大规模普及推广，对保险需求率先展开探索更符合现阶段农村生产力与生产关系发展水平。

这里所谓收入保险需求，即指在一定费率水平下，农户生产者有意愿且有能力购买的收入保险保障。由此可见，收入保险需求不仅涉及经济承担能力，也受到意愿动力驱使影响。前者与家庭财富有关，取决于保险补偿满足度及收入损失

保障目标实现；而后者则更多涉及期望效用，即家庭农场希望满足其风险分散意愿的目标预期，与个体心理激发下风险态度密切关联。考虑到人们基于主观感知差异可能形成不同风险偏好，甚至存在"Maurice Allais"悖论①的风险偏好反转（谢圣远，2017）。因此，在将"保费可负担性"作为客观衡量指标（江生忠和朱文冲，2021）的同时，"风险偏好"也应作为主观影响因素纳入分析框架，否则可能因重要变量遗漏而导致估计结果有偏。

近年来，经营权流转、股份合作、代耕代种、土地托管等方式极大地推动了规模农业发展，自然灾害导致减产与市场价格波动风险大幅上升，收入保险需求被进一步强化。2016年12月，《中共中央　国务院关于深入推进农业供给侧结构性改革加快培育农业农村发展新动能的若干意见》要求"开发满足新型农业经营主体需求的保险产品，支持建立农产品收入保险制度"；2017年2月，中央一号文件明确大力培育新型农业经营主体，发展土地流转型、服务带动型等规模经营；同年5月，中共中央办公厅、国务院办公厅印发《关于加快构建政策体系培育新型农业经营主体的意见》，将收入保险作为灾前风险管理机制正式导入新型农业经营主体增产增收体系。由此可见，收入保险已被赋予满足新型农业经营主体收入保障重要使命，在促进物化成本投入及化解规模农业收入风险方面担当重任。

在家庭农场、农民合作社以及农业企业等新型农业经营主体中，本节拟选择家庭农场作为考察对象，主要基于以下三方面原因：第一，家庭农场是以家庭为经营单位、以盈利为目标的新型农业经营主体（韩旭东和刘爽，2020），农业收入在家庭净收入占比通常高达80%，且该收入既是家庭成员参与生产所耗费劳动的"工资报酬"，也是农场商品化市场竞争的"利润报酬"（赵金龙等，2021），收入风险感知因此更敏感，也更具典型取证价值；第二，家庭农场是以市场交换为目的的农业生产法人，拥有相对完整的财务收支记录（何郑涛和彭珏，2015），"保费可负担性"资料数据较易取得；第三，根据相关政策规定，家庭农场须在工商部门正式登记注册，其法人组织受到工商税务及农业政府部门监督管理，统计数据相对准确。

---

① "Maurice Allais"悖论，也称为阿莱悖论（Allais Paradox），法国经济学家、诺贝尔经济学奖获得者阿莱于1952年提出。该理论认为，人们对结果确定现象的过度重视可能导致决策悖论，确定效应（Certain Effect）应当是违背期望效用理论独立性（Independence）原则的根本原因。20世纪七八十年代实验证据证明，"阿莱悖论"只是外表上显得自相矛盾，实质上非常符合深刻的理性现实，即人们对安全的偏好所形成的风险态度。

已有文献表明，有关收入保险研究目前尚停留于国外经验介绍、实施目的及意义等浅层次探讨上，如"中国实施收入保险的意义及可行性分析"（肖宇谷和王克，2013）、"以美国为主的收入保险产品及经验介绍"等（汪必旺和张峭，2018）。朱俊生（2016）首次将收入保险与新型农业经营主体相结合，但研究局限于理论层面，缺乏相应数据支撑，实践可借鉴性有所欠缺。本节试基于家庭农场视角，将保费可负担性、风险偏好与收入保险需求置于同一框架，通过家庭财富约束、个体主观认知对收入保险影响的相关研究，为农业保险从传统保成本、保产量向更高层次的全面收入保障转型提供参考。有如下两点创新：一是有关"风险偏好"测度拟应用两轮实验方案进行。其中"风险偏好"测试采取多个收入损益组合方案，应用"基于假设性投资问题估算法"展开；"风险偏好反转"判断任务实验则参考决策论经典范式的"阿莱赌局实验"进行。二是当收入保险能使减产和价格下跌损失获得满意理赔保障时，家庭农场保险收益效用函数是否具凹函数特征？农场经营主体保费可负担意愿、风险追寻倾向变动对收入保险目标期望有何影响？本节试根据行为金融学理论，对家庭农场作为非标准保险投资者，由于家庭财富、个体主观认知影响可能产生的行为理性背离及对收入保险目标期望决策约束等问题做出合理解释。

一、理论框架

弗兰克·奈特（1921）在《风险、不确定性和利润》一书中指出，保险需求与行为个体风险偏好、保险费率高度相关，即使在损失相同情况下，风险厌恶度、保费承担能力不同都可能导致保险需求具明显差异。Ruth Vargas Hill（2011）运用逻辑和数学工具研究不确定条件下的理性人选择，"期望效用理论"在很长时期内成为保险需求判断经典范式。实践表明，"理性人"只是个假设，上述理论无法对"风险偏好反转"做出合理解释。20世纪中期，博尔奇（1960，1961）创建了著名的"博尔奇定理"，证实期望效用及风险偏好不同程度上都受到个体心理因素影响，风险偏好对最优保险安排具显著影响，且受到经济支付能力制约；之后Arrow（1963）的"最优保险理论"给出财富约束下的保险需求效用最大化充要条件，重新定义风险偏好、保费可承担水平与保险需求关联框架。Giulia Rode等（2019）的研究证实，农户收入、风险偏好与农业保险需求呈正相关，且同时受到年龄、性别等因素影响。本节试借鉴上述研究成果做出如下假设：

第一，基于农业系统性风险与市场竞争风险，家庭农场可能遭遇自然灾害减产或价格下跌损失，假定风险发生概率为 π，损失发生与不发生情形分别为 θ_1 和 θ_2，农场预期收入为 W_0。在 θ_1 状况下，农场收入可表示为 $W_1 = W_0 - L$，L 为减产或价格下跌所致收入损失；在 θ_2 状况下，农场收入达到预期收入水平，有 $W_2 = W_0$，此时家庭农场面临风险为 $[W_1, \pi; W_2, 1 - \pi]$。

第二，根据期望效用理论，"$W_1 - W_2$" 坐标系从原点出发的角平分线任意点上总有 $W_1 = W_2$，该曲线为等期望效用线。无论收入损失是否发生，该曲线上农场实际收入均等于预期收益，收入保险期望效用 $M \approx L$ 时的函数表达式为：

$$\frac{dW_1}{dW_2}\bigg| W_1 - W_2 = \frac{1 - \pi}{\pi} \tag{3-11}$$

家庭农场遭遇农业系统性风险、发生减产及市场价格下跌损失的相关经验数据可由统计得出，所有信息均为家庭农场与保险公司共享，保险公司以此作为保费厘定依据，家庭农场也可根据该历史数据确定收入保险保障目标预期。

在上述研究假设条件下逐步加入"保费可负担性""风险偏好"等约束条件，家庭农场收入保险需求变动如下：

在收入损失发生概率 π 条件下，期望损失为 πW_v，保险费率为 p 时，保费 $P = pW_v$，此时农场收入由两部分构成：一部分是已购买收入保险的 W_v，另一部分则为风险自担 W_A，有 $W_v < W_0$。根据 William（2018）最优保险需求理论，当家庭农场持风险中立态度时，最优选择是部分购买保险，当 $L = W_v$，即保险最高金额与损失相等时，家庭农场收入保险期望效用将达到最大。

假定保险保障度为 α，保费可负担水平为 αP，在农场收入损失 L 条件下，保险责任内的损失 αL 有两种可能：一是减产或价格下跌收入损失不发生的 θ_1 状态，此时农场实际收入等于预期收入，函数表达式为：$u(W_1) = u(W_A + W_v - \alpha pW_v - L + \alpha L)$；二是收入损失发生的 θ_2 状态，此时农场实际收入低于预期收入，函数表达式为 $u(W_2) = u(W_A + W_v - \alpha pW_v)$。由此可知，$\alpha P$ 保费可负担水平下的家庭农场收入保险效用函数为：

$$E[u(W)] = \pi u(W_1) + (1 - \pi)u(W_2) \tag{3-12}$$

解此方程可得出保费可负担约束下的家庭农场收入保险需求的函数表达式：

$$\frac{d\alpha^*}{dp} = -\frac{\partial^2 E[u]/\partial\alpha\partial p}{\partial^2 E[u]/\partial\alpha^2} \tag{3-13}$$

接下来，在该结果中加入"风险偏好"约束变量，对方程（3-13）求混合偏导数可得：

$$\frac{\partial^2 E[u]}{\partial \alpha \partial p} = -\pi u''(W_1)(L - pW_v)(\alpha W_v) + (1 - \pi)u''(W_2)\alpha pW_v - W_v E[u']$$

$$(3 - 14)$$

根据绝对风险厌恶度定义中有关 $r(x) = -u''(x)/u'(x) > 0$ 表达式内涵，有 $-u''(W_1) = r(W_1)u'(W_1)$ 和 $u''(W_2) = -r(W_2)u'(W_2)$。

包含"保费可负担性"与"风险偏好"约束条件的家庭农场收入保险需求函数表达式可改写为：

$$\frac{\partial^2 E[u]}{\partial \alpha \partial p} = \alpha W_v[\pi r(W_1)u'(W_1)(L - pW_v) - (1 - \pi)r(W_2)u'(W_2)pW_v] -$$

$$W_v E[u'] \qquad (3 - 15)$$

方程（3 - 15）中第一项可能为正，也可能为负，分别表示损失发生与不发生两种状态下的农场收入变动情形；而第二项肯定为负，即提高保费将带来保险需求的下降，表明收入保险可能产生替代效应。根据上述分析，家庭农场风险偏好、保费可负担性与收入保险需求关联可能存在以下几种情形：

第一种情形：当家庭农场持"中立型"风险偏好时，有 $r(W_1) = r(W_2) = r$，将 r 提取到括号外，方程（3 - 15）中括号内可改写为 $\pi u'(W_1)(L - pW_v) - (1 - \pi)$ $u'(W_2)pW_v$，此时方程符号为负，有 $dp^*/dp < 0$。表明在风险中立偏好下，家庭农场收入保险存在负的替代效应，保费提高；保费可负担水平下降，保险需求降低。

第二种情形：当家庭农场持"回避型"风险偏好时，有 $r(W_1) > r(W_2)$。在收入损失远超出保费交缴额度 $L \gg pW_v$ 条件下，方程（3 - 15）括号中的第一项值为主要部分，$\partial^2 E[u]/\partial \alpha \partial p > 0$，有 $d\alpha^*/dp > 0$。这一结果表明，即使家庭农场持风险厌恶态度，保费提高并不必然带来收入保险需求下降，有时甚至可能出现目标预期上升的"风险偏好反转"现象，保费可负担水平与行为主体保险决策不匹配。这种情形与收入损失敏感程度有关，较多发生在规模化、集约化及商品化率较高的家庭农场。该结论同时也表明一个事实，那就是并非所有家庭农场保险决策都与期望效用函数评估值相匹配，在某些特定条件下，保险需求预期可能出现偏差。

第三种情形：当家庭农场持风险追寻态度时，同样有 $r(W_1) > r(W_2)$。如果 $W_v \gg 0$，且 $L \leq pW_v$，即农场预期收入损失低于保费交缴时，方程（3 - 15）括号中第一项 $(L - pW_v)$ 趋于 0，而 $W_v \gg 0$ 也使第二项为负，从而有 $\partial^2 E[u]/\partial \alpha \partial p < 0$，此时可得出 $d\alpha^*/dp > 0$。该结果表明，即使收入保险保费在可承担经济能力范围内，保险需求也并不必然地出现显著提升，甚至有可能下降，这是另一种"风险偏好反转"情形。可能有两方面原因：一是农场生产规模较小，风险相对分散，预期收入损失不大，即使保费在经济可承担范围内，农场也不会形成强烈保险保障需求；二是保险作为一种风险财务转移方式，替代性很容易发生，如多样化种植、风险自留等非保险风险管理方式，且农场经营者冒险意识很强时尤其如此，保险需求表现明显不足。

二、数据与模型

（一）数据来源

本节数据来源为 2021 年课题组对湖南湘东地区、湘南地区、湘西地区及湘北地区的家庭农场抽样调查，涵盖种植型、养殖型、种养加结合型以及观光农业型等不同类型家庭农场。湖南是农业大省，稻谷产量位居全国之首，生猪出栏量位居全国第二，商品蔬菜生产及加工转化能力超出全国大部分省份，此外，作为以柑橘为主的多种水果产区，水果产量占到全国总量的 5.4%。据不完全统计，目前全省已有家庭农场近 4.2 万户（工商登记注册为 1.3 万户），呈现出经营规模适度、综合效益良好且经营类型多样化良好发展态势，无论是种养殖型还是旅游观光型家庭农场均具典型取证价值。本次调查共发放问卷 420 份，回收 396份，回收率为 94.28%，剔除信息不完整后的有效问卷为 378 份，有效率为95.45%。鉴于调查所涉及的风险偏好与保险需求问题很大程度上源于主观判断，与行为个体主观心理密切相关，研究拟在问卷调查之外采取深度访谈方式，通过面对面交流以考察被试者某些非表象化模糊意识。样本分布如表 3-8 所示。

表 3-8　家庭农场样本分布情况　　　　　　　　　　　　单位：%

地区		样本量	总占比	经营类型		样本量	总占比
湘中地区	宁乡	51	25.9	种植型	粮食种植	63	38.4
	湘潭	47			蔬菜种植	33	
湘北地区	常德	41	20.9		水果种植	31	
	岳阳	38			茶叶种植	18	
湘南地区	邵阳	38	27.8	养殖型	牲畜养殖	58	31.7
	郴州	32			家禽养殖	35	
	永州	35			水产养殖	27	

续表

地区		样本量	总占比	经营类型		样本量	总占比
湘西地区	凤凰	32	25.4	种养加 结合型	粮食＋牲畜	46	20.6
	古丈	26			苗木＋家禽	32	
	怀化	38		观光农业型		35	9.3
合计		378	100.0			378	100.0

综合学术界研究成果，本节对"家庭农场"的定义是：以家庭为基本生产单位，以适度规模经营形式，通过高效劳动从事农业标准化生产，且以农业收入为家庭主要收入来源的新型农业经营主体（张红宇和杨凯波，2017；刘文霞和杜志雄，2018；郭熙保和冯玲玲，2015）。根据该内涵，样本取集须符合以下四点要求：第一，农业收入为家庭主要收入来源，且净占比不低于80%；第二，农场经营者具较高文化教育程度，具有较强"经济人"行为理性；第三，农场连片土地规模较大，且相对集中稳定；第四，农场具现代农业特征，且拥有较完善财务收支管理系统。

（二）调查问卷设计

调查问卷涵盖以下几方面内容：第一，家庭农场基本情况。包括经营行业、年销售收入、主营农产品、工商注册类型等。若经营行业选择"种植业"或"种养业结合"，则加试"集中连片耕种土地面积"选项；若选择"养殖业"，则加试"年出栏量"或"养殖水面"选项；若经营行业为"休闲观光农业"，则加试"场地面积"与"餐饮住宿设施"选项。第二，农场经营者个体特征及家庭情况。前者包括年龄、性别、受教育水平及保险认知情况；后者涉及家庭成员数量、家庭资产、贷款负债及还款期限等。第三，收入保险需求。涵盖农场曾遭遇收入损失经历及程度、保费财政补贴期望值、其他农业保险产品购买等情况。

（三）家庭农场风险偏好数据取得

所谓"风险偏好"（Risk Preference or Risk Appetite），即为企业或个体投资者在承担风险损失上的基本态度。根据该释义，与收入保险相关联的风险偏好可理解为家庭农场对收入损失表现出的风险倾向，这是个归属于心理学范畴的主观概念，难以取得可靠统计数据。本书因此采取实验设计方式，通过一系列有意图组合方案进行测试。实验要求被试者依次完成两个风险任务：一是有关"风险偏好"测试的选择任务；二是有关"风险偏好反转"是否存在的判断任务。前者拟设计多个收入损益组合方案，应用"基于假设性投资问题估算法"展开。张磊（2018）设置虚拟方案，合理推断出风险态度与股票投资之间呈正相关关系，证实此方法适用于"风险偏好"测试。而后者拟参照法国经济学家、诺贝尔经济学奖获得者阿莱的"赌局实验"，设计两轮实验方案进行，这是目前有关"决策论"悖论存在的经典检验范式。

第一，有关"风险偏好"测试样本数据取得。假定家庭农场经营谷物、蔬菜、水果或水产养殖品，历史年份销售收入估计在100万元左右，收入降低或增加概率不确定，可能发生自然灾害减产或销售价格下跌，也可能出现丰产或市场价格上涨情形，家庭农场收入损益如表3-9所示。测试目标在于获得家庭农场风险偏好类型及样本占比等相关数据。

表3-9　与产量及价格波动概率相关联的家庭农场收入损益方案

	方案 A	方案 B	方案 C	方案 D
价格波动率	+25%	+50%	-30%	-20%
产量波动率	-10%	-15%	+40%	-40%
收入	110 万元	150 万元	100 万元	80 万元

根据风险任务测试结果确定 $W_1 - W_2$ 坐标系，可画出效用函数曲线，如图 3-8 所示。

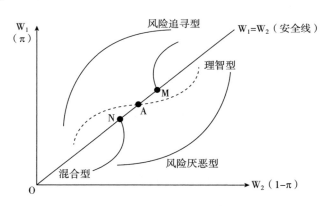

图3-8　家庭农场收入损益与风险偏好情况

假定家庭农场预期收入为 W_0，未遭遇损失（θ_1 状态）时的收入为 $W_1 - W_0$；遭遇收入损失（θ_2 状态）时的收入为 $W_2 = W_0 - L$，这里 L 为事故发生概率 π 状态下的收入损失值。根据期望效用函数理论，$W_1 - W_2$ 坐标系第一象限从原点出发的角平分线上必然有 $W_1 = W_2$,即无论出现损失 θ_1 还是出现不损失 θ_2 状态,保险理赔均可使家庭农场收入值恢复到未损失状态。实验结果如表 3 – 10 所示。

表 3 – 10 家庭农场收入风险判断与样本占比

	曲线形态	判断结论	风险类型	样本占比
风险偏好	效用函数曲线中间有一拐点,上半段为"上凸形",下半段为"下凹形",曲线走势有如反写的"S"字	被试者在损失值区间有回避风险倾向,而在获益值区间具风险追寻特征	风险中立型	23.4%
	效用函数曲线表现为"上凸"形态	被试者在损失值区间有回避风险倾向	风险回避型	46.8%
	效用函数曲线表现为"下凹"形态	无论在损失值区间还是在获益值区间,被试者均表现出风险追寻偏好	风险追求型	16.6%
	效用函数曲线中间出现一个"断层"	"断层"两边风险偏好未能显著,被试者存在多种风险偏好可能	混合型	13.2%

第二,有关"风险偏好反转"测试样本数据取得。本方案设计两轮实验,第一轮实验包含"肯定备选方案"与"风险备选方案",第二轮实验两种方案均为"风险备选方案",可视为第一轮实验方案的转换。如表 3 – 11 所示。

表 3 – 11 家庭农场收入风险备选方案判断及选择情况

类别	方案内容及结果	收入期望值	收入效用值	样本占比
第一轮实验(2 选 1)				
方案 A	100% 概率获得 100 万元——结果次优	100 万元	1.000	89.6%
方案 B	10% 概率获得 200 万元——结果最优 89% 概率获得 100 万元——结果次优 1% 概率获得 40 万元——结果差	159 万元	1.094	49.3%
第二轮实验(2 选 1)				
方案 C	11% 概率获得 200 万元——结果最优 89% 概率获得 40 万元——结果差	46.6 万元	0.466	38.8%
方案 D	10% 概率获得 200 万元——结果最优 90% 概率获得 40 万元——结果差	56 万元	0.236	81.3%

第一轮实验：分别设定两种方案：一是"风险稳定但收益居中"方案 A；二是"风险具强不确定性但可能获得高收益"方案 B。通过被试者对方案 A、方案 B 期望值与效用值实验结果比较，判断家庭农场风险偏好是否符合"期望效用独立性原则"，是否与预期效用理性选择公理逻辑一致，即根据被试者"风险备选方案"实验数据推断其决策倾向是否符合期望效用逻辑，得出风险偏好测试结果。

第二轮实验：在第一轮实验基础上重新设定两种方案 C 和方案 D，消除第一轮方案中共有结果（89% 概率获得 100 万元），方案 C 与方案 A 相似，而方案 D 则近似于方案 B。同样对被试者两种方案期望值及效用值实验结果进行比较，判断家庭农场风险偏好是否存在逆向不等关系，其目标在于通过被试者"期望效用最优"与"期望值最大化"选择结果比照，推断家庭农场"风险偏好反转"是否真实存在。

（四）模型设定与变量选取

本节以家庭农场为对象，将风险偏好、保费可负担性与收入保险需求置于同一框架分析，研究目标在于获取多个可供选择方案分类数据，而非解决需求影响因子从弱到强的排序问题。这里所谓"多种可供选择方案"，指"全农场保障型""农作物保障型"以及"牲畜毛利润保障型"等收入保险计划（Agricultural Revenue Insurance Plan），模型处理中分别使用 ARIP = 1、ARIP = 2、ARIP = 0 表示。鉴于多元离散选择 Logit 模型能较好地解释决策者特征变量与方案选择相互间关系，且模型似然函数收敛快速可靠，实证分析拟使用该模型，应用 Stata 软件进行。

（1）模型设定。根据多元选择 Logit 模型一般思路，决策者 i 在（J + i）项可供选择方案中如果选择了第 j 项，效用模型可记为：$U_{ij} = X_{ij}B + \varepsilon_{ij}$，选择 j 的概率有 $P（U_{ij} > U_{ik}）$，k = 0，1，2，…，J，k ≠ j，离散选择模型的似然函数表达式可写为 $\ln L = \sum\limits_{i=1}^{n} \sum\limits_{j=0}^{J} d_{ij} \ln P（y_i = j）$。由对数似然函数最大化的一阶条件，利用 Newton 迭代方法可得出参数估计值，测算公式为：

$$\frac{\partial \ln L}{\partial B_j} = \sum_i （d_{ij} - p_{ij}）X_i, \ j = 1, 2, \cdots, J \tag{3-16}$$

$$\frac{\partial^2 \ln L}{\partial B_j \partial B'_l} = -\sum_{i=1}^{n} P_{ij}（1（j=l） - P_{il}）X_i X'_i, \ I(j-1) = \begin{cases} 1 & \text{当 } j = 1 \\ 0 & \text{当 } j \neq 1 \end{cases} \tag{3-17}$$

（2）变量选取。本节中"收入保险"，指以某种作物收入或农场年经营总收入为保险标的，当约定自然灾害发生或市场价格下跌时，由保险人对其损失补偿收入风险保障计划，是农业保险经历了成本保险、产量保险、价格保险发展之后的更高层次的保险保障形式（庹国柱和朱俊生，2016；Ghosh，2008）。从该定义可知，收入保险当归属于农业保险范畴，且保险标的可根据地域空间划分，也可根据产品类别细分。研究分别就"以农场为标的""以牲畜毛利润为标的"及"以农作物为标的"收入保险分类考察。

"收入保险需求"是研究中的被解释变量。这里所谓"保险需求"，指一定费率水平上，消费者从保险市场有愿意且具能力购买的保险产品数量。根据该定义，家庭农场收入保险需求应满足两方面要求：一是有购买意愿，二是具备保费经济承担能力。前者与风险偏好有关，而后者则更多涉及保费可负担性问题。鉴于目前收入保险刚刚进入试点阶段，历史数据及资料缺乏，研究拟借鉴上海松江、浦东家庭农场粮食作物收入保险理赔计算公式[①]进行测算。

在本书中，"风险偏好"指家庭农场在可承担风险条件下的喜好特征。风险偏好越明显，冒险意识越强，对收入保险风险保障心理预期就越低。杨婷婷和陈说（2021）实验结果证实，受复杂心理因素影响，个体风险态度将最终决定保险需求水平。研究将家庭农场风险偏好细分为"风险追求型""风险中立型""风险回避型"及"混合型"四种类型。

有关"保费可负担性"，学术界目前尚无统一概念界定，较为常用的是 Kunreuther（2009）的定义，即"当家庭考虑购买特定数量保险产品且足够支付，剩余的收入能负担其他生活支出，这种保费花费就被视为可负担的"。在生产力及生产关系发展相对落后的中国农村，农业保险远未能成为家庭必需品，以家庭收入作为保费可负担比照显然不符合中国国情。比较看来，丁元昊（2016）有关巨灾保险保费可负担性研究采取的"有效需求法"具有一定可借鉴性。该测算方法建立在保障期望效用之上，而并非单纯以购买力为衡量依据，不但强调经济承担能力，同时也强调行为主体的风险态度倾向，符合收入保险期望及家庭农场收入保险需求内涵，且能较好地解释风险偏好反转的"阿莱悖论"出现。综上所述，本节对"家庭农场保费可负担性"给出的定义是：在既定费率及家庭收入条件下，家庭农场基于效用最大化原则选择一个特定保费支出水平，该保险消费

---

① 上海松江、浦东家庭农场中晚熟粳稻和麦子等粮食作物的收入保险赔偿计算公式为：保险金赔付 =（保单约定亩均收入 – 实际亩均收入）×承保面积。其中，保单约定亩均收入 = 基准产量（历史平均产量）×历史平均价格×保障水平；实际亩均收入 = 区域产量×市场监测价格。

集即被视为具有保费可负担性。鉴于政策性农业保险所赋予的公益性目标，这里应当包含两重含义：一是家庭农场在预估收入损失后能接受给定保险费率；二是在此特定消费集里，保费承担应包括政策性财政补贴部分，且仅指在该实际缴纳保费水平下的保险意愿。本节因此将"保费/收入损失预期"与"保费/财政补贴"作为重要观察变量进入实证分析。考虑到两者客观可测度较弱，难以运用数学方法估算，变量赋值拟参照黑龙江农垦集团赵光农场大豆收入保险试点方案①。根据相关数据整理，以保费/收入损失预期 = 15%，保费财政补贴/应缴保费 = 80% 进入实证分析。

在数理分析中，模型所有解释变量应当既能反映决策者个体属性，也能体现备选方案属性。有关农场经营者个体特征拟选取年龄、性别、受教育程度、保险认知等指标进行解释；涉及家庭农场特征的描述，则包括经营行业、年销售收入以及工商注册类型等方面，具体如表 3-12 所示。

表 3-12　变量解释与统计结果

变量	变量解释与赋值	均值	标准差	最小值	最大值
风险偏好	风险追求型 = 1；风险中立型 = 2；风险回避型 = 3；混合型 = 4	0.501	0.505	0	1
财政补贴/保费	>80% = 3；80%~50% = 2；<50% = 1	1.738	1.843	1	4
保障标的	农场总收入 = 1；农作物收入 = 2；农产品毛利润 = 3	3.148	0.572	0	8
保费/收入损失预期	<15% = 1；15%~30% = 2；>30% = 3	0.483	0.253	0	1
是否购买农业保险	否 = 1；是 = 2	0.157	0.354	0	1
年龄	30 岁及以下 = 1；31~50 岁 = 2；51 岁及以上 = 3	39.548	13.874	16	74
性别	女 = 0；男 = 1	0.687	0.459	0	1
文化教育程度	高中 = 1；大学 = 2；硕士研究生及以上 = 3	3.642	0.717	1	4
保险认知	强 = 1；较强 = 2；中等 = 3；较弱 = 4；弱 = 5	0.061	0.236	0	1

---

① 在黑龙江农垦集团赵光农场大豆收入保险合同设计中，应缴保费为 68 元/亩，农民自缴保费 11.25 元/亩；设定大豆亩产量 0.16 吨，保障度为 85%，保险价值为 4000 元/吨，以当年 9 月、10 月大商所大豆 1801 合约收盘平均价格为比价标准，保险金额（每亩）= 0.16 × 85% × 4000 = 544（元），即农场实际收入保障水平为 544 元/亩。根据以上数据可测算出：保费/农场收入损失补偿 = 14.56%；保费财政补贴/应缴保费 = 83.46%。

续表

变量	变量解释与赋值	均值	标准差	最小值	最大值
经营行业	种植业、畜禽养殖、水产养殖、休闲观光农业	0.090	0.296	0	1
年销售收入	25万~50万元=1；51万~100万元=2；100万元以上=3	0.876	0.329	0	1
工商注册类型	个体工商户=1；个人独资企业=2；合伙企业=3；有限责任公司=4	0.223	0.416	0	1

三、描述性统计分析

（一）家庭农场收入保险需求描述性统计分析

从地区分布来看，家庭农场收入保险需求占比从高到低依次排序为：湘东地区（56.7%）、湘北地区（44.9%）、湘南地区（33.2%）、湘西地区（25.8%），其中以湘东地区的湘潭和宁乡两地为最高，分别为76.5%和72.8%。据湖南省农业统计资料，湘东地区、湘北地区均为谷物类粮食主产区，而湘潭、宁乡不但粮食播种面积与稻谷产量位列全国前三，且生猪养殖为全国养猪百强县，两地家庭农场规模化、集约化与商业化现代农业特征相对显著，产量、价格风险保障诉求较其他地区更为强烈。相比之下，湘南地区（33.2%）与湘西地区（25.8%）保险需求明显低出，可能与两大区域山地、丘陵地形居多，农场集中连片土地面积较小（以30~40亩最为常见）有关。一般来说，小规模经营风险相对分散，农户遭遇减产或市场价格下跌损失也会明显降低，收入风险敏感性被削弱。

行业分布结果显示，收入保险需求从高到低占比依次排序为养殖业（66.2%）、种植业（54.8%）、种养加结合业（35.2%）及观光农业（10.3%），如图3-9所示。其中，以生猪、肉牛养殖型农场为最高（72.6%），水果作物种植型农场位居其次（62.3%），农业公园、民俗村观光型农场占比最低（6.7%）。整理材料后发现，具有较强保险需求的农场多经营趋势性或周期性风险敏感农产品，如蔬菜、水果、生猪等，收入保险诉求有明显超出。比较而言，观光农业型农场保险需求最低，应当与农场种养殖目标定位于为游客提供度假及休闲体验，而非商品化销售有关，尤其是农业公园、民俗村，农产品减产或价格下跌少有涉及，农场因此缺乏收入风险保障强烈诉求。

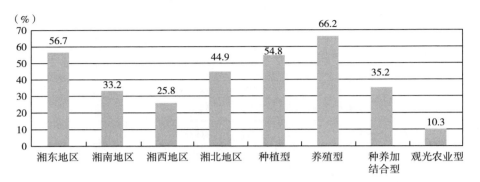

图3-9　家庭农场收入保险需求区域及经营行业分布情况

（二）家庭农场风险偏好描述性统计分析

从统计数据来看，家庭农场风险偏好从低到高的地区依次排序为湘东地区（12.6%）、湘北地区（18.2%）、湘西地区（26.3%）和湘南地区（43.6%），其中湘南邵阳（48.3%）超出平均水平近一半，而湘东地区湘潭和宁乡两地占比低于区域平均水平，分别为11.6%和10.4%。这里可能有两方面的原因：一是风险偏好通常由个体心理因素所决定，但也受到地方历史传统、个人气质等客观因素影响。二是湘南地区毗邻广东经济发达地区，民众经商冒险意识普遍较强，在面对相同预期货币价值投资时，家庭农场更倾向于收益最优而结果不确定风险项目，邵阳地区兼具两大特征，风险追求意识因此也最为强烈。相较而言，湘东地区、湘北地区为全国粮食主产区，规模化、商品化程度较高，无论是自然灾害减产或是市场价格下跌都将给农场收入带来重大损失，风险回避倾向显著。

从经营行业调查结果可知，风险偏好从低到高依次排序的农场类型为养殖型（18.9%）、种养加结合型（29.1%）、种植型（32.4%）与观光农业型（48.9%），其中畜禽养殖型农场持"风险厌恶"态度占比超出总量一半以上（58.1%）；相较之下，观光农业型农场持"风险追寻"偏好最为显著（32.6%），但不同经营类型农场有较大差异性。可能与两方面原因有关：其一，畜禽养殖出栏周期长，直接成本高，尤其是猪牛口蹄疫、猪瘟或恶性卡他性热以及禽流感等高致病性疫情暴发可能导致农场收益全损，风险规避意识强烈符合行为主体理性选择。其二，从观光农业农场来看，农业公园、民俗村型农场风险偏好较强（21.6%），而观光农园型农场则相对较低（6.7%）。深入访谈后发现，观光农园型农场大多从事果园、菜园、茶园及花圃经营，以摘果、拔菜、赏花、采茶休闲娱乐体验方式实现盈利，农场收入仍建立在种养殖生产基础之上，尽管遭受自然灾害减产损失较规模化商品生产低下，但仍在很大程度上决定农场收益，风险偏好相对低下符合农场经济人行为理性。相比之下，农业公园、民俗村收入并非源于传统种养殖有形商品销售，而是以自然风光、民俗风情及乡村文化等抽象形态产品经营实现盈利，即使系统性风险发生也通常不会造成农场收入重大损失，较低风险影响使农场风险追寻偏好有明显提升。

（三）家庭农场保费可负担性描述性统计分析

从家庭农场保费可负担水平调查情况来看，地区排序依次为湘东地区（37.4%）、湘北地区（30.2%）、湘南地区（27.5%）、湘西地区（19.8%），如图 3 – 10 所示。其中，保费可负担水平较高（保费/收入损失预期＞30%）样本仅占到总量的 12.7%，而保费可负担水平较低（保费/收入损失预期＜15%）比重近五成（48.6%）。归纳整理后发现，保费负担水平相对较强的家庭农场有三大特征：一是盈利水平较强，家庭收入普遍较高。亩均纯盈利多为 600～800 元，年收入在 100 万元以上样本接近一半（43.6%）。二是经营者文化程度相对较高，农业技能、风险敏感性及保险意识均超出一般农户。大专及以上教育程度样本占到总量的 61.8%，其中 34.2% 农场加入专业合作社、66.5% 农场为购销大户，且一半以上农场参保农业保险。三是农场多为规模化生产，经营土地多在 200 亩以上，农事记录及财务制度相对健全，保费支出可纳入财务预算。相较之下，保费负担水平低下农场也表现出两大共性：一是生产规模普遍较小，50～100 亩样本占比高达 68.9%；二是经济效益相对低下，年收入在 300～400 元/亩农场占比为 62.6%，大多还保留有一定程度的传统家庭经营特征。研究认为，

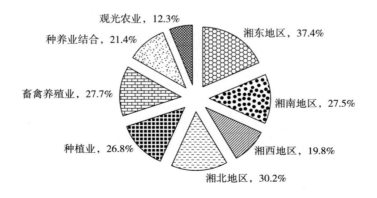

图 3 – 10 家庭农场保费可负担水平地区与行业分布情况

《农村土地承包法》执行与政策目标偏离导致土地流转效率低下，规模化、集约化发展缓慢造成农场收入提升缓慢是限制保费可承担水平的重要原因。深度访谈后也证实，目前湘南地区、湘西地区某些偏远地区仍坚持土地承包经营权 3～5 年政策调整，农场可流转土地期限通常只有 1～2 年，规模农业发展受阻，收入保险需求被显著削弱。

据经营行业调查数据显示，无论是从事种植业、养殖业、种养加结合还是观光农业家庭农场，即使在公共财政高补贴条件下，保费可负担水平仍然不高，且各行业未显示出明显差异。有个值得关注的现象是，在保费可负担水平低下（保费/收入损失预期 <15%）样本中，有 12.6% 的家庭农场表现出收入保险需求强烈，这种风险决策与经济学中的"理性人假设"相悖。进一步调查发现，此类农场有两个共同特征：一是曾遭遇大灾损失，风险意识强，82.6% 的样本风险厌恶倾向明显；二是亲朋好友保险获赔经历产生不同程度影响，收入风险保障目标预期清晰。该结果表明，除家庭财富约束物质因素影响之外，风险感知及保险意识是影响收入保险需求的两大主观因素，且家庭农场的确存在风险偏好反转的"阿莱悖论"。该结论政策启示是，灾害事件经历通常会较大程度地影响公众风险感知和损失预期，在专业知识缺乏、信息不完备、认知不足或过度自信情况下可能出现风险偏好反转，通过强化政策引导或利用农户血缘、地缘社会网络实施正面影响，很可能带来收入保险需求的大幅提升。

四、模型结果及分析

研究利用调查数据就"风险偏好""保费可负担性"两大变量对家庭农场收入保险需求影响进行分析，模型处理结果如表 3 - 13 所示。回归模型总体显著性检验 F 为 42.26，精确显著性水平（相伴概率值）为 0.0000，拒绝所有斜率系数等于 0 的原假设；判定系数（R - squared）为 0.0569，调整的判定系数（Adj R - squared）为 0.0481，略小于判定系数；均方根误（Root MSE），即回归模型标准误 S. E. 或 δ 为 0.35964。以 ARIP = 0（毛利润型收入保险计划）为参照，ARIP = 1（全农场型收入保险计划）与 ARIP = 2（农作物型收入保险计划）家庭农场目标预期 RA 系数和截距项均在 1% 水平上统计显著，而 IEA 系数也达到 5% 显著性水平，表明风险偏好（RA）、保费可负担水平（IEA）对家庭农场收入保险需求（ARIP）均存在显著正向影响。检验结果低于 5% 显著性水平分别拒绝系数等于 0 的原假设，两个回归系数 95% 的置信区间均不包含 0，证实结论可信度较强。

表 3 – 13　模型处理结果

Source	SS	df	MS	Number of obs = 366		
				F (2，366) = 42.26		
Model	23.0523746	2	12.426397	Prob > F = 0.0000		
Residual	312.42531	362	0.25693412	R – squared = 0.0569		
				Adj R – squared = 0.0481		
Total	335.477685	364	0.25964237	Root MSE = 0.35964		
ARIP	Coef.	Std. Err.	t	P > | t |	[95% Conf. Interval]	
1 IEA	0.0732094	0.004569	9.24	0.000	0.032566	0.0412562
1 RA	– 0.0049248	0.001325	2.23	0.031	0.0004001	0.0032514
1 _ cons	1.145237	0.075961	15.48	0.000	1.041234	1.452307
2 IEA	0.0527709	0.0064432	9.47	0.000	0.0565521	0.0635628
2 RA	– 0.0048189	0.0015263	2.96	0.027	0.0002005	0.0085421
2 _ cons	1.523691	0.0765392	15.33	0.000	1.053624	1.452374

（一）保费可负担性对家庭农场收入保险需求影响

以 ARIP = 0（牲畜毛利润收入保险计划）为参照，ARIP = 1（全农场收入保险计划）与 ARIP = 2（农作物收入保险计划）的保费可负担水平（IEA）系数分别为 0.0732094 和 0.0527709。该组数据表明两点：第一，保费可负担水平与农场收入保障目标预期呈正相关。保费可负担水平越高，家庭农场对收入损失财务转移预期就越强烈。第二，ARIP = 1（全农场收入保险计划）较 ARIP = 2（农作物收入保险计划）高出 2 个百分点，这里应该存在两个方面原因：其一，保险责任所导致的保障度及保障范围存在较大差异。在全农场收入保险计划（ARIP = 1）中，无论是作物种植还是畜禽养殖，所有农产品不分种类均以一份保单承保，只要符合保险合同约定责任，其收入损失均给付保险金赔偿；相比之下，农作物收入保险计划（ARIP = 2）仅限于作物单产承保，且以实际生产历史均值为理赔基准。前者保障度显然更强且覆盖更全面，保险需求有明显超出。其二，与政策性农业保险替代效应及保费财政补贴差别性待遇有关。一方面，目前农业保险大多为产量保障型或成本保障型，与农作物收入保险计划（ARIP = 2）责任有部分重合；另一方面，农业保险多为政策性保险，享有中央、省、县多级政府支持，尤其是稻谷、小麦、玉米等粮食作物补贴甚至高达 80%，但农作物收入保险保费则需农场完全承担，尚未获得财政支持。很显然，ARIP = 2（农作物收入保险计划）发展空间被政策性农业保险挤压，家庭农场收入保险需求受到抑制。

（二）风险偏好（RA）对家庭农场收入保险需求影响

ARIP = 1 及 ARIP = 2 风险偏好（RA）系数分别为 - 0.0049248、- 0.0048189，表明风险偏好与家庭农场收入保险需求呈反向变动关系，且两者基本持平。这里可能的解释是：风险偏好越明显，经营者冒险意识越强，通常更倾向于风险自担，对保险或其他风险管理方式均缺乏足够需求意愿。

（三）"保费可负担水平"对家庭农场收入保险需求影响

以 ARIP = 0（毛利润收入保险计划）作为参照基准，无论在 ARIP = 1 还是在 ARIP = 2 中，"保费可负担水平"系数绝对值均超出"风险偏好"数倍，表明前者对收入保险需求影响力远胜于后者。这里可能的原因是，"保费可负担性"是对经济承担能力的衡量，是影响收入保险需求实现的客观因素；而"风险偏好"更多取决于个体心理感知，主观因素的不确定性使其对保险需求影响力降低。

为保证模型处理结论的可信服度，对上述结果进行相互间独立性检验。从表 3 - 14 数据可以看出：

（1）ARIP = 1 与 ARIP = 0、ARIP = 2 相互独立；ARIP = 2 与 ARIP = 0、ARIP = 1 也相互独立。

（2）ARIP = 1 与 ARIP = 2；ARIP = 1 与 ARIP = 0、ARIP = 2 与 ARIP = 0 不能合并，表明 ARIP = 0（毛利润收入保险计划）、ARIP = 1（全农场收入保险计划）、ARIP = 2（农作物收入保险计划）选项均不可合并，证明 IIA 假设成立。

表 3 - 14　模型结果独立性检验

Source		SS	df	MS	Number of obs = 366		
					F（2，366）= 42.26		
Model		23.0523746	2	12.426397	Prob > F = 0.0000		
Residual		312.42531	362	0.25693412	R - squared = 0.0569		
					Adj R - squared = 0.0481		
Total		335.477685	364	0.25964237	Root MSE = 0.35964		
ARIP		Coef.	Std. Err.	t	P > | t |	[95% Conf. Interval]	
1	IEA	0.0732094	0.004569	9.24	0.000	0.032566	0.0412562
	RA	- 0.0049248	0.001325	2.23	0.031	0.0004001	0.0032514
	_ cons	1.145237	0.075961	15.48	0.000	1.041234	1.452307
2	IEA	0.0527709	0.0064432	9.47	0.000	0.0565521	0.0635628
	RA	- 0.0048189	0.0015263	2.96	0.027	0.0002005	0.0085421
	_ cons	1.523691	0.0765392	15.33	0.000	1.053624	1.452374

五、结论及政策启示

随着专业大户、家庭农场、农民合作社等新型农业经营主体增多，急需覆盖减产、价格下跌等多种损失风险保障，收入保险因符合规模农业发展需求而日益受到理论界关注。本节基于湖南湘东地区、湘南地区、湘西地区、湘北地区的调查数据，以家庭农场为对象将风险偏好、保费可负担性与收入保险需求置于同一框架展开探索，研究结论及政策启示如下：

第一，家庭农场收入保险需求普遍较强，且以价格敏感型农产品经营农场最为突出。但是，价格风险弱可保性不适用保险"大数法则"，高理赔风险可能影响保险市场供给。基于保险期望效用目标实现，可尝试引入期货金融工具，通过期货市场所特有风险规避及价格发现功能弥补收入保险价格风险技术处理缺陷。具体而言，可参照期货价格科学厘定收入保险费率，增强家庭农场保费可负担性；可根据市场供求及期货价格变动趋势采取套期保值或买卖期权，通过风险对冲降低保险偿付损失。其中，"期货 + 收入保险""期货 + 收入保险 + 农业订单"为可行性路径选择。

第二，风险偏好与家庭农场收入保险需求呈反向变动关系。在面对相同预期货币价值投资时，风险偏好者更倾向于收益最优而损失不确定的选择，此时收入保险需求处于低位。但是，在高水平规模化、集约化现代农业等特定条件下，行为主体也可能出现风险偏好反转，成为"经济人"理性假设的一个悖论。这里可得出的政策启示是：家庭农场风险偏好大多在风险判断过程中形成，并非事先定义好，通常也不是连续稳定，灾害事故可能改变行为主体风险保障预期，社会网络信息传播也可能导致风险偏好反转。因此，可以利用农村社区血缘、地缘关联实施正面影响，通过政策引导改变风险偏好取向，即使在家庭财富约束条件下同样能较好地提升家庭农场收入保险需求。

第三，"保费可负担性"对家庭农场收入保险需求影响远超出"风险偏好"，但两者对观光农业型家庭农场影响均未能显著。该结论表明，保费经济承担能力决定保险需求，但并非对所有家庭农场都有重大影响，通常与减产损失与价格下跌所致收入损失程度有关，农业收入保险推广因此可率先从规模化及商品率较高的农场展开。

第四，政策性农业保险对收入保险存在较强替代性，保险责任重合及保费财政补贴待遇差别在一定程度上影响了农作物保险计划需求。可尝试将收入保险作为"绿箱"政策与农业产业政策衔接，通过保费间接补贴逐渐替代粮食、生猪价格保护性直接补贴，可较大程度地提升家庭农场收入保险参保率，在促进农产品"价补分离"的同时，降低传统农业直补对产出结构及农产品市场扭曲。

第五，土地流转效率影响农地规模经营，对家庭农场收入保险需求有间接影响。家庭农场规模化程度通常与保费经济承担能力呈正相关关系，而遭遇减产及价格下跌的损失概率也同比上升，基于经济承担能力与购买意愿的双重作用，收入保险需求将出现大幅提升。反之，集中连片土地面积越小，家庭农场保费可负担水平及收入损失敏感性都有明显削弱，收入保险保障预期降低。从政策实施来看，应当强化《农村土地承包法》的执行，进一步完善集体土地使用权流转机制，通过转包、转让、入股、合作、租赁、互换等方式使家庭农场获得大面积集中连片土地，以土地流转效率的规模效应促进收入保险需求提升。

第四章　不对称信息约束下农业保险利益主体行为理性与策略应对

第一节　引言

在传统经济学中，"经济人"拥有完全的信息，不存在隐藏其与众不同的偏好的动机，也很少引发信息不对称问题。但在现实生活中，尤其是市场经济发达的现阶段，这种理想状态几乎不存在。所以有关的经济学研究都必须放弃一个隐含假设条件——那就是"完全信息"，农业保险市场也同样遵循这一规律。农业是一个典型的弱质产业，灾害损失抵御能力弱，生产的高风险性和专业性使其信息不对称现象尤为突出。这里所谓的"不对称信息"（Information Asymmetry），是指交易双方所掌握的信息在数量和质量上存在差异的情形。即一方掌握信息数量较多且质量较高，而另一方则恰好相反。在农业保险市场上，农业生产的复杂性、农户投保人的有限理性以及保险产品准公共物品等性质特征，在一定程度上提高了信息搜寻和信息披露的成本，尤其在保险公司、政策职能部门及农户之间信息流动不畅情况下，保险交易双方很难做出符合"帕累托最优"的理性决策。Miranda（1991）的研究表明，只有当预期补偿超过支付保费时农户才有可能购买农业保险；反之，则很难产生投保意愿，而这些都必须建立在信息对称的基础之上。就此意义而言，保险市场信息不对称的存在，对保险契约达成、保险产品供给以及保险市场运行具有深刻影响。

阿罗于1963年指出，信息不对称极大地妨碍了保险机制的顺利运转，其中，保险公司与客户、关联部门的各自拥有的信息不完全是最重要影响因素。之后斯蒂格利茨（Stiglitz）对保险市场信息不对称展开探讨，证实保险公司事前不了解投保人风险状况，是保险市场无法实现既定最优目标的主要原因。根据农业保险准公共物品的特征属性，当市场不能完全分散灾难性风险，尤其是巨灾风险发生时，政府可以为保险公司提供再保险补贴以降低风险，但若政府过度干预则可能加剧与保险公司之间的信息不对称所导致的各种负面效应的产生。如降低农户隐性支付意愿、增加保险公司隐性风险、强化保险公司隐藏道德风险等（刘从敏等，2021）。实践表明，保险信息不对称很可能使交易双方诚信基础受损，不同利益主体都有可能利用其自身信息优势采取利己行动，最终影响保险契约的确立与持续。在农业保险中，这种信息不对称包括保险知识、保险技术、主客体特质、业务经营情况等多方面，极易导致保险市场供求失衡。如影响保险产品的有效供给、低风险农户退出市场以及交易主体分别采取利己行动等。

第一，保险公司产品有效供给降低。一方面，保险公司基层机构数量有限，专业农险承保和理赔查勘人员不足；另一方面，农村地域广阔、农户居住分散，保险展业成本始终居高不下。这些都使保险交易双方信息流动不畅，供给与需求不均衡。信息不完全使承保理赔进展缓慢，农户不能及时恢复灾后生产，满意度因此低下而影响其投保意愿。并且，信息流动不畅农户对保险除外责任不了解，道德风险和逆向选择发生概率增大。Milton Boyd 等（2007）的研究指出，在保险公司未充分了解被保险人风险的情况下进行承保，很可能会因风险不可控而需承担超额损失；与此同时，农户则可能因参保而不再采取积极措施防御风险，标的损失发生概率增大。基于期望利润考虑，保险公司会理性降低保险产品有效供给。此外，监管部门与保险公司之间信息不对称也会在一定程度上影响保险供给。农产品多为鲜活产品，无论是粮油、蔬菜瓜果类农作物，还是生猪、肉牛等饲养畜禽动物，保险标的都具有季节性波动大、受损后标的易灭失等特征。因此，监管部门很难鉴别和定损，更难以核实和举证承保理赔资料的真实性，虚假赔案、虚增赔款等违规行为屡有发生，从偿付能力充足方面考虑，保险公司会减少合同设计类型和承保数量。

第二，低风险农户保险需求被削弱甚至退出市场。除保险费率、风险管理水平、政府干预以及再保险风险转移等措施缺失之外，保险费率与风险单位不匹配也是导致农业保险供求失衡的重要原因，其根源仍是主体之间的信息不对称。目前保险费率确定大多以作物历史统计资料为依据，这种滞后数据显然不足以用来判断当前及未来事故风险，因此诱发农户利己选择行为（Sheth Ketki，2021）。尤其在农作物保险中，农户投保人很可能因此故意隐瞒农场类型或农场管理能力等重要信息，从低出实际风险的保险费率中额外获利（Arrow，1963）；低风险农户因多缴保费而陆续退出，市场上仅留存高风险单位，所以无法遵循保险"大数法则"实施风险分散转移，保险公司偿付能力受阻（J. Powell David，2021）。

第三，保险交易双方采取利己行动。在信息不对称背景下，保险公司可能依据保险专业信息不对称的优势骗取客户签订保险合同或利用专业技术与经营者地位信息优势实施利己行动；而农户参保后可能放弃或减少防灾减灾风险管理、减少生产性资金投入，标的风险及损失程度增大导致保险公司利润下降甚至亏损。

在农业保险市场上，对于"信息不对称"的划分有着不同的判断依据。Sheth Ketki（2021）根据可能产生的后果将其划分为逆向选择（Adverse Selection）和道德风险（Moral Hazard）两大类型。前者指在合同签订前，农户基于信息不对称而签订有利于己方的保险合同，因此，可能产生"次品"驱逐"良品"的负面效应，也称为"事前逆向选择"；而后者则通常发生在保险合同签订后，交易双方利用信息优势来最大化自身效用，并且可能伴随着明显侵害对方利益的行为。这是一种事后机会主义行为，是建立在保险公司不能观察到投保后个体行为基础上发生的风险，也称为"道德风险"。例如，农户故意隐瞒重要信息以获取合约或在合同签订后因故意、疏忽而导致事故发生概率的增加等。部分学者根据保险事故发生时间及相关行为，将信息不对称划分为"事前信息不对称"和"事后信息不对称"，前者可能产生逆向选择，而后者则可能引发道德风险。从现有的研究成果归纳来看，目前对于两者的界定依据暂未达成共识，较为常见的有两种观点：一是以"保险合同签订时间"为判断依据；二是以"保险事故发生时间"为依据。上述两种划分方式都表现出损失概率增加及损失程度增大的特征，因此可能产生可以被视为信息不对称所导致的负面影响效应。具体情形如表4-1所示。

表4-1 基于不同划分依据的几种信息不对称风险情形

以"保险事故发生"时间为划分依据		
投保时期	目标	主要表现
事（保险事故）前道德风险	即使在疏于标的管理情形下也能获得足额赔偿	不主动采取防灾防损措施

续表

投保时期	目标	主要表现
事（保险事故）后道德风险	减少施救减损成本	因获得保险赔付承诺而不施救止损失，保险金赔付增加
以"保险合同订立"时间为划分依据		
投保时期	目标	主要表现
事（保险合同）前道德风险	骗保	隐瞒重要信息以获取合约
事（保险合同）后道德风险	骗赔	故意或疏忽影响保险事故发生概率

在农业保险中，如果以"保险合同签订"时间作为划分依据，则信息不对称风险多发于损失产生之前，主要表现为两种情形：一是农户投保人在签订保险合同之前隐瞒信息；二是为获得高额保险金赔付采取增大风险行动或为节省费用在防范措施上不作为等利己行为。"事前道德风险"的重要表现即在于不遵守最大诚信原则，对于涉及承保与否的重要事实不如实告知（Representation）；而"事后道德风险"更多体现在保险事故发生后农户投保人减损动机的变化，如合同签订后疏于标的管理甚至故意制造保险事故骗取保险金等。比如，蔬菜种植户未投保之前合理安排种植密度和品种、自费购进遮阳网覆盖以降低叶面蒸腾量且在连续降雨和洪涝过后采取植株松土等减损措施；但在投保之后，因灾害事故发生可获取保险赔付，从人力、物力的成本方面考虑很可能不再采取主动防损措施，保险事故发生概率增加。有证据显示，由于台风影响地区极易遭遇连续强降水、大风天气过程，菜田被淹、棚室坍塌损失事故频发，未参保农户在采取施救措施方面主动，而较多已投保农户则不主动施救或疏于标的管理。究其根源，即在保险合同签订后，无论施救与否只要造成合同约定损失均可获赔，而施救则不可避免地形成成本开支。

如果以"保险事故发生"时间作为划分依据，"事前信息不对称风险"指保险事故发生前对施救减损动机可能造成的影响。比如，农户投保棉花保险，在遭受涝渍灾后因知道损失可以获赔而不及时排除积水、扶理倒伏棉株；也不主动追肥、化控和及时修棉，因此，尽管棉花地上部器官向根系供氧能力可以重新恢复，可以降低损失，但由于信息不对称引发施救减损不作为的道德风险，导致棉花标的全损。这种静态"事后道德风险"通常体现在农户遭遇洪涝、干旱、低温冷害、冰雹、沙尘暴等气象灾害事故后不采取施救行动，或在遭受各种病虫草灾损失后不作为等方面。

从经济学角度来看，在信息不对称情况下，逆向选择和道德风险均符合农户个体行为理性，但这种破坏性显而易见。本章试就以下几个问题展开探索：①不同风险契约集合农业保险"柠檬市场"低风险农户挤出行为理性；②基于"信号传递模型"的农业保险公司"选择性供给"与"隐性拒保"行为理性；③保险事故发生后农户投保人防灾减损缺失与保险公司"机会主义"行为理性；④信息不对称约束下的可行性对策及建议。

第二节 不对称信息约束下"柠檬市场"低风险农户挤出行为理性

信息经济学认为，市场交易双方占有信息通常处于不对称状态，从自身利益最大化出发，信息充足方很可能损害他方利益，信息不对称风险因此发生。社会分工使不同行业信息差别明显，信息优势或劣势各异，信息不对称因此成为一种普遍而长期的经济现象，不仅存在于有形商品市场中，无形商品市场也时常发生，保险市场即为一种典型的信息不对称市场。在农业保险市场上，由于交易双方信息不对称和市场价格下降很可能产生的"劣质品"驱逐"优质品"现象，进而导致整个市场交易保险产品质量下降，这种多由事前信息不对称导致的风险，也称为"逆向选择"。

目前农业保险多为政策性传统保险，主要包括作物保险、畜禽保险等直接成本补偿传统险种，逆向选择问题普遍存在。农户事前信息不对称可能发生的逆向选择风险一般表现为农户投保人利用己方信息优势与保险公司签订保险交易合同，己方受益而导致对方受损的理性行为选择。最为常见的结果是保险人无法对承保风险分类，也无法根据公平精算原则为不同风险农户设计差异性保险费率，造成风险水平与保险费率不相匹配。比如，低保险费率对于高风险农户有利，此类人群农业保险参保积极性、主动性强；但对于低风险农户很不公平，因此可能拒绝购买而退出市场，形成"次品"驱逐"优等品"的柠檬市场。所谓柠檬市场，也称为"次品市场"，源于美国俚语中作为次品或不中用东西的替代称呼："柠檬"，通常指由于卖方对产品质量拥有更多信息而发生逆向选择，导致市场萎缩甚至消失的情形。根据这一释义，"农业保险柠檬市场"应指由于信息不对称使高品质商品为劣等品所取代的情形。这里"高品质商品"可以理解为事故发生概率较低的风险单位集合，而事故发生概率较高风险单位集合则为"劣等品"。当农业保险市场上充斥大量高风险单位集合时，为避免识别错误而降低经营利润，保险人将倾向于提供与"劣等品"（高风险农户人群）相匹配的保险费率，低风险农户人群（高品质商品）因费率不公平而选择退出市场。一般情况下，导致"柠檬市场"形成的信息不对称风险有两种情形：一是源于不同地区的信息不对称风险；二是源于不同农户的信息不对称风险。Gunnsteinsson（2012）在对菲律宾大米保险市场信息不对称风险的相关研究中发现，农户在以耕地为保险标的进行投保时，通常会利用保险公司对如土壤、气候、植物种类或养殖风险损失等私人信息不了解优势，有选择性地对可能遭受自然灾害或人为灾害损失更为严重的耕地进行投保，导致保险公司赔偿风险大幅提升。下面我们就信息不对称约束下两类风险程度保险契约集合进行比较分析，以揭示农业保险"柠檬市场"的形成机理及主体行为理性。研究假设如下：

第一，假定农业保险市场需求者由两类人群组成：一类为事故发生概率较高的风险单位集合π^g，另一类为事故发生概率相对较低的风险单位集合π^d。

第二，假定两类人群初始资产为W_o，在农作物、饲养畜禽等保险事故发生时的损失值L金额相等。

此时"低风险人群"购买农业保险的期望效用可表示为：

$$E[u(W^d)] = \pi^d \cdot u(W_o - P^d - L + I^d) + (1 - \pi^d) \cdot u(W_o - P^d) \qquad (4-1)$$

其中，I^d表示根据相关合同约定保险公司对低风险人群应提供的保险金赔付；L表示农户风险类型，与损失值无关；$u(\cdot)$表示与农户资产相关联的风险效用函数；W_o表示与农户风险无关的初始资产，是一个外生变量；P^d表示低风险农户人群缴纳保费金额；π^d表示低风险农户人群事故发生概率。函数表达式可表示为：

$$W_1^d = W_o - P^d - L + I^d \qquad (4-2)$$

$$W_2^d = W_o - P^d \qquad (4-3)$$

通过微分为零，可画出信息不对称约束下不同风险契约的等期望线集合示意，如图4-1所示。

$$dE[u^d] = \pi^d \cdot \frac{\partial u}{\partial W_1^d} \cdot dW_1^d + (1 - \pi^d) \cdot \frac{\partial u}{\partial W_2^d} \cdot dW_2^d = 0 \qquad (4-4)$$

在图4-1等期望效用线中，$E\overline{U^d}$斜率为：

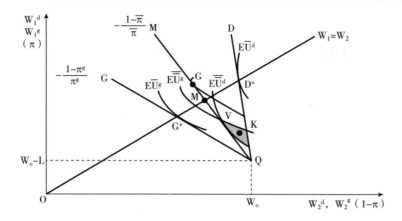

图 4-1　信息不对称约束下不同风险契约等期望线集合

$$\frac{dW_1^d}{dW_2^d} = -\frac{1-\pi^d}{\pi^d} \cdot \frac{\partial u / \partial W_2^d}{\partial u / \partial W_1^d} = -\frac{1-\pi^d}{\pi^d} \cdot \frac{u'(W_2^d)}{u'(W_1^d)} \qquad (4-5)$$

斜率 $E\overline{U}^d$ 的经济学含义可解释为两类风险人群最终资产的相互边际替代率。根据这一结果可以求得高风险人群等效用曲线斜率，也是两类风险人群最终资产的边际替代率，其函数表达式可表示为：

$$\frac{dW_1^g}{dW_2^g} = -\frac{1-\pi^g}{\pi^g} \cdot \frac{\partial u / \partial W_2^g}{\partial u / \partial W_1^g} = -\frac{1-\pi^g}{\pi^g} \cdot \frac{u'(W_2^g)}{u'(W_1^g)} \qquad (4-6)$$

根据研究假设，高风险人群事故发生概率一定会显著超出低风险人群，即有 $\pi^g > \pi^d$，从等期望曲线来看，高风险人群较低风险人群走势相对平坦，因此，高风险人群等效用曲线与低风险人群等效用曲线只能有一个交点，该情况被称为"单交条件"，也称为"Spence Mirrless 条件"。

从安全线 $W_1 = W_2$ 上可以看出两类人群等期望曲线斜率不相等。若两种状态下最终资产相等，则会有边际效用相等，方程（4-6）因此可简化为：

$$\frac{dW_1^d}{dW_2^d} = -\frac{1-\pi^d}{\pi^d}, \quad W_1^d = W_2^d \qquad (4-7)$$

假如两类人群事故发生率均为可共享公共信息，那么，保险公司可以根据其概率进行保险契约设计并决定产品供给，在不考虑附加费用情况下，两类风险人群均将获得完全保险。图 4-1 中 G^+ 和 D^+ 分别表示保险公司对高风险人群和低风险人群可提供的最优保险契约集合。在农业保险市场上，其他竞争也会根据公共信息 π^g 和 π^d 对两类风险人群事故发生概率进行评估，并以此为依据设计可匹配保险契约，此时，G^+ 和 D^+ 点达到帕累托最优状态，所有风险人群都将实现最优目标谋求。

为简便起见，这里我们仅讨论信息不对称的条件下垄断保险公司决策，市场竞争情形下的保险公司状况加入其他约束条件即可。在不对称信息条件下，保险公司不能知道"高风险"和"低风险"两类人群事故发生概率，通常根据两类人群数量之比 $g/(1-g)$ 估计事故平均发生概率，因此有：

$$\bar{\pi} = g \cdot \pi^d + (1-g) \cdot \pi^g \tag{4-8}$$

在无法获得更多信息状况下，农业保险承办公司会对两类风险人群按照相同保险责任、相同保费以及相同保险金额承保。

假定保险公司以 $\bar{\pi}$ 概率收取保费，且同时根据合同约定理赔；则应有 $1-\bar{\pi}$ 概率未能收取保费，且同时未发生保险金赔付支出。鉴于保费收缴对保险运营成本 C 的补偿价值，保险公司期望利润 E［G］必定满足等式条件：

$$E[G] = \bar{\pi} \cdot (P-I) + (1-\bar{\pi}) \cdot P - C = 0 \tag{4-9}$$

$$dE[G] = \bar{\pi} \cdot (dP-dI) + (1-\bar{\pi}) \cdot (dP) = 0 \tag{4-10}$$

将农户投保人 $W_1 - W_2$ 空间曲线与等式（4-10）同时考虑进来，与方程（4-6）和方程（4-7）比较，可得出：

$$dP - dI = -dW_1; \quad dP = -dW_2 \tag{4-11}$$

在保险事故未发生状态下，保费缴纳意味着农户家庭财富减少；但在保险事故发生状态下，保费缴纳则意味着可获得理赔而弥补家庭财富损失。将等式（4-9）代入等式（4-10）可得到：

$$dE[G] = \bar{\pi} \cdot (-dW_1) + (1-\bar{\pi}) \cdot (-dW_2) = 0 \tag{4-12}$$

在 $W_1 - W_2$ 空间上有斜率：

$$\frac{dW_1}{dW_2} = -\frac{1-\bar{\pi}}{\bar{\pi}} = -\left(\frac{1}{\bar{\pi}} - 1\right) \tag{4-13}$$

从式（4-13）可以推断，如果农业保险承保公司对高风险与低风险农户人群提供无差异保险契约，曲线斜率将处于两类风险人群之间，可以此判断"逆向选择"行为理性下保险公司与农户投保人之间的关联（见图4-1）。

由于 $\dfrac{1-\pi^g}{\pi^g} \leqslant \dfrac{1-\bar{\pi}}{\bar{\pi}} \leqslant \dfrac{1-\pi^d}{\pi^d}$，高风险农户人群保险曲线 QG 最为平坦，低风险农户人群保险曲线 QD 最为陡峭，两者相交于保险契约曲线 QM 的中点。

当事故发生概率 π^g 和 π^d 均为农户个体掌握的私人信息时，保险公司在信息不对称条件下，只能根据两类人群数量之比 $g/(1-g)$ 估计事故平均发生概率 $\bar{\pi}$，并在此基础上沿着零期望利润保险曲线 QM 制定无差异保险契约。当保险公司与农户订立的是完全保险契约时（交于图 4 - 1 中点 M），保险公司期望利润为零，此时高风险农户将获得期望效用超出该群体风险水平的保险契约 G^+，因此投保积极性、主动性较强；相反，低风险农户从该契约中获得期望效用甚至低于未投保时，因此缺乏积极性而退出。当低风险农户陆续退出后，农业保险市场留存均为高风险人群，根据保险"大数法则"，低次品保险契约可能产生负期望利润。从利润谋求目标出发，保险公司必然提高保费或降低保险金给付，这一经营方式的直接结果就是现有留存高风险人群中相对较低风险农户也会退出，最终陷入一种恶性循环，导致农业保险市场"逆向选择"现象频繁发生。

很显然，保险公司通常不会满足于零期望利润，正期望利润保险曲线有两种走势：一是平行或处于 QM 下方，二是由 QM 绕 Q 左旋形成。这种曲线图形表明更多低风险农户将退出市场，下面我们对零期望利润保险曲线 QM 进行考察。

假定保险公司在保险曲线 QM 上并非提供单一保险契约 M，同时也提供其他类型保险合同，那么，可能出现以下两种情形：

（1）高风险农户人群一般采取过度投保策略。保险曲线 QM 显示为此类高风险农户人群提供"超额优惠"的投保条件，即最终以 G 最优契约签订而达成交易（见图 4 - 1）。

（2）低风险农户人群多实施不足额投保策略。图 4 - 1 中保险曲线 QM 的点 V 表明，当对此类农户人群提供非公平保费时，其结果即低风险人群部分退出保险市场。

鉴于上述两类保险合同均满足零期望利润条件，保险公司因此可接受高风险农户人群过度保险，此类人群将因此不当获利。与此同时，保险公司为保证既定利润通常会采取某些措施以约束道德风险产生。从另一个角度来看，一旦农户主动选择 G 作为最优契约，则意味着具备高风险人群属性，保险公司不愿意提供 G 保险契约，而只接受以 G^+ 保险合同承保。鉴于保险合同 V 较 G^+ 能为高风险人群带来更高保障期望效用，在信息不对称状况下，高风险人群会伪装为低风险人群而选择以保险合同 V 进行投保。因此，图 4 - 1 中点 V 表明，在非竞争保险市场上保险公司会为两类人群提供相同保险合同，此时无论是高风险农户人群还是低风险农户人群，均只能获得不完全保险。

从上述分析可推断，在信息不对称农业保险市场上，保险公司多根据风险和预期损失概率厘定保费，通常以被保险区域历史风险水平为依据，应用保险"大数定理"进行估算，该费率一般处于与"高风险"和"低风险"匹配区间。但是，作为理性"经济人"的农户很快会发现这种费率不公平。"高风险人群"很愿意接受这一费率水平，而"低风险人群"则通常会以与其风险不相匹配为理由拒绝这一高水平费率。对于农户而言，仅对农业生产及信息有丰富了解，但并不清楚保险产品的真正价值，即对于农作物、饲养畜禽在标的损失后可获得补偿以及能否真正满足风险保障目标期望没有确切理解，只是以市场平均价格为依据进行判断。此外，即使农户投保人最终达成合约，但由于合约多建立在对合同内容缺乏充分了解基础之上，因此购买产品并不切合需求，尤其是在受保险中介误导的情况下，退保、赔偿纠纷等情况频繁发生。可见，保险意识与保险专业知识不足可能使农户投保人在难以分清真实价值的情况下只愿意支付低水平费率，保险公司承保风险不断上升，只能不断提高保险费率，低风险优质客户被挤出的"柠檬市场"形成。

第三节 不对称信息条件下保险公司"选择性供给"与"隐性拒保"行为理性

保险是一门专业性和技术性很强的学科，深入了解必须系统性学习。而保险公司作为保险业务经营者，拥有大量专业人才，业务知识与实践经验均相当丰富，在保险交易时通常占据绝对优势地位。而农户作为投保人显然处于劣势，对于保单了解基本源自保险人宣传介绍，对保险通常只有直观且片面的理解。因此保险契约也被称为"超级附合契约（Super – adhensive Contract）"，这是一种建立在屈从于由强势一方提出的以及被模糊理解的不公平的契约条款，信息不对称十分明显，保险人因其信息优势而得以采取选择性供给或隐性拒保等行动。

在保险经营活动中，这种信息不对称很可能带来"事前信息不对称风险"。即保险公司依靠对保险产品、农户风险信息了解的优势，根据"大数法则"尽可能与低风险农户签约，且拒绝为信息未知或已知高风险农户提供风险保障，这是由保险人有选择性地为低风险人群承保能获得更多利润所决定的。但是，随着低风险人群这一高品质风险单位的逐步退出，而保险公司对于"高风险、高成本、高回报"险种设计推广明显缺乏积极性，隐含拒绝提供风险保障或仅针对规模化风险单位有选择性地提供保险服务，所以农业保险风险保障质量水平不可避免地持续下降。长此以往，真实价值处于平均费率以上的风险单位人群必然退出市场，保险市场上留存的均为高风险人群，这种低品质标的使保险人缺乏提供满意风险保障的动力。

本节试应用"信号传递模型"，就事前信息不对称条件下保险人可能做出的"选择性供给"或"隐性拒保"行为进行经济学分析。这里所谓"信号传递模型"（Signaling Model），其实质是一个动态不完全信息对策模型，由经济学家迈克尔·斯宾塞（A. Michael Spence）提出。在该模型中，通常由"信号发出者"与"信号接收者"两方构成。前者拥有一些后者所不了解的信息，如效用或支付等重要信息。这种动态不完全信息对策可分为两个阶段：

第一阶段，"发出者"向"接收者"发出一个信息或一个信号（Signal）；第二阶段，"接收者"在收到信号后做出一个行动。此时交易双方效用兼有私人信息与信号两种内涵，同时也成为"接收者"选择其对策与行动的函数。在此过程中，"接收者"只能看到信号，对于"发出者"所拥有的私人信息并不了解。该模型的关键在于不同行为人即使发送相同信号其成本支付也各不相同，正是基于这种成本差异，信号传递才较好地保证了有效性。换言之，A. Michael Spence"信号传递模型"的核心即在于"信号传递成本"。

在信息不对称的情况下，低风险农户人群被迫承担信息未知带来的高费率，且只能获得不完全保险契约。但在某种情形下，该人群可向保险公司提供某些可显示其类型的信号，此信号通常源于保险公司"接收者"在险种设计上的约束条件。如防灾防损条件、灾后施救须履行责任或针对某些特殊农作物或特色水产品设置的一个免赔期等。就低风险农户而言，损失不确定性与保险公司厘定费率相匹配很容易；但对于高风险农户来说，由于可能隐瞒某些风险，导致实际损失与费率匹配可能需要支出更高成本，两者的损失赔偿待遇等同显然不公平。可见，在农业保险市场上，农户风险不会自然显示，但保险公司必须针对不同风险程度采取不同水平费率，才能够使保险市场供给效率实现最优。例如，根据一般通识可知，农业现代化水平和文化程度较高的农户遭遇风险损失的概率一般较低，此时有关"规模化程度""现代农机配备"及"学历水平"就成为向保险公司发送的信号，该组评价指标的衡量并不代表此类农户人群生产风险低下，但它可以向保险公司"示意"或"发出信号",表明自己是低风险人群,为低风险单位集合,应当对其提供低费率保险契约。换言之,在农户"自然"地选择了投保人类型 π^j (j = 1, …, k) 之后,即发出与其相匹配的信号,保险公司根据这些信号判别类型,并由此设计一组具有针对性的保险契约供其选择,实现双方共赢。

现假定有信号空间 Y = {y},当信号空间与农户投保人类型空间重合时,有 Y = $\prod$,此时空间信号元素与空间农户类型元素形成一一对应关系,称之为"直接显示"。可视为农户向保险公司直接告知自己所属的类型,即自己归属于高风险或低风险人群。与此同时,肯定存在高风险农户为谋取超额利益向保险公司提供虚假信息,显示自己为低风险者的情形。此时空间信号与空间农户风险类型的重合,称之为"间接显示"。在系统实施信号导入后,保险公司通常根据所获取的信号设计保险合同,意味着 ∀y∈Y 有指定契约(P(y),I(y)),这种空间信号在空间契约上的映射,被称为"显示机制"。

在信号空间与类型空间重合时(直接显示),可视为农户投保人向保险公司宣称自己的类型 $\tilde{\pi}$。在直接显示机制下,此类人群可以从保险公司获得契约(P($\tilde{\pi}$),I($\tilde{\pi}$))。根据合同约定,保险公司要求农户投保人缴纳保费 P($\tilde{\pi}$),保险事故后可获得偿付 I($\tilde{\pi}$)。实践表明,直接显示机制下的保险公司面临的核心问题是如何让投保人说真话,即从发出信号中准确判断其归属类型。可见,保险公司契约设计必须充分考虑的有两种情形:

第一种情形:信号空间与类型空间重合。该情形意味着在直接显示机制下,投保人向保险公司宣称自己归属于 $\tilde{\pi}$ 类型,且可从保险公司获得保险契约(P($\tilde{\pi}$),I($\tilde{\pi}$))。即保险公司要求农户缴纳保费 P($\tilde{\pi}$),当保险事故发生时可获得保险金偿付 I($\tilde{\pi}$)。如果要让农户投保人尽可能释放出其真实类型的相关信息,保险契约应满足以下两个条件:

$$\pi^d \cdot I(\pi^d) - P(\pi^d) \geq \pi^d \cdot I(\pi^g) - P(\pi^g) \tag{4-14}$$

$$\pi^g \cdot I(\pi^g) - P(\pi^g) \geq \pi^g \cdot I(\pi^d) - P(\pi^d) \tag{4-15}$$

第二种情形:信号空间与类型空间未能重合。该情形表明农户投保人存在选择信号的可能,即可能从自身利益出发释放出虚假信息。在保险公司设计好显示机制后,π 类型农户投保人会发出最有利于自身的信息 y^+(π),在 ∀y∈Y, y≠y^+ 情况下,有下列不等式成立:

$$\pi \cdot I(y^+(\pi)) - P(y^+(\pi)) \geq \pi \cdot I(\pi) - P(\pi) \tag{4-16}$$

根据"信号显示原理"（Revelation Principal），在任何一个信号空间上获得的保险契约空间映射均可转化为直接显示机制。因此，在此情形下保险公司仍然可以为所有农户投保人提供一组简单保险契约，以满足不同风险类型农户的需求，且从显示信号中获得相对准确信息。证明过程如下：

假定复合映射$\pi \rightarrow (P(y^+(\pi)), I(y^+(\pi)))$本身即为一个直接显示机制。

对于$\forall \pi' \in \prod$，$\pi' \neq \pi$，其最佳信息为$y^+(\pi')$；

如果有$y^+(\pi') = y^+(\pi)$，则有：

$$\pi \cdot I(y^+(\pi)) - P(y^+(\pi)) = \pi \cdot I(y^+(\pi')) - P(y^+(\pi')) \qquad (4-17)$$

因此，当$y^+(\pi') \neq y^+(\pi)$时，根据不等式（4-16），有不等式（4-18）成立：

$$\pi \cdot I(y^+(\pi)) - P(y^+(\pi)) \geqslant \pi \cdot I(y^+(\pi')) - P(y^+(\pi')) \qquad (4-18)$$

为简便起见，研究仍假定只存在两类投保人，即高风险农户人群π^g、低风险农户人群π^d，低风险人群与高风险人群数量之比为$g:(1-g)$，且这些均为公共信息。根据信号显示原理，我们只需考虑直接显示信息即可。保险公司可根据两类投保人给出的信息进行核保，并在此基础上做出"承保"或"拒保"决定。其流程如图4-2所示。

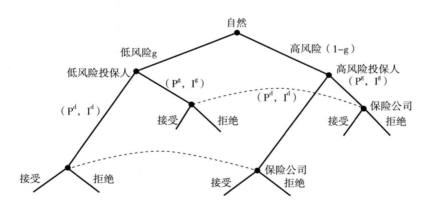

图4-2　信息不对称条件下保险人承保决定

在信息不对称的情况下，农业保险高风险和高成本使保险公司可能面临负预期。为避免高风险农户驱逐低风险农户的"柠檬市场"形成，保险公司可以采取两种方式：一是对不同类型农户实行差别费率，但机会成本较高；二是保险公司选择不承保，则预期收益为零。当保险公司使用与农户人群风险相匹配的差别费率时，源于"高风险"农户的预期收益为零，源于低风险农户的预期收益也为零，则保险公司预期收益为 $0-C$。如果此时保险公司采取"选择性供给"和"隐性拒保"，就意味着无须付出成本 C 即可准确识别"高风险"和"低风险"两类农户。此时即使保险公司账面预期收益为零，实际上可视为已获得成本 C 的现实收益。由此可见，鉴于保险公司需付出巨额成本才能获取相对完善信息，因此在承保与否的权衡上，通常会理性选择"不承保"，该决策暗含"选择性供给"和"隐性拒保"行为理性。

这里所谓"选择性供给"，表现为尽可能留存低风险农户而排斥风险未知农户，是一种消极承保行为；而所谓"隐性拒保"，则是通过严格审核承保环节将高风险农户剔除。例如，在农户投保人提出要约后，保险人严格审核环节，制定更为苛刻的承保条件以减少接受投保人申请或承担保险责任。在缺乏保险基本知识且风险认知不充分的条件下，农户会因此降低投保热情，采取观望甚至敬而远之的态度，此时"选择性供给"和"隐性拒保"目标实现。就此意义而言我们可以认为保险公司利用自身信息或专业优势采取"选择性供给"或"隐性拒保"，能较好地规避高风险劣质客户可能带来的巨额赔付，有利于保证保险公司偿付能力充足。但与国家财政补贴初衷相悖离，且在一定程度上加剧农业保险供求"双冷"市场失灵，影响农业保险健康稳定发展。

第四节　不完全信息条件下农户投保人防灾减损缺失行为理性

在信息不对称的情形下，因不了解农户家庭信息而无法观察农户投保人行动或监督成本过高有损业务利润，保险公司总处于被动状态，因此农户得以实施信息欺诈或其他不当利己行动。其中，"防灾减损"是道德风险的一个重要表现。所谓"防灾减损"，是指保险公司对其所承保标的可能发生风险的识别、分析和处理，以防止或降低灾害事故发生损失的工作，一般分为"防灾"与"减损"两个环节。前者是一种"有计划的事先行动"，是为降低风险发生频率、减少风险损失机会而采取的各种措施，如防火、防汛、防爆、防震、防污染等。在"防灾"环节上可能产生的道德风险包括两大类：一是农户不诚实或故意欺诈而发生的保险事故；二是农户对标的保护不力而造成的事故。而在"减损"环节上可能产生的道德风险也包括两大类：一是农户灾后发生恐慌而报告虚假损失以骗取保险公司赔偿，如放弃或减少防灾减灾生产管理措施、缩减农业金融投资、增加动植物保险标的流失程度等；二是农户以破坏行为或不作为增加标的可能发生损失的风险，以信息欺诈获得保险公司超额赔偿。一般在灾害发生后，保险公司查勘人员和农业部门会组成查勘小组，以县为单位对区域内的乡镇进行普查，在对受灾情况基本了解的基础上选择重点乡镇进行勘查，并以此确定损失程度及保险金额。由于机会主义动机的存在，受灾情况严重的乡镇通常会出现虚报或扩大损失的道德风险，且因作物和饲养动物的损失很难精确量化，在保险金赔付与受灾损失相差不大的情况下，保险公司审核很难发现问题。2014 年，人保财险公司就发生了在农作物种植险中由村组代农户缴纳保费的问题，之后通过理赔时编造保险事故或扩大部分农户损失程度申请理赔，将取得赔款用于返还代垫保费或村组工作经费。这是典型的事后道德风险，由利益集团损人利己的动机所导致。Just 和 Calvin（1990）的实证研究结果证实，当农作物实际产量低于预期产量时，道德风险发生的概率大增。如减少标的风险防范支出、不积极施救等。

事实表明，农业保险中防灾减损行为的缺失在很大程度上源于市场信息不对称。部分学者对此持保留意见，认为只要监管到位就能解决该难题；但大多数学者认为，无论何种施救与风险防范措施都会在不同程度上增加机会成本，作为理性"经济人"的农户因此会尽可能降低防灾减损资金的投入。比如，保险事故发生前回避防灾投入、保险事故发生后缩减施救费用等。对于保险公司而言，因无法观察到农户投保后的个人行为，无法及时掌握信息欺诈情况，因此在承担正常风险之外还需承担额外赔付，尤其在投保人不履行合同或故意制造事故的情况下，保险公司明显处于交易不利的一方。下面我们就信息不对称导致农户防灾减损动机缺失的相关问题进行经济学分析，试解释这一行为理性驱动机理及行为规避方式。现提出假设如下：

第一，农户实施事前防灾或事后减灾措施可以达到降低损失的目标，但需付出一定数额成本。

第二，农户防灾减损成本由"防灾机会成本"和"施救减损成本"两部分构成，其中，防灾机会成本为 β，施救减损成本为 ε。

第三，假定农户农业生产有"损失"和"无损失"两种状态，当保险事故发生概率从 ρ_1 减小到 ρ_0 时，保险公司将根据农户是否采取防灾防损措施做出承保决定。

第四，假定农户投保人防护措施程度为 V 时，价格为 1，防灾防损成本因投入支出差异而有所不同。当损失发生概率与 V 呈负相关时，有：

$$0 < \pi(V) < 1, \ \pi'(V) < 0, \ \pi''(V) > 0, \ \pi(0) = \bar{\pi}, \ \pi(\infty) > 0, \ V \geqslant 0$$

$$(4-19)$$

图 4-3 是 π 和 V 之间关系的示意图。当农户不采取防护措施（V = 0）时，损失发生概率为 $\bar{\pi}$，随着风险防护程度提高，损失发生概率快速下降，而后趋于平缓，但始终不会下降为 0。

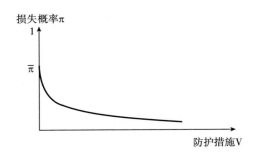

图 4-3　农户防灾减损条件下的边际生产率变动情况

农户效益最大化期望与 V 的关联性可表示为：$E[u(W)] = \pi(V)u(W_0 - V - P(I) - L + I)$。

其中，$u(\cdot)$ 表示一般意义上的效用函数，$u'(W) > 0$，$u''(W) < 0$；；W_0 表示预先确定的农户家庭初始财富；W 表示农户投保决策后的最终家庭财富；W_1 表示保险事故损失 L 发生时的最终家庭财富，W_2 表示保险事故未出现损失时的最终家庭财富；V 表示防护措施程度和费用；I 表示保险金偿付额度，始终有 I ≤ L；L 表示损失，是一个外生变量，P(I) 表示保费交缴值，与农户保险保障度选择呈正相关，有：

$$u(W_1) = u(W_0 - V - P(I) - L + I)\frac{dP(I)}{dI} > 0 \qquad (4-20)$$

当 $u(W_2) = u(W_0 - V - P(I))$ 时，有：

$$\frac{du(W_1)}{dV} = \frac{du(W_1)}{dW} \cdot \frac{dW}{dV} = -u'(W_1), \ u(W_1) \leqslant u(W_2) \qquad (4-21)$$

$$\frac{du(W_2)}{dV} = \frac{du(W_2)}{dW} \cdot \frac{dW}{dV} = -u'(W_2) \qquad (4-22)$$

如果明确考虑 $V \geqslant 0$ 这个条件，那么最优解必然满足 Kuhn – Tucker 条件[①]：

$$\frac{dE[u(W)]}{dV} = \pi'(V) \cdot [u(W_1) - u(W_2)] - \pi(V)u'(W_1) \qquad (4-23)$$

从式 (4 – 22) 来看，可能会出现以下几种情形：

第一种情形：当 $\dfrac{dE[u(W)]}{dV} < 0$ 时，存在一个农户是否采取防灾防损措施的边界。如果农户已购买农业保险，基于成本考虑，防灾减损措施 V 将随着保险保障期望下降而趋于下降，此时最优解在 V 的某个负值处。很显然，防灾减损措施不可能为负数，即 V 具非负属性，最优解因此为 $V^* = 0$。当农户采取施救减损措施时，家庭财富函数表达式为：

$$\overline{W}^{\beta} = (1 - \rho_0)(W_1^0 - \varepsilon - \beta) + \rho_0(W_2^0 - \varepsilon - \beta) = W_1^0 - \varepsilon - \beta \qquad (4-24)$$

当 $\varepsilon = \rho_1 L$ 时，有 $\overline{W}^{\beta} = \overline{W}^{\alpha} - \beta$，可得出 $\overline{W}^{\beta} < \overline{W}^{\alpha}$。

该结果表明，如果农户在保险事故发生后采取施救减损措施，而保险公司仍以风险水平 ρ_1 提供 $\alpha = (\rho_1 L, L)$ 全值保险，那么，农户会理性选择不作为，此时保险市场整体赔付率将会大幅增加，进而可能导致保险公司亏损甚至破产。因此，在风险水平 ρ_3 条件下，保险公司应适当降低费率，使 $\overline{W}^{\beta} > \overline{W}^{\alpha}$ 以提高农户防灾减损积极性。

第二种情形：在 $\dfrac{dE[u(W)]}{dV} = 0$ 条件下，应当存在一个内部解 $V^* > 0$。

如果式 (4 – 19) 中最后两项记为 $E[u'(W)] = \pi u'(W_1) + (1 - \pi)u'(W_2)$，那么，农户家庭财富边际效用期望值为：

$$\frac{dE[u(W)]}{dV} = \pi'(V) \cdot [u(W_1) - u(W_2)] - E[u'(W)] \qquad (4-25)$$

如果保险公司以 β 表示防灾成本、ε 表示施救减损成本，提供完全公平保险 $\alpha = (\rho_1 L, L)$，农户不采取施救减损措施时的家庭财富函数表达式为：

$$\overline{W}^{\alpha_3} = (1 - \rho_1)(W_1^0 - \varepsilon) + \rho_1(W_2^0 + C - \varepsilon) = W_1^0 - \varepsilon_3 = W_1^0 - \rho_3 L \qquad (4-26)$$

---

① 库恩 – 塔克条件（Kuhn – Tucker Conditions）是非线性规划领域里最重要的理论成果之一，是判定约束非线性规划问题的某可行点为极小点的必要条件，亦称"K – T条件"。当讨论规划为凸规划时，库恩 – 塔克条件也是充分条件。

当 $\rho_3 < \rho_1$ 时，有 $\overline{W}^{\alpha_3} > \overline{W}^{\alpha_1}$，保险保障效用有 $U\overline{W}^{\alpha_3} > U\overline{W}^{\alpha_1}$。

从以上论证可得出以下结论：

第一，在保险公司无法取得农户是否付出防灾成本 β、施救减损成本 ε 等真实信息的情况下，农户很可能购买保险且违反投保人防灾减损义务，此时不当获利为 U（$\overline{W}^{\alpha_1} - \overline{W}^{\alpha_3}$）。这种源于信息不对称所诱发的农户防灾防损缺失必然导致保险公司财务状况恶化。若长此以往，保险公司将陷入亏损困境，最终造成农业保险市场萎缩。

第二，如果农户主动采取防灾减损措施，且期望效用 >0，意味着农户在购买农业保险后仍会主动防灾减损。从"投入—产出"角度来看，这是农户作为理性"经济人"的一个悖论，显然不会自发产生。所以为规避道德风险，保险公司须采取某些有效措施以督促农户防灾减损。例如保险合同中设置绝对免赔额、相对免赔额或某种优惠费率等。

第五节　不对称信息条件下保险公司 "机会主义"行为理性

新制度经济学认为，人们所从事的所有经济活动的最终目标都是为满足自身需要，具有追求效用最大化理性，但在资源稀缺条件下很可能产生机会主义。例如，借助不正当手段谋取自身利益，为追求自身效用最大化而不惜损人利己等。在农业保险中，农业风险特殊性与损失发生的不确定性加剧了保险交易双方的信息不对称。掌握信息的一方可通过隐瞒、欺诈等手段获取个人利益，这种个人机会主义行为进一步提高了农业保险资源配置、生产效率，同时也加剧了交易主体不完全理性等各种缺陷，所以保险市场的交易活动也变得更加复杂。

在通常情况下，一般性自利行为多服从和遵守信用约束，而机会主义则更多地表现为信息不对称、蓄意歪曲透露误导以掩盖混淆真实情形等，究其原因，很大程度上源于信息不对称和人的有限理性，也是道德风险产生的重要内生因素。如果说人的有限理性制约了决策的最优程度，而人的机会主义则更多体现在对他人最优决策的影响上。保险市场上不同利益主体需求、信息及资源稀缺性决定了保险交易中可能产生损人利己的动机。在农业保险中，保险公司信息不对称所产生的机会主义行为体现在虚假承保，虚假索赔以及虚假业务资金提取等方面。具体而言，一是虚构虚增保险标的，以同一标的多次投保以骗取政策性保费补贴；以虚假理赔、虚列费用、虚假退保或者截留、挪用保险金、挪用经营费用等方式冲销投保人应缴保费或者财政性保费补贴等。二是在应收保费管理上，有的按收付实现制核算，有的实行账外管理，核算方式的不统一不利于风险管控。三是大多数保险公司实行费用与绩效挂钩的考核办法，规模小且提取费用的基层公司以制造假赔案违规列支费用的道德风险时有发生。

实践表明，保险公司机会主义行为始终存在，制造虚假索赔、虚假承保提取保费、违反合同约定少赔甚至不赔等行为严重影响了保险交易效率。这种有限理性的机会主义产生可归结于以下三个原因：其一，在信息不对称的情况下，农户可能不遵守最大诚信原则如实披露信息、可能利用虚假空洞且非真实承诺谋取个人利益，保险公司由于获取真实信息成本过高而缺乏监督动机，在保险事故发生后极有可能违反合同约定少赔或者不赔，机会主义行为由此产生。其二，为获取高佣金，保险公司业务人员可能利用信息不对称优势向农户提供所谓的"有利补偿"以获取保单。如帮助农户套取与风险不相匹配的保费补贴、使用虚假承保提取保费、虚报索赔以降低保险金支出等。近年来，黑龙江、湖南等省份均出现过多起通过制造虚假农业保险业务虚增赔款、套取资金等机会主义行为，除能繁母猪保险之外，还涉及水稻、棉花等多个品种。其三，保险公司效益最大化谋求与农业保险社会责任目标存在偏离，信息不对称、利益诉求差异等因素决定了保险公司业务经营更倾向于商业公平而非社会公平。这种自利倾向机会主义不同于一般性自利，不仅降低了农户投保人风险保障功能，而且造成了政策性财政补贴资金损失，严重损害农业保险准公共物品作为"社会稳定器"的职能。近年来，人保财险、国寿财险、中华联合财险、安华农险和紫金财险等保险公司均发生严重违规，主要集中在"编制虚假资料"和"未执行备案条款费率"方面。其中以即保即退、循环投保等方式虚增保费，虚增业绩、保费倒挂、套取资金等攫取公司利益的"虚假承保"现象最为常见。在政府监管松散的现阶段，保险公司回避保险金给付、以非法手段套取国家财政补贴等行为未能受到应有处罚，监管部门的这种不作为又进一步强化了保险公司机会主义行为动机，利用不对称私人信息损害他人不当获利风险加剧。

第六节　有关农业保险信息不对称
风险策略应对的几个问题

在有关农业保险信息不对称风险的应对方面，风险区划与费率分区、提高财政对保险费的补贴比例、强制投保、完善社会征信体系、"银保合作"、引入第三方以及运用激励相容契约等，是理论界达成共识的几个基本重要策略。孙贵珍（2019）、廖朴等（2017）指出，广泛开展农业保险风险区划与费率分区、在一定条件下实施强制性投保、调整保险期限，均可在区域风险趋于一致的基础上降低信息不对称风险；林乐芬和何婷（2019）提出可利用相互制保险模式优化信息分配，以"银保合作"提高信息利用效率；胡振华（2021）认为，以第三方介入降低保险交易双方信息不对称是平衡两者间博弈的可行性措施。魏加威（2021）的研究证实，农业保险立法、农户保费补贴、保险公司经营管理成本补贴、损失评估补贴、公共部门再保险等措施能在一定程度上降低信息不对称可能产生的道德风险与逆向选择。本书试借鉴国内外相关研究成果，从差别费率与损失分摊机制设计、保险产品与经营模式创新等方面，就降低信息不对称风险应对策略及可行性路径展开探索。

一、有关"风险分区与差别费率设计"问题

由于信息不对称而难以准确区分高风险与低风险投保人类型，是农业保险"逆向选择"产生的重要原因。国外实践表明，风险分区与差别费率是减轻农业保险信息不对称风险的有效措施，也是降低"逆向选择"发生的基础前提。因此与农户获得一个与自身风险相匹配的不同费率水平能较好地规避信息对称可能带来的道德风险和逆选择问题。所谓的"差别费率"，是指以不同风险水平实施不同费率水平，即在风险分区的基础上精确地识别风险单位，以其差别费率与不同风险相匹配。一方面，进行风险区域划分，通常从三个层面展开：一是以省为单位实施全国到省一级农业风险区域划分；二是以县为单位实施各省到县一级风险区域划分；三是以乡镇为单位实施各县到乡镇风险区域划分，尤其是重点关注地形、气候等地理条件复杂、种养殖业种类较多的县。另一方面，在精确划分风

险区域基础上进行费率分区并细分费率档次，使农户风险与保费负担相匹配。考虑到农业风险复杂多变，风险区划和费率分区重要的数据应在 3 ~ 5 年重新测算，使农户风险与所支付保费相匹配以避免高风险农户不当获利。在信息不对称条件下，保险公司无法了解农户的情况，农户也不会主动将自己的真实风险情况暴露。在风险区域划分基础上设定不同档次"差别费率"，农户可相对准确地推断保险人预期赔付水平；保险人则可根据历史索赔记录制定具有针对性的保险合同，保证保险公平公正的原则，有利于保险当事人双方公平交易。从实践经验来看，差别费率实施有一定难度，且存在一些需要解决的问题。

第一，风险区划成本居高。与一般险种不同，农业保险覆盖地域广，区域环境复杂，根据风险区划厘定保费费率所依据的各项指标信息量大，且收集整理成本高。如湖南省地形有湘南山区、湘中丘陵和洞庭湖平原之分，各区域农作物产品不同，区域之间气候差异显著。比如湘南山区，农户可能在山间河岸平原种植水稻，也可能在山林间种植芝麻、花生等经济作物，出于地形原因，这些种类繁多的农作物种植区域杂糅在一起，差别费率实施需要大量成本支出且信息不对称仍可能导致与目标匹配的偏离。并且，即使差别费率能保证不同风险等级标的受益保障公平，但推广执行成本高，且难以控制防灾防损等事后道德风险的发生。

第二，动植物生长的特别规律增大了保险标的动态风险。在通常情况下，保险合同一经签订，费率和保险条款即不能更改。在农业保险中，种植作物或饲养动物生产周期长且生命性征显著，不同生长阶段风险水平存在差异，不同农作物或饲养动物在不同生长阶段商品价值差异也很明显，标的风险和商品价值变动将极大地影响差别费率的执行。即使能够科学地掌控区域内动植物生长周期及风险水平，农业生产严格的时效性也会使既定保险费率显著变化，这种不确定的动态风险仍可能成为导致道德风险和逆向选择频发的诱因。

二、有关"不同利益主体损失分摊机制"设置问题

根据保险补偿原则，在发生重复保险赔付责任时，保险标的损失赔偿责任在各保险人间进行分摊，以避免被保险人获得超过实际损失的赔偿。为规避信息不对称风险，农业保险公司通常采取"重复保险风险分摊""绝对免赔额设置"的方式进行损失分摊。前者指当被保险人以同一保险标的向两家或两家以上的保险人投保相同保险，且保险金额总额超过保险标的价值时，由所有承保保险公司根据一定比例或责任进行分担的方式。具体包括比例责任制、限额责任制和顺序分

摊制几种形式。其中，比例责任制又称保险金额比例分摊制。指各保险人按各自单独承保保险金额占比对保险事故损失进行分摊的方式，计算公式为：某保险人承担的赔偿责任＝该保险人的保险金额/所有保险人的保险金额总和×实际损失，这种分摊方式于保额相对较低农户更为有利。限额责任制也称为赔款比例分摊制。指保险人承担赔偿责任以单独承保时的赔款额作为分摊比例，而非以保额为基础的分摊方式，计算公式为：某保险人承担的赔偿责任＝该保险人单独承保时的赔款金×所有保险人单独承保时赔款金额总和×实际损失，一般为保额较高农户的优先选择；顺序分摊制指先出单公司在保险限额内赔偿，后出单公司只在其损失额超出前家公司保额时进行赔偿的方式。

这里所谓"绝对免赔额"，是指仅对保险合同约定给付的超出免赔限额的部分进行赔付的风险分摊方式。即当标的损失超过一定金额或比率时保险人才承担赔偿责任，反之不予赔偿。这是为避免保险人独立承担损失责任可能导致投保方风险管理疏忽设定的约束机制，也是保险公司与农户通过利益联结以规避信息不对称风险的一种策略应对。当未达到额定标准部分视为农户风险自留时，农户与保险人之间即产生共同利益关系，保险公司因此可以通过变更免赔条款降低信息不对称所引发的道德风险和逆向选择。根据发达国家经验，如果提高现有免赔率仍不能对投保农户形成足够威慑力，即保险金下降仍无法促使农户加强标的风险管理时，可将免赔率提高到50%，使相关利益主体间损失关联更为紧密，且根据风险等级正向变动制定免赔率方案，随风险等级增加相应提高免赔部分，督促农户主动采取防灾减损措施，尤其是针对高风险农户人群。

实践证明，这种不同利益主体损失分摊机制能较好地控制信息不对称风险的发生，在惩罚投保人未履行其防灾减损或施救义务的同时，维护保险公司正当权益，但仍然存在较多的问题。第一，保险公司从成本出发可能放弃部分监察责任。在全额赔付情况下，保险公司为防止利益受损必定会全力监管农户违规行为。但在"重复保险风险分摊""绝对免赔额设置"等不同利益主体损失分摊机制设置之后，农户防灾防损主动性提升、因疏忽或故意造成标的损毁的违约行为也随之大幅降低，保险公司从降低成本的角度出发很可能放松监管，尤其是在目前对保险公司监管核查约束机制尚不健全的条件下，信息不对称风险仍然抑制农业保险的健康发展。第二，参保机会成本上升可能产生新的信息不对称风险。在限额损失分摊条件下，生产风险转为部分由农户承担，意味着参保机会成本增加。由于风险分摊使保险公司更难获得农户投保人完全风险信息，无法设定一个相对公平的免赔率，高风险农户成为受益者，新的"逆向选择"产生。与此同时，农户为弥补损失可能故意谎报保险事故发生或虚增事故损失程度，引发新的道德风险。

三、有关"保险合同中无赔款优待条款设计"问题

这里所谓"无赔款优待"，是指保险公司根据被保险人索赔记录，对索赔少或无赔款的投保人实施一定程度费率优惠以引导农户主动控制风险、调整保险标的风险水平费率制度，是农业保险中的一种激励机制。在保险责任期满后，如果参保农户无赔款发生，保险公司可将其自交保费部分返还，用于抵交次年续保费，也可在合同到期后对无赔款农户实施保费批减（仅限于农户自缴部分，财政补贴保费不适用该条款，且返还或抵交金额以当年度而非续保年度自交保费为计算依据）。该优待条款适用于三类农户投保人：一是多年连续无赔偿的农户；二是有发生灾害但赔付额度较低的农户；三是产量水平较高且不经常发生事故损失的农户。

2016年，财政部出台《中央财政农业保险保险费补贴管理办法》，其中第十五条明确提出经办机构可以对本保险期限内无赔款农户给予一定保费减免，即采取无赔款优待激励措施。其中，条款明确规定以无赔款投保农户为优惠对象。实际费率调低吸引了更多农户加入，信息不对称风险有显著降低；条款明确规定以次年保费为基数减免优惠，农户因此会从次年保费优惠角度出发增强防灾减损的主观能动性，而不再是只顾眼前利益，有效遏制了信息不对称和道德风险的发生。此外，条款明确不仅对农户自交保费部分给予了优惠，且以财政补贴整体下调费率水平。保险公司尽管以损失部分保费来降低道德风险的发生，但政府财政补贴弥补了保费收入减少的损失，在一定程度上降低了违规监察成本。

这里值得重视的是，"无赔款优待"是对农户事前积极防损的一种激励措施，并不能遏制道德风险的发生，如农户虚假骗保、故意扩大损失以不当得利等。受生物学特性、损失不确定性、地域性、周期性等复杂因素影响，农业保险在标的、权属关系上较一般财产保险更不稳定，作为一种激励机制仅局限于提高事前防灾积极性，于特定道德风险而言缺乏足够控制效率。因此，在无赔款优惠条款设计上，须全面考虑投保人、保险标的及风险等因素，使该激励机制能较好地防范信息不对称所引发的道德风险和逆向选择的发生。

四、有关"指数型保险产品创新"问题

在农业保险市场上，信息不对称使交易双方可利用自身信息优势采取利己行动。农户投保方可利用事前防损和事后减损等信息优势不当获利，而保险方也可利用专业技术、经营地位等信息优势进行虚假承保、虚假理赔或设计利己性合同条款，这些都是传统险种在农业生产这个特殊领域无法应对的问题。美国等发达国家实践证明，指数型保险产品能以其公平、透明的标准化合约较好地抑制信息不对称问题，将可能引发的道德风险和逆向选择合理转移。

在农业保险中，所谓"指数型保险产品"，即将影响农业生产相关的气象条件、区域产量、农产品价格等作为衡定指标依据，再与该区域历史数据一一对应，将灾害损失指数化的一种创新险种。当指数达到赔付要求时，由保险公司根据合约对该区域实行整体赔付，与传统险种有显著差别，如表4-2所示。

表4-2 指数保险与传统保险的区别

	保费制定依据	合约的制定	赔付触发	赔付方式
指数保险	整体的历史数据	标准化、透明化	整体指标	整体赔付
传统保险	平均费率	复杂、繁琐	个体损失	个体赔付

目前适用于农业保险的指数型产品主要有气象指数保险、区域产量保险和价格指数保险等，分别以天气事件、区域产量或农产品价格等为保险标的的标准化合约。由表4-2比较可以看出，指数型保险险种保费厘定无须获取投保人历史数据，只要根据区域历史数据（农作物产量、天气条件和农作物的价格等）测算出与风险指数相匹配的保费水平即可。与传统农业保险产品相比较，指数型保险在规避信息不对称风险上具有显著优势。第一，保险合约具有标准化、透明度高的特征，衡量指标具有客观真实性，基本不会受到人为因素干扰。农户投保人无法凭借其经验及私人信息采取利己行为，自动遵循最大诚信原则；而保险人无法单方面改变合同，有效避免选择性供给、隐性拒保等"逆向选择"问题的发生。例如在天气指数保险中，天气事件由气象部门提供，无论投保人或保险人都只是被动地接收天气信息，信息不完全个体行动负面效应被降至最低。第二，指数型保险赔偿相关条款适用于整个区域标的（如区域产量、气候条件影响、农产品价格），在约定指标条件触发后整个区域采取同一标准赔付。即同一区域内所

有投保人实施相同保费交缴、预期赔偿等待遇，农户个体无法对保险金赔付构成影响，不会因风险类型识别不明而导致"柠檬市场"形成；保险人也无法虚假承保套取保费，无法制造虚假赔付，以少赔或不赔方式骗取政府财政补贴，而只可能出现"零赔款"和"全赔款"两种情形，有效地抑制了虚假承保、虚假理赔、套取资金等道德风险的发生。由此可见，指数保险能利用其特殊优势规避保险交易双方信息不对称风险，以其信息传递的真实性、及时性，从源头上规避道德风险和逆向选择问题。但是，指数保险的特征也使其面临诸多挑战，如指数标准确定、基差风险规避等，如表4-3所示。

表4-3　指数保险的特征及面临的挑战

	特征	面临的挑战
庹国柱和朱俊生（2016）	保险费率低、管理费用低、保险定损简单和保险条款相对简单	
王文静（2011）	合约标准化、透明度高、触发机制简单，市场交易成本低	基差风险、技术难度大
冯文丽（2011）	标准化、透明度高、流动性强	技术难度大、市场认识度低
高蓉蓉（2015）	合约标准化、流动性强、具有再保险功能	市场认识度低

第一，有关"指数标准确定"。在农业保险中，农作物生长受到多个指标共同影响，很难确定哪一个是主要指标，因此很可能导致理赔纠纷。并且，指数产品设计需要建立在完整可靠且准确的历史数据基础之上。如天气指数保险需要足够数量、符合标准气象监测的站点；价格指数保险需要历年市场价格变动数据。很显然，这些在短时期内都难以实现。

第二，有关"基差风险"的冲突。这里所谓"基差风险"，是指在灾害发生时所获得的赔付额与实际损失不相匹配而导致的一种未保险损失。这应当是目前指数型保险发展面临的"瓶颈"问题。根据指数型险种设计原理，指数确定和农户实际损失之间并无直接关联。因此可能出现区域达到约定赔付指数但农户个体遭遇损失程度各不相同的情形。在区域同一赔付标准下，有农户因区域事故遭遇灾害获赔超出其实际损失或未受损失却获赔；也有因区域未达到指数约定标准，农户实际遭遇灾害甚至损失严重却无法获赔或赔偿不足的情形发生。这种"基差风险"体现出明显的不公平性，很可能引发新的道德风险或逆向选择的发生。

五、有关"保险经营模式创新"问题

在农业保险中，所谓"保险经营模式"，是指由保险公司经营方式、农户参保形式、政府职责和作用等多种因素构成的运作模式。作为一种准公共物品，传统农业保险在农户、保险公司和政府三者间相互协调、相互制约，在一定程度上降低了信息不对称风险，但发达国家经验证明，以风险共担、利益共享形成的合作博弈才是从源头上遏制道德风险、逆向选择等信息不对称所导致的风险发生的优势路径安排。如相互制保险模式、银保合作模式、联合共保模式以及强制保险模式等。

第一，从"相互制保险模式"来看，保险会员兼具投保人与保险人的双重身份，经营盈余以续期保费形式返还给投保人，成员间因构成共同利益、相互监督制约关系而能较好地抑制信息不对称风险的发生。第二，所谓"银保合作模式"，即经由银行、邮政、基金组织以及其他金融机构与保险公司合作，通过共同销售渠道向客户提供产品和服务的保险经营模式。鉴于银行业和保险业的优势互补，银行可通过向保险公司收取手续费介入保险业务，可在增加中间业务收入的同时丰富业务品种，减少因业务盈利空间不足所引发的难题；而保险公司则可借助银行的良好信誉、客户众多、网点遍布等资源优势拓宽市场，在信息收集成本大幅降低的基础上完成保险销售。事实表明，银保双方以其相互交融、双向互动、业务渗透实现合作共赢，能从根本上遏制虚假投保、选择性承保等信息不对称风险。第三，"联合共保模式"是政府与保险公司根据一定比例进行联办共保的经营模式，遵循"政府推动、商业运作、节余滚存、风险共担"的原则，能较好地增强抗风险能力，降低政府财政负担。该模式最重要的特征在于提升农业保险自留承保能力，降低再保险成本支出，以稳健经营来降低保险人信息不对称可能引发的道德风险与逆向选择发生。第四，所谓"强制保险模式"，是指将所有农户都强制性纳入农业保险保障体系中，在保险事故发生时均可获赔。该模式覆盖所有农业生产人群，从根本上消除了农户和保险公司对信息的依赖，从源头上遏制了未参保农户"搭便车"的道德风险发生，是一种规避信息不对称风险的优势路径安排。但是，我国地域广阔、农业灾害复杂，基于保险理赔的保险公司盈利空间与政府财政负担考虑，很难对所有农作物或饲养动物标的采取强制投保。

第五章　农业保险"愿望代言人寻租"与
"保险欺诈"道德风险博弈

信息不对称的表现形式是道德风险和逆向选择。这里所谓的"道德风险"并非道德败坏，而是一个经济哲学问题，"道德风险"的概念在农业保险市场中又有不同的界定。国内外学者对道德风险的研究主要涉及道德风险的定义、道德风险是否存在、道德风险的影响、道德风险的成因以及道德风险的控制等方面。其中，国内学者的研究多集中于道德风险影响和应对措施方面，研究方法较多使用实证模型和经济学分析法；国外学者则更多地站在农户角度去分析道德风险及其控制问题。因此，尽管现有研究成果表现出清晰递进方向，但保险交易双方两者兼而有之的研究成果少有涉及。

第一节　农业保险"愿望代言人
寻租"道德风险发生

根据保险合同的相关规定，投保人义务应包括"积极抢险以避免事故蔓延和损失扩大、保护好出险现场并及时向保险人报案"等内容。农业保险是一种典型的不定值保险，保险合同签订时不能确定保险金额，而是以事故发生时保险标的市价为依据确定损失偿付额。在农业保险中，养殖场地和种植保险标的分散，且基层业务人员有限，保险事故发生后的理赔勘察因此多由乡镇农业中心等第三方代理，并以其出具的损失证明作为理赔的重要依据。如生猪（能繁母猪）、肉牛、鸡鸭等养殖保险事故发生后的定损工作，通常是由县镇畜牧兽医技术部门给出判定结论。具体包括畜禽死亡（头/羽）、饲料饲草损失（吨）、栏舍损毁倒塌（平方米）以及直接损失（万元）等；而粮油、经济作物等种植保险事故发生时，则多由基层农业技术部门判定其受灾品种、成灾绝收面积及直接经济损失等。很显然，保险理赔介入的第三方对保险金赔偿额度具有部分决定权。为获得高额保险金，农户投保人很可能设法笼络第三方权利人，因此"愿望代言人寻租"事后道德风险频繁发生。

中国农村社会是一个半封闭熟人社会，非常强调地缘、亲缘关系和谐，农户投保人容易以特定方式笼络定损人员作为自己的愿望代言人，保险事故定损的"寻租"导致事后道德风险的增大。多项研究成果证实，动植物标的损失后农户通常会寻求县镇畜牧、种植技术人员开出尽可能高的损失赔偿额度证明，信息不对称使道德风险增大。下面我们就信息不对称条件下，农户愿望代言人"寻租"可能带来的事后道德风险问题展开研究。

假定灾害事故发生后农户付出更多的成本以获得更高的保险金（t），目标达成时将获得相对较高的保险金赔偿 αlt，其中，l 表示单位赔偿标准，α 表示天气变化所导致的自然灾害和病虫害事故发生时由保险公司承担赔偿的百分比，有 $0 < \alpha < 1$，t 表示作物受灾面积或畜禽病死亡头数，C 表示农户寻求不到合意愿望代言人的成本花费，q 表示徒劳无益概率。

在期望效用最大化始终为农户目标谋求条件下，函数表达式为

$$\max E[u(W)] = q \cdot u(W_0 - C(t)) + (1 - q) \cdot u(W_0 + \alpha lt - C(t)) \qquad (5-1)$$

其中，C 表示寻求合意愿望代言人成本，与需求的赔付保险金 αlt 相关，有 $dC/dt > 0$，$d^2C/dt^2 > 0$；t 表示作物受灾面积或畜禽病死头/羽数量；$u(\cdot)$ 表示农户保险保障效用函数，有 $u'(\cdot) > 0$，$u''(\cdot) < 0$；在 W_0 表示农户未发生保险事故前初始资产情况下，最优的一阶条件为：

$$\frac{\partial E(u(W))}{\partial t} = -qu'(W_0 - C(t))\frac{dC}{dt} + (1-q)u'(W_0 + \alpha lt - C(t))\left(\alpha l - \frac{dC}{dt}\right) = 0$$

$$(5-2)$$

式（5-2）中，第一项表示农户边际成本期望；第二项表示农户边际收益谋求，由自然灾害或病虫害事故发生的保险金赔偿与边际成本之差构成。

下面我们讨论将 da 作为外生扰动变量纳入上式，就保险金赔付比例提高（da > 0）时，农户是否为谋求更多保险金而寻租愿望代言人这一问题进行分析。

农户扰动反应一般从 αlt 变化可以看出。当发生扰动项 da 和农户做出 αlt 反应时，上式等式关系保持不变，两项变动效应之和仍然为 0：

$$\frac{\partial^2 E[u(W)]}{\partial t^2}dt + \frac{\partial^2 E[u(W)]}{\partial t \partial \alpha}d\alpha = 0 \qquad (5-3)$$

从而可得出：

$$\frac{dt}{d\alpha} = -\frac{\partial^2 E[u(W)]/\partial t \partial \alpha}{\partial^2 E[u(W)]/\partial t^2} \qquad (5-4)$$

在优化问题（5-4）达到极大时，必然有二阶条件 $\partial^2 E[u(W)]/\partial t^2 < 0$，此时 $dt/d\alpha$ 取值范围完全取决于 $\partial^2 E[u(W)]/\partial t \partial \alpha$ 的正负取值。此时有：

$$\frac{\partial^2 E[u(W)]}{\partial t \partial \alpha} = (1-q)u''(W_0 + \alpha lt - C(t)) \cdot lt \cdot \left(al - \frac{dC(t)}{dt}\right) +$$

$$(1-q)u''(W_0 + \alpha lt - C(t))l$$

$$= (1-q)u'(W_0 + \alpha lt - C(t))l\left[\frac{u''(W_0 + \alpha lt - C(t))}{u'(W_0 + \alpha lt - C(t))}t \cdot\right.$$

$$\left.\left(al - \frac{dC(t)}{dt}\right) + 1\right]$$

$$= (1-q)u'(W_0 + \alpha lt - C(t))l\left[1 - r(W_0 + \alpha lt - C(t)) \cdot t \cdot\right.$$

$$\left.\left(al - \frac{dC(t)}{dt}\right)\right] \qquad (5-5)$$

式（5-5）中，$r(W)$ 是农户绝对风险厌恶的函数，这里可以分为以下几种情况讨论：

第一，当农户持风险中性偏好，即 $r(W) = 0$ 时，式（5-5）恒大于 0，因此有式（5-4）恒大于 0。这意味着随着保险赔付标准 a 的提高，农户为获得高额保险金可能会极力寻求县镇畜牧、种植技术人员开具高损失证明，此时保险金偿付增加，事后道德风险发生。

第二，当农户持风险厌恶偏好，即 $r(W) > 0$ 时，我们需探讨 $\left(al - \frac{dC(t)}{dt}\right)$ 为正负两种符号时的不同情形。假定 $al = \frac{\partial(alt)}{\partial t}$ 为农户谋求高额保险赔付获得的边际收益，可以发生以下两种情形：

第一种情形：当边际收益 $al = \frac{\partial(alt)}{\partial t}$ 大于相应边际成本 $\frac{dC(t)}{dt}$ 时，有 $\left(al - \frac{dC(t)}{dt}\right) > 0$，此时式（5-5）正负符号不确定，表明道德风险发生与否不确定。

第二种情形：当 $r(W_0 + alt - C(t)) < \dfrac{1}{t \cdot \left(al - \dfrac{dC(t)}{dt}\right)}$ 时，式（5-5）中道德

风险必然发生，即农户为获得超额保险金赔付会尽可能寻求县镇畜牧、种植技术人员作为合意愿望代言人。

从以上分析可得出两点结论：

第一，农业保险灾害事故涉及面广且发生概率高，为尽可能地规避事后道德风险发生，保险公司通常采取第三方介入方法，在一定程度上避免了农户投保人隐瞒真实遭灾情况或损失扩大的道德风险发生。

第二，由于第三方对保险金赔偿额度具有部分决定权，为获得高额保险金，农户投保人很可能会设法笼络第三方权利人，导致事后道德风险发生。其中，在农户持风险中性偏好或某特定风险厌恶偏好情况下，"愿望代言人寻租"所引发的道德风险很难避免。

第二节　农业保险中的保险欺诈测量、识别与防范

所谓"保险"，即指一种集社会互助和科学技术于一体的经济损失补偿制度。根据出险率与损失平均值收取保险费，并以此筹集保险基金用以补偿或给付少数受灾者。鉴于与保险金赔付相较保费只是很少一部分，而保险事故发生时投保人可获取超出数倍的保险金赔付，因此不良动机者很可能恶意利用保险运行这一特殊机制进行保险金诈骗。

农业是自然风险最大且最集中的行业，生产经营活动与自然界联系更为直接，也更为紧密，基于一定地理环境条件下的自然因素影响，农业生产和经营不可能避免遭受不可抗力的影响并产生损失，如干旱、地震、火灾、暴风、暴雨、洪水、霜冻、冰雹、火灾、病虫害等。鉴于农业生产的分散性与农业风险多样性，尤其在法制建设尚不能消除经济犯罪的状况下，农业保险欺诈事件呈逐年上升趋势。投保人（农户）与保险人双方都可能产生保险欺诈，可能使投保方合法权益受到侵害，也可能使保险公司经济利益受到损害。但无论是就哪方而言都严重破坏了保险的公平公正。

在农业保险中，农户故意隐瞒保险标的的真实情况诱使保险人承保或故意制

造或捏造保险事故发生以谋取保险赔付金，属投保方的"保险欺诈"行为；在缺乏充分偿付能力的情况下擅自经营保险业务、利用制定保险条款和保险费率权力诱导农户投保或降低赔偿标准，则为保险方的"保险欺诈"行为，这种行为多源于保险市场准入、保险经营财务活动惩处制度缺失所致。相较而言，保险公司欺诈行为少见，投保人（农户）、被保险人或受益人一方引发的欺诈行为更为常见。

目前国际上"保险欺诈"定量研究包括保险欺诈测量（Fraud Measurement）、保险欺诈识别（Fraud Detection）和保险欺诈防范（Fraud Deterrence）三方面。有关"保险欺诈测量"的研究，其目标在于通过计算虚假索赔比例以度量保险市场欺诈情况；而"保险欺诈识别"的研究，其实质为有效索赔分类机制的探索；而"保险欺诈防范"研究，则涉及与索赔有关的欺诈防范策略问题。下面我们就农业保险中的"保险欺诈"问题进行定量分析，研究目标如下：

第一，有关农业保险中的"保险欺诈测量"问题：研究在约束条件完全相同且信息公开暴露的条件下保险欺诈的临界点判断。

第二，有关农业保险中的"保险欺诈识别"问题：通过对守信者与骗保者的扩展博弈分析，研究保险方根据提供契约类型有效识别骗保者的几种情况。

第三，有关农业保险中的"保险欺诈防范"问题：通过保险审核成本与保险金赔付匹配分析，探讨高额承保成为保险欺诈风险防范策略的可行性。

一、研究假设

第一，假定不同类型投保人（农户）对索赔博弈具有不同偏好，投保方（农户）博弈行动可表示为"欺诈"和"守信"。"守信者"指从来不进行欺诈博弈的人群（偏好为0）；"骗保者"则指实施博弈行动的人群，该比例为ε。

第二，假定两类投保人（农户）（骗保者和守信者）均为风险规避型，且具有相同效用函数$u(\cdot)$、相同初始资产W_0，满足函数表达式$u'(\cdot)>0$、$u''(\cdot)<0$和$u'(0)=\infty$。

第三，假定保险公司行动存在某个临界点，如损失索赔数额上限。当保险公司持风险中性倾向且农户投保人损失发生概率为π时，可能有两种行动："索赔（FC）"和"不索赔（DF）"；保险公司也存在两种行为选择："审核（AC）"和"不审核（NA）"。假定保险公司采取"审核"决策时农户投保人保险欺诈被发现的概率为1。

第四，假定保险市场为完全竞争市场，不存在附加保费，保险金赔偿值为 I，应缴保费为 P，且保费 P 精确地等于事故发生时期望损失与欺诈成本之和。此时保险欺诈成本包括两部分：一部分是投保人（农户）欺诈但没有被发现而获得的"收益"，另一部分是保险公司审核时发生的成本 C，保险欺诈被发现后由农户投保人承担的固定罚金为 K。

二、农业保险中的保险欺诈测量：骗保临界点判断

投保方（农户）与保险方（保险公司）是一种典型的不对称信息博弈，合同双方当事人都可能构成保险欺诈犯罪，通常可分为"夸大损失度型欺诈"和"无损失发生计划型欺诈"两种类型，信息不对称（Information Asymmetric）是保险欺诈产生的最根本原因。实践证明，这一风险的客观存在不但损害众多善意投保人（农户）和被保险人的合法权益，也极大地损害了保险公司经营利润与社会声誉。如若精准防范农业保险中保险欺诈的发生，有必要通过测算对保险市场上欺诈发生的概率进行衡量。下面我们基于"信息不对称"这一约束条件，对农业保险中的保险欺诈临界点取值范围进行估算。鉴于保险欺诈者的终极目标为家庭财富的增加，在农业保险中可体现为保险金赔付与初始保费缴纳两方面。因此，本部分拟通过对潜在骗保者最高保险金额和最小保费期望的测算，推断出保险欺诈临界点的模糊取值范围。

现假定投保人（农户）策略为 θ：$\{0, L\} \rightarrow \Delta\{0', L'\}$，即当保险事故未发生时，申请索赔的概率为 η，保险公司可收到的信息为 L'；此时不申请索赔的概率为 $1 - \eta$，保险公司可了解的信息为 $0'$。相反，当保险事故发生时，假定投保人（农户）以概率 η' 提出索赔申请，以概率 $1 - \eta'$ 不提出索赔申请，此时保险公司策略函数的表达式为 δ：$\{0', L'\} \rightarrow \Delta\{A, N\}$。即当保险公司掌握信息 L' 时，会以 ν 的概率实施审核行动 A，以 $1 - \nu$ 的概率不实施审核行动 N。ε：$\{0', L'\} \rightarrow \Delta\{0, 1\}$ 表示骗保者透露某种信息后保险公司对保险事故发生损失的后验概率。

当损失发生概率为 $\pi < 1/2$ 时，可能达成一个精炼贝叶斯纳什均衡，此时有：

（1）在保险事故发生时，投保人（农户）一定会提出索赔申请，存在 $\theta(L) = L'$。

（2）在保险事故损失未发生时，投保人（农户）会在骗保和不骗保行动选择中采取混合策略，此时 $\theta(0) = L'$ 的概率为 η。

（3）对于不提出索赔申请的投保人（农户），保险公司不予审核，有

$\delta(0') = N$。

（4）对于申请索赔投保人（农户），保险公司在"审核"与"不审核"决定中采取混合策略，此时 $\delta(L') = A$ 存在概率为 ν，有：

$$\eta = \left(\frac{\pi}{1-\pi}\right)\left(\frac{c}{1-c}\right) \tag{5-6}$$

$$\nu = \frac{u(W_0 - P + I) - u(W_0 - P)}{u(W_0 - P + I) - u(W_0 - P - k)} \tag{5-7}$$

保险公司决策可以表示为：$\varepsilon(0) = 1$ 和 $\varepsilon(L) = \dfrac{I-c}{I}$，这里 $\varepsilon(\cdot)$ 表示信息不对称条件下保险公司采取的"审核"与"不审核"决策。在最优策略条件下，可求出保险公司期望利润为 0 时的保费 P，在此保费约定的条件下，只要保险欺诈存在，无论发现与否均会产生审核费用：

$$P = \pi I + (1-\pi)I\eta(1-\nu) + c\nu[\pi + (1-\pi)\eta] \tag{5-8}$$

其中，由投保人（农户）欺诈产生个人成本为：

$$(1-\pi)I\eta(1-\nu) + c\nu[\pi + (1-\pi)\eta] \tag{5-9}$$

式（5-9）中，保险欺诈未被发现而产生的成本在所有保单上的分摊可表示为：$(1 - \pi I\eta(1-v))$；保险公司审核出欺诈时在所有保单上的成本分摊可表示为：$c\nu[\pi + (1-\pi)\eta]$。

下面我们就精炼贝叶斯纳什均衡条件下的"欺诈"与"守信"两类农户人群适用保险契约特征进行分析，对农业保险中保险诈骗者激励相容约束条件下的临界点进行模糊测算。鉴于骗保者（农户）保险事故发生后肯定会索赔，因此，保险欺诈只在事故未发生时才有可能产生。现假定保险事故发生的概率为 π，骗保者实施欺诈的概率为 η，保险公司实施"审计"的概率为 υ。骗保者（农户）实施欺诈时必须满足的函数表达式为：

$$\max_{P,I} E[u(W)] = \pi u(W_0 - P - L + I) + (1-\pi)(1-\eta)u(W_0 - P) + (1-\pi)\eta$$
$$[(1-\upsilon)u(W_0 - P + I) + \upsilon u(W_0 - P - k)] \tag{5-10}$$

$$\text{s. t. } P = \pi I + (1-\pi)I\eta(1-\upsilon) + c\nu[\pi + (1-\pi)\eta] \tag{5-11}$$

$$\eta = \left(\frac{\pi}{1-\pi}\right)\left(\frac{c}{1-c}\right) \tag{5-12}$$

$$\nu = \frac{u(W_0 - P + I) - u(W_0 - P)}{u(W_0 - P + I) - u(W_0 - P - k)} \tag{5-13}$$

从式（5-12）可以看出，投保人（农户）实施欺诈概率 η 随保险金额 I 的变化而变化，但与保费 P 无关；而投保人（农户）被审核的概率 υ 则与保险金额 I 和保费 P 均有较强关联。我们在选择最佳契约（P，I）时，因此必须考虑其决定对索赔博弈影响。从式（5-11）、式（5-12）、式（5-13）可以得出：

$$P = \pi \frac{I^2}{I-c} \tag{5-14}$$

式（5-10）可以简化为：

$$\max_{P,I} E[u(W)] = \pi u(W_0 - P - L + I) + (1-\pi)u(W_0 - P) \tag{5-15}$$

将式（5-14）代入式（5-15）求导，并令其为 0，可得出：

$$\frac{\partial E[u(W)]}{\partial I} = \pi u'\left(W_0 - \pi\frac{I^2}{I-c} - L + I\right)\left[1 - \pi\frac{I(I-2c)}{(1-c)^2} - (1-\pi)\right]$$

$$u'\left(W_0 - \pi\frac{I^2}{I-c}\right)\pi\frac{I(I-2c)}{(1-c)^2} = 0 \tag{5-16}$$

从式（5-16）我们可以得出在保险公司零期望利润的假设下，骗保者最高保险金额 I 的解可表示为：

$$\frac{u'\left(W_0 - \pi\pi\frac{I^2}{I-c} - L + I\right)}{\pi u'\left(W_0 - \pi\frac{I^2}{I-c} - L + I\right) + (1-\pi)U'\left(W_0 - \pi\pi\frac{I^2}{I-c}\right)} = \frac{I(I-2c)}{(I-c)^2} \tag{5-17}$$

左端分母是骗保者（农户）期望边际效用，该取值范围只能为正数，因此必定存在 $I > 2c$，此时保费 P 为：

$$\frac{\partial P}{\partial I} = \pi\frac{I(I-2c)}{(1-c)^2} \tag{5-18}$$

鉴于保费 P 为保险金额 I 的凸函数，因此在 $I = 2c$ 时，保费应为最小值。

由式（5-17）和式（5-18）可求出骗保者最高保险金额和最小保费期望值，根据研究假设，可将其视为潜在骗保者可能实施保险欺诈行为的临界点。

三、农业保险中的保险欺诈识别：守信者与骗保者扩展博弈

假定投保人（农户）在保险公司针对潜在骗保者设计的不同保险契约中可随机选择，农业保险中同一保险市场上的守信者与骗保者的扩展博弈情况如图 5-1 所示。

在完全竞争市场条件下，即保险公司期望利润为零的假设前提下，保险公司将设计投保人（农户）效用最大化契约（P_H，I_H）和（P_C，I_C）。其中，（P_H，I_H）

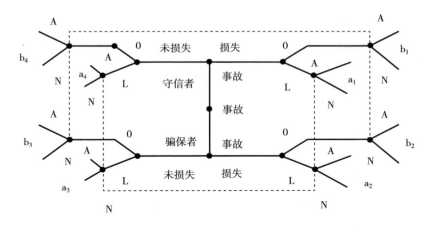

图 5 - 1 同一保险市场上守信者与骗保者扩展博弈

是针对守信者（农户）设计的契约，而（P_C，I_C）则为针对骗保者（农户）设计的契约。很显然，前者为保险市场正常状态，保险公司会尽量最大化此类守信者（农户）期望效用，此时有：

$$\max_{I_H, P_H, I_C, P_C} E[u(W_u)] = \pi u(W_0 - P_u - L + I_H) + (1 - \pi)u(W_0 - P_H) \qquad (5-19)$$

s. t. $\pi u(W_0 - P_C - L + I_C) + (1 - \pi)(1 - \eta)u(W_0 - P_C) + (1 - \pi)\eta(1 - \nu)u(W_0 - P_C + I_C) + (1 - \pi)\eta\nu u(W_0 - P_C - k) \geq \pi u(W_0 - P_H - L + I_H) + (1 - \pi)u(W_0 - P_H + I_H)\pi u(W_0 - P_H - L + I_H) + (1 - \pi)u(W_0 - P_H)$

$$\qquad (5-20)$$

$$\geq \pi u(W_0 - P_C - L + I_C) + (1 - \pi)u(W_0 - P_C) \qquad (5-21)$$

$\pi u(W_0 - P_C - L + I_C) + (1 - \pi)(1 - \eta)u(W_0 - P_C) + (1 - \pi)\eta(1 - \nu)u(W_0 - P_C + I_C) + (1 - \pi)\eta\nu u(W_0 - P_C - k) \geq \pi u(W_0 - L) + (1 - \pi)u(W_0)$

$$\qquad (5-22)$$

$$\pi u(W_0 - P_H - L + I_H) + (1 - \pi)u(W_0 - P_H) \geq \pi u(W_0 - L) + (1 - \pi)u(W_0)$$

$$\qquad (5-23)$$

$$P_H + P_C = \pi I_H + \pi \frac{I_C^2}{I_C - c} \qquad (5-24)$$

$$\eta = \left(\frac{\pi}{1 - \pi}\right)\left(\frac{c}{I_C - c}\right) \qquad (5-25)$$

$$\nu = \frac{u(W_0 - P_C + I_C) - u(W_0 - P_C)}{u(W_0 - P_C + I_C) - u(W_0 - P_C - k)} \qquad (5-26)$$

在通常情况下，在同一保险市场上守信者投保人（农户）与骗保者（农户）的激励相容约束不可能同时成立，这意味着市场均衡中两类契约完全独立。下面我们来讨论达成分离均衡的可能性，即保险公司能否根据保险金索赔偏好识别潜在骗保人群。

假定骗保者（农户）与守信者投保人（农户）可选择的是无差异保险合约，即市场上没有为骗保者（农户）特别设计的契约，该人群数量比例为τ_C。因无法辨别哪些投保人（农户）是守信者，保险公司将无法通过以$P_H = \pi I_H$水平收缴保费而维持保险公司期望利润为零，为避免造成亏损，保险公司将对保险契约风险状况进行审核，审核概率随机，用υ_H（υ_C）表示。由于市场上没有针对骗保者人群订立的特别契约，骗保者（农户）和守信者投保人（农户）均以相同概率采取索赔行动，此时骗保者实施保险欺诈的概率为η_H（η_C）。假定保险事故发生的概率为π，针对守信者设计的保险合约概率为T_H，有：

$$T_H = \frac{(1-\varepsilon)(1-\tau_H)}{\varepsilon\,\tau_C + (1-\varepsilon)(1-\tau_H)} \tag{5-27}$$

在一般情况下，真正完全履行投保人如实告知义务的有以下三种情形：一是投保人（农户）为守信者，且事故真实发生；二是投保人（农户）为骗保者，但保险事故真实发生；三是投保人（农户）为守信者，且无保险事故发生。骗保者（农户）选择两种契约（针对骗保和守信者分别制定）的概率均为$1-T_H$，骗保者（农户）占比为ε，假定两类投保人（农户）均匀地分布，有$\varepsilon = 1 - T_H$。

根据保险最大诚信原则，在自然灾害事故发生后投保方应当履行风险增加告知、重要事实告知等涉及诚信的义务，保险公司以此判断该人群为守信者（农户）或骗保者（农户）。在农村保险市场上，骗保者（农户）与守信者（农户）约束条件几乎完全相同，且效用最大化函数也基本相似，两类人群均可任意选择保险契约，保险公司能获得的信息只有投保人（农户）是否提出索赔申请，其他信息均不能准确获知，因此无法对其属于何种诚信人群做出正确判断。

从图5-1扩展博弈模型中可以看出，为保持零期望利润，保险公司必须在"审核"与"不审核"中做出选择。当投保人（农户）不提出索赔申请时，保险公司选择为：

$$b_1 = 0 \tag{5-28}$$

$$b_2 = 0 \tag{5-29}$$

$$b_3 = \frac{(1-T_H)(1-\eta_H)}{T_H + (1-T_H)(1-\eta_H)} \tag{5-30}$$

$$b_4 = \frac{T_H}{T_H + (1-T_H)(1-\eta_H)} \tag{5-31}$$

当投保人（农户）提出索赔申请时，保险公司可能的选择是：

$$a_1 = \frac{\pi\, T_H}{\pi + (1 - T_H)(1 - \pi)\eta_H} \tag{5-32}$$

$$a_2 = \frac{\pi(1 - T_H)}{\pi + (1 - T_H)(1 - \pi)\eta_H} \tag{5-33}$$

$$a_3 = \frac{(1 - \pi)(1 - T_H)\eta_H}{\pi + (1 - T_H)(1 - \pi)\eta_H} \tag{5-34}$$

$$a_4 = 0 \tag{5-35}$$

保险公司的选择通常会受到投保人（农户）信息传递的影响。当收到索赔申请后，假定"审核"和"不审核"无显著差异，有以下等式成立：

$$(-c - I_H)(1 - a_3) + (-c)a_3 = -I_H \tag{5-36}$$

等式左边代表保险公司采取"审计"行动后的期望收益，等式右边代表保险公司采取"不审计"行动时的保险公司期望收益，解式（5-36）可得到 $a_3 = \frac{c}{I_H}$。结合式（5-34），有：

$$a_3 = \frac{(1 - \pi)(1 - T_H)\eta_H}{\pi + (1 - T_H)(1 - \pi)\eta_H} = \frac{c}{I_H} \tag{5-37}$$

从该函数表达式可推算出骗保者（农户）欺诈索赔概率为：

$$\eta_H = \frac{\pi}{(1 - \pi)(1 - T_H)}\left(\frac{c}{I_H - c}\right) \tag{5-38}$$

此时保险公司针对该人群采取"审核"行动的概率为：

$$\nu_H = \frac{u(W_0 - P_H + I_H) - u(W_0 - P_H)}{u(W_0 - P_H + I_H) - u(W_0 - P_H - k)} \tag{5-39}$$

根据骗保者（农户）与守信者投保人（农户）的博弈策略可得出保险公司在不同情形下的选择，分别表示如下：

$$a_1 = T_H \frac{I_H - c}{I_H} \tag{5-40}$$

$$a_2 = (1 - T_H)\frac{I_H - c}{I_H} \tag{5-41}$$

$$a_3 = \frac{c}{I_H} \tag{5-42}$$

$$a_1 = b_1 = b_2 = 0 \tag{5-43}$$

$$b_3 = \frac{(1 - T_H)(1 - \pi)(I_H - c) - \pi c}{(1 - \pi)I_H - c} \tag{5-44}$$

$$b_4 = \frac{T_H(1-\pi)(I_H-c)}{(1-\pi)I_H-c} \tag{5-45}$$

由此可知：当 $\varepsilon > \frac{\pi}{1-\pi}\left(\frac{c}{I_H-c}\right)$ 时，保险市场中将只会存在一种均衡的汇合契约，且不会随骗保者（农户）比例的变动有所变动。综合上述分析有以下三个推断：

第一，当骗保者与守信者两类人群约束条件完全相同且信息公开暴露时，保险公司无法对其诚信类型进行有效识别，因此无法做出正确的审核行动选择，保险欺诈发生概率增大。

第二，由于不同诚信人群均可获得足额保险，保险人因此无法根据所提供的保险契约类型判断骗保者数量，最优保险契约设计并无抑制保险欺诈事件发生效用。

第三，在精炼贝叶斯纳什均衡策略下，保险金额的提高并不必然带来农户骗保概率的降低，保险公司以此作为审核决策依据缺乏可信度。

四、农业保险中保险欺诈防范：审核成本与保险金赔付匹配

保险关系的确立首先以"要约"表示投保人（农户）的保险意愿，但这并不意味着保险契约关系的自然形成。根据"委托—代理人"（Prineipal - agent）经济学理论假设，为避免保险赔付增加影响利润，保险公司大多采取较为严格的审核方案，但这需要一定的审核成本支出。就某种意义而言，保险公司"承诺"是合同订立的基础，而"审核"则是防范保险欺诈的重要举措。即保险公司通常在对保险标的及被保险人资质审核时，标的可能遭遇风险、损失程度以及被保险人个人信用等情况进行审查之后才会做出承保抉择。在保险欺诈防范上，保险公司通常以保证总成本（保险公司的赔偿和审核成本之和）为最小，因此，研究拟就审核成本与保险金赔付匹配问题展开探讨，以揭示"审核"在农业保险中的保险欺诈防范作用及应用价值。

在农业保险市场上，保险交易双方契约订立和履行可分解为以下五个阶段，如图 5 - 2 所示。

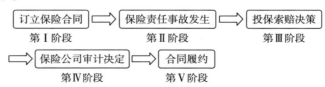

图 5 - 2 保险交易双方契约订立与履行流程

第Ⅰ阶段：保险公司与投保人（农户）签订保险合同，以契约形式规定保险事故发生时保险金赔偿Ⅰ和应缴纳保费P。在完全竞争的条件下，代理人效用最大化契约有唯一解。

第Ⅱ阶段：农户所处地理环境及自然条件决定了是否会发生保险事故，但事故具体信息为投保人（农户）私人信息，其真实情况仅为投保人了解，保险公司处于信息不对称状态。

第Ⅲ阶段：投保人（农户）决定是否向保险公司申请赔偿，可以报告也可不报告。

第Ⅳ阶段：保险公司决定是否对投保人（农户）索赔申请进行审核。

第Ⅴ阶段：保险公司确定保险赔偿及额度，保险契约履行终止。

在上述保险交易双方契约订立与履行流程中，骗保者信息传递与保险公司审核行动如图5-3所示。

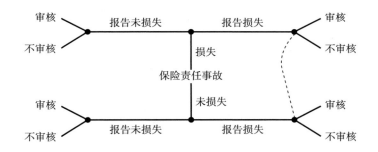

图5-3 农业保险中骗保者信息传递与保险公司审核博弈

在保险事故发生不同状态下，骗保者与保险公司行动与收益变动情况如表5-1所示。

表5-1 保险事故不同状态下保险欺诈与保险公司行为理性

事故发生状态	骗保者行动	保险公司行动	骗保者收益	保险公司收益
事故未发生	未提出索赔	审核	0	- c
		不审核	0	0
事故未发生	提出索赔	审计	- k	- c
		不审计	I	- I

事故发生状态	骗保者行动	保险公司行动	骗保者收益	保险公司收益
事故已发生	提出索赔	审计	$-L+I$	$-I-c$
		不审计	$-L+I$	$-I$
事故已发生	未提出索赔	审计	$-L+I-k$	$-I-c$
		审计	$-L$	0

保险欺诈发生通常取决于两方面：一方面是投保方家庭财富保障这一终极目标；另一方面是保险公司审核进行。前者与保险金额 I 与保费交缴 P 有关，而后者取决于审核成本支出。换言之，保险欺诈防范及效果一定程度上取决于保险金额 I、保费交缴 P 与保险公司审核成本 C 之间的变动关联。从式（5 - 17）骗保者最高保险金额 I 的解得出必定有 I > 2c，此时保费 P 是保险金额 I 的凸函数，且在 I = 2c 时保费为最小值。在零期望利润条件下，保险金额、保费与保险审核成本关系如图 5 - 4 所示。

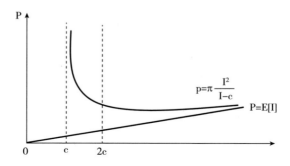

图 5 - 4　农业保险中保险金额、保费水平与保险公司审核成本情况

从图 5 - 4 中可以看出，零期望利润约束线与传统纯保费零期望利润线（ P = π I ）之间的差异。当保险金额大于可能损失（ I > L ）时，骗保者保险保障效用达到最大，此时可能获得超额收益。现将 I = L 代入式（5 - 16），有：

$$\frac{\partial E[u(W)]}{\partial I} = \pi\, u'\left(W_0 - \pi\frac{L^2}{L-c}\right)\left[1 - \pi\frac{L(L-2c)}{(L-c)^2}\right] - (1-\pi)$$

$$u'\left(W_0 - \pi\frac{L^2}{L-c}\right)\pi\frac{L-(L-2c)}{L-c}$$

$$= \pi u' \left(W_0 - \pi \frac{L^2}{L-c} \right) \left[1 - \pi \frac{L(L-2c)}{(L-c)^2} \right]$$

$$= \pi u' \left(W_0 - \pi \frac{L^2}{L-c} \right) \left(\frac{c}{L-c} \right)^2$$

因为 $\left(\dfrac{c}{L-c} \right)^2 > 0$，所以最后一项总是正的，即投保人（农户）可以通过增加保额提升其效用期望值。

从式（5-18）可得出 $\partial \eta / \partial I < 0$。表明在精炼贝叶斯纳什均衡策略下，保险公司认为随着保额的增加投保人（农户）欺诈概率有所下降，这种认知误区可能使其放松审核，此时骗保者保险欺诈成功，能以高额投保不当获利。

根据上述分析，保险人审核成本、投保人保险金额与保费的关联在一定程度上决定了保险欺诈防范及效果，具体可能有以下四种情形：

第一，当保险金额与保险公司审核成本取值范围为 $c < I < 2c$ 时，保费与保险金额呈反向变动关系。即最高保险金额 I 处于保险审核成本 $1 \sim 2$ 倍时，保费将随保险金额增加而下降。

第二，当 $I > 2c$ 时，保费与保险金额呈正向变动关系。即最高保险金额 I 超出 2 倍保险审核成本时，保费将随保险金额增加而增加。

第三，在等期望效用函数线与零期望利润约束线相切时，必然有 $I > 2c$。即在等期望效用函数线与零期望利润约束线相切的情况下，最高保险金额 I 必定超出 2 倍保险审核成本，这是由农户投保人通常倾向于高额保险金赔付所决定的。

第四，当投保人（农户）对保险金偿付额度无特别关注时，等期望效用函数线与零期望利润约束线在 $I = 2c$ 处相切，此时达到该条件约束下的最优状态。即投保人（农户）对保险金赔付无特别关注时，最高保险金额 I 等于 2 倍保险审核成本，此时达到最适宜状态。这与保险金赔付是农户投保的终极目标有关。因此，等期望效用函数线与零期望利润约束线的切点必定处于保费函数向上倾斜部分，这意味着对于交易双方而言最优保险保障水平必定超出 2 倍审核成本支出。

第三节 生猪保险不同利益集团道德风险博弈均衡

一、生猪保险道德风险博弈主体构成

在生猪保险中，通常存在投保人（生猪养殖户）、保险公司、政府、经办机构这四大利益集团。在本节的研究中，将投保人（生猪养殖户）和保险公司、经办机构（代理人）与保险公司、保险公司与政府各视为一对博弈主体展开讨论。主要研究目标如下：

第一，保险事故发生前、保险事故发生后道德风险发生的概率。重点论证保险事故发生后，生猪养殖户说谎的概率与低风险损失概率之间的变动关系。

第二，保险公司提供报酬薪金满意度差别条件下，生猪保险经办机构引发道德风险的内在机理。

第三，保险公司期望收入与政府惩罚金额、与政府保险补贴之间的关联。侧重于研究以罚金遏制保险公司道德风险的可行性，并推算出这两者达到博弈均衡时最大惩罚的临界点。

二、基于"防灾防护"投保人义务履行的道德风险博弈

作为以利润最大化为目标的金融企业，从成本节约的角度出发，保险公司仅在事故发生后才对损失进行审核，保险事故发生前只要求投保人履行合同规定的防灾减损义务，通常不会对其日常防护措施进行检查。现假定投保标的为生猪养殖户唯一的收入来源，即使在投保后也会对生猪进行日常防护，如喂养健康饲料、防病药物预防等。现对其做出以下研究假设：

第一，以 a 表示生猪养殖户日常防护措施水平，$P(a)$ 为生猪养殖户日常防护措施水平下的成本函数。当生猪养殖户防疫成本投入较高时，$P(a)$ 严格单调递增，即 $P'(a) > 0$，同时有 $P''(a) > 0$。表明生猪养殖户日常防护措施越完善，成本支出越高。

第二，以 a_1 表示正常防护措施 1，a_2 表示正常防护措施 2，有 $a_1 > a_2$，即后者防护程度低于前者，$P(a_1) > P(a_2)$。当生猪养殖户固定成本为 F 时，总成本

为 $C(a)=P(a)+F$。$C(a)$ 与 $P(a)$ 具相似数学性质，此时存在 $C(a_1)>C(a_2)$。

第三，以 Y 表示生猪养殖户参保后正常销售收入，正常防护措施 1 时的销售收入为 Y_1，正常防护措施 2 时的销售收入为 Y_2。当合同约定的保险事故发生时，该生猪养殖户可获得保险金额 Y_p，当且仅当保险事故发生时保险公司才会按照差额赔偿。

第四，生猪养殖户期望收入用 $E(Y，a)$ 表示，保险金额为 S。假定保险责任事故发生时标的全损无残值（由生猪养殖户自行无害化处理），且不考虑财政补贴；政府提供补贴后实际费率为 m，实际保费水平为 mS。

生猪养殖户期望收入变动与防护措施关联有以下三种情况：

第一，生猪养殖户未投保情形。在风险自担的情况下，生猪养殖户为获得更高产出和收入，通常会投入更多的货币和劳动成本进行日常防护。当生猪养殖户以较高的正常防护措施 1 投入成本支出时，期望收入为 $E(Y，a_1)=Y_1-C(a_1)$。

第二，生猪养殖户已投保且仍然采取正常防护措施 a_1 的情形下。在正常防护措施 a_1 的条件下，生猪养殖户收入为 Y_1。当保险事故未发生时，即生猪养殖户没有获得保险公司的赔偿时，有 $Y_1>Y_p$，期望收入为 $E(Y，a_1)=Y_1-C(a_1)-mS$；当保险事故发生时，有 $Y_1<Y_p$，生猪养殖户可获得合同约定赔偿，期望收入为 $E(Y，a_1)=Y_p-C(a_1)-mS$。

第三，生猪养殖户已投保且正常防护措施降至 a_2 时的情形下。若保险事故未发生，生猪养殖户不会得到相应赔偿，此时期望收入为 $E(Y，a_2)=Y_2-C(a_2)-mS$；若保险事故发生，意味着生猪养殖户无法保证正常年份产出收入，但可获得保险公司赔偿。假定此时有 $Y_2<Y_p$，生猪养殖户期望收入可表示为 $E(Y，a_2)=Y_p-C(a_2)-mS$。期望收入博弈矩阵如表 5-2 所示。

表 5-2 保险事故发生不同状态下生猪养殖户期望收入与防护措施博弈矩阵

		正常防护措施 1	正常防护措施 2
投保	风险发生	$E(Y，a_1)=Y_p-C(a_1)-mS$	$E(Y，a_2)=Y_p-C(a_2)-mS$
	风险未发生	$E(Y，a_1)=Y_1-C(a_1)-mS$	$E(Y，a_2)=Y_2-C(a_2)-mS$
未投保		$E(Y，a_1)=Y_1-C(a_1)$	$E(Y，a_2)=Y_2-C(a_2)$

鉴于本节研究目标为生猪养殖户投保后的道德风险相关问题，故对未投保情形暂不作讨论，仅就正常防护措施 1、较低防护措施 2 以及保险事故发生与否情况展开探讨。

第一，在 $Y_1 < Y_p$，$Y_2 < Y_p$ 的情形下，生猪养殖户分别采取正常防护措施1和正常防护措施2时，当保险事故发生时后者期望收入 $E（Y，a_2）$ 大于前者。表明生猪养殖户投保后降低正常防护措施水平仍可获得较高收入。这一结论意味着生猪养殖户具有道德风险发生的潜在动机。

第二，如果生猪养殖户投保后仍采取正常防护措施1，在保险事故未发生时有 $Y_1 > Y_p$，期望收入为 $E（Y，a_1）= Y_1 - C（a_1）- mS$；如果生猪养殖户采取较低正常防护措施2，则有 $E（Y，a_2）= Y_2 - C（a_2）- mS$。将前者减去后者作差处理，有 $E（Y，a_{1-2}）=（Y_1 - Y_2）+（C（a_2）- C（a_1））$。鉴于收入差必定为正数，而成本差与收入差有可能会为负数，可推断生猪养殖户投保后仍采取正常防护措施1很可能出现收入降低的现象。该结论意味着，要保持与之前相持平的高收入，生猪养殖户必须降低防护措施的开支。

由此可见，无论合同约定保险责任事故发生与否，生猪养殖户都会降低正常防护开支以保证收入水平，具备道德风险产生的潜在动机。

三、基于"施救减损"投保人义务履行的道德风险博弈

根据最大诚信原则，投保人有告知事实和保证的义务。这里所谓"告知"包括重要事实如实告知、风险增加告知等，且保证事实真实性以及作为与不作为。当保险事故发生后，生猪养殖户应当采取措施及时止损，如生猪感染病疫进行药物治疗、发生意外事故及时救治等，且应将风险发生具体事宜告知保险公司。在生猪保险中，生猪养殖户隐瞒或说谎可视为违反最大诚信原则，这种利己行为会引发道德风险。如果投保方不履行施救减损义务，保险公司有权对其进行惩罚或解除合同，但事实上信息不对称使保险公司很难获知、审查行为主体私人信息，道德风险难以控制。本节仅针对偶发性道德风险，而非故意欺骗引发的保险欺诈展开讨论，补充研究假设如下：

第一，假定生猪养殖户为风险规避类型，高额损失和低额损失风险单位保险金赔偿分别为 ϑ_A 和 ϑ_B，对应损失分别为 θ_A 和 θ_B，发生概率分别为 x_A 和 x_B。假设只有发生少量损失的生猪养殖户才会引发道德风险，即以少量损失谎报有大量损失发生（包括未及时止损和夸大损失等），生猪养殖户说谎概率为 α。此时生猪养殖户与保险公司有两种策略匹配组合：一是"大量损失—不说谎"，二是"少量损失—说谎"。

第二，假定保险公司为风险中性者，初始资产为 M，应收缴名义保费为 S，

由于政策性农业保险享有保费财政补贴，实际缴纳保费为 mS。在保险责任事故发生后，保险公司有"审核"和"不审核"两种策略，"审核"概率为 δ，成本为 c；"不审核"概率为 1 - δ，成本为 0。假如保险公司进行审核，必定能发现生猪养殖户说谎，此时将处以金额 k（k > C_0）的惩罚。

从前文假设条件可知，保险事故发生后生猪养殖户有"说谎"和"不说谎"两种策略，损失程度与说谎概率呈正相关关系；同时保险公司也有"审核"和"不审核"两种选择策略。在信息不对称的条件下，合同双方都无法知悉对方决策，只能确认两者处于均衡状态时可满足保险公司资产增减值不低于博弈组合资产值这一前提条件。在保险公司为风险中性的情形下，保险公司有线性函数如下：

$$x_A P_A + x_B \alpha P_B \geqslant x_A \delta (P_A - C_0) + x_A (1 - \delta) P_A + x_B \delta (P_B - C_0 - k) + x_B \alpha (1 - \delta) P_B$$

$$(5 - 46)$$

将 P_A 和 P_B 代入式（5 - 46）可求出：

$$\alpha \geqslant \frac{x_A \delta C_0}{x_B (P_B - P_A) + x_B (\delta - k) + x_B \delta (P_A - P_B)}$$

当等式成立时，α^* 有最优解：

$$\alpha^* = \frac{x_A}{x_B} + \frac{x_A \delta C_0}{(x_B \delta - 1)(P_A - P_B) + \delta - k} \qquad (5 - 47)$$

从式（5 - 47）可推断，只要存在道德风险，保险公司就会以一定的概率对生猪养殖户进行审核，而生猪养殖户为获得尽可能高的保险金赔付，会理性地选择隐瞒重要事实告知的最优策略，如夸大损失或其他利己行动等。此时最优策略下的说谎概率与 x_A 和 x_B 相关联。根据研究假设，生猪养殖户只针对低损失情况下才说谎，此时隐瞒重要事实告知的最优概率 α^* 可以被视为一个 x_B 的函数。对式（5 - 47）求导，可得出：

$$\frac{d\alpha^*}{dx_B} = -\left(\frac{x_A}{x_B^2} + \frac{x_A \delta^2 C_0 (P_A - P_B)}{[(x_B \delta - 1)(P_A - P_B) + \delta - k]^2} \right) \qquad (5 - 48)$$

式（5 - 48）始终大于零，即原函数是一个单调递减函数，α^* 跟 x_B 呈反方向变动关系。表明低损失概率越大，越接近 x_A，最优策略下的说谎概率越低。根据这一推论，育肥猪、能繁母猪等保险标的的低损失概率越小，生猪养殖户隐瞒损失真实情况概率越大。如以少投多、保险事故发生后隐瞒病死猪无害化处理重复投保等。

四、保险经办机构与保险公司道德风险博弈

根据"委托—代理"理论，"委托人"追求的是财富最大化，而"代理人"

则更多地追求工资津贴收入、奢侈消费以及闲暇时间最优，两者之间的目标悖离很可能损害委托人的利益，在生猪保险中同样也存在"委托—代理"关系冲突。在农业保险中，一般采取选择如农业站、地方牲畜站等经办机构作为中间人进行承保、审查与理赔，保险公司提供相应报酬。此外，生猪养殖户也可通过经办机构进行投保。可见，保险经办机构始终处于信息优势方，具备利用信息不当谋利的潜在动机。如在保险事故发生后夸大损失或者无中生有谎报损失，也可能由于偷懒或疏忽大意在保险事故发生后不及时处理等。在信息不对称的情况下，作为委托人的保险公司无法观测到经办机构代理人的行为，只能通过代理人行动和其他外生随机因素等相关变量进行估测，经办机构与保险公司之间的道德风险不可避免。下面我们对此展开分析。

假定保险经办机构作为代理人对待保险业务有两种策略："努力工作"Q和"懈怠工作"q；而保险公司作为委托人应对经办机构的工作态度也有两种策略："审核"N和"不审核"n。其中，保险公司支付给经办机构的薪金为P，若审核发现其工作懈怠即扣减报酬薪金，审核成本支出为t，经办机构努力工作成本为h，必然有P>h（否则经办机构不会从事保险相关业务）；且同时给保险公司带来经济收益V，同样必然有V>P（否则保险机构不会选择与经办机构合作）。

当经办机构合理假设成立，即保险公司审核成本不可能超出选择经办机构为代理人的成本开支时，有h>t>0，由此可推断两种情况：第一，在经办机构"努力工作"的条件下，保险公司采取"审核"策略时，两者收益博弈矩阵为（P−h，V−P−t）；保险公司采取"不审核"的策略时，两者收益博弈矩阵为（P−h，V−P）。第二，在经办机构"懈怠工作"且保险公司采取"审核"策略时，两者博弈矩阵为（0，−t）；保险公司采取"不审核"决策时，两者收益博弈矩阵为（P，−P）。博弈矩阵如表5−3所示。

表5−3 经办机构与保险公司博弈矩阵

		保险公司	
		审核 N	不审核 n
经办机构	懈怠工作 q	(0, −t)	(P, −P)
	努力工作 Q	(P−h, V−P−t)	(P−h, V−P)

从表5−3可以看出，在经办机构选择"懈怠工作"且保险公司选择"不审

核"时，经办机构的最优策略组合为（P，－P），保险公司最优决策组合为（P－h，V－P）。显而易见，经办机构和保险公司无法同时达到各自最优的状态，意味着两者间不存在一个均衡解。

与保险公司相较，经办机构信息优势明显。但从成本出发，保险公司不可能全部进行审核（这其中涉及一个概率问题），道德风险将基于各方策略及概率而改变，但无论何种情况，道德风险的发生都不可避免，这实际上就是一个纯策略博弈问题。保险公司和经办机构对各自策略选择的概率为1，因此不存在纯策略纳什均衡。但如果经过重复冲突调和，双方概率将逐渐趋同，并在某个特定概率条件下最终达到一个基本均衡。下面我们引入概率策略进一步展开分析。

假设 $u(x, y)$ 为收入函数，经办机构"努力工作"概率为 β，"懈怠工作"概率则为 $1-\beta$，$x = (\beta, 1-\beta)^T$ 表示经办机构的一个概率策略集。保险公司"审核"概率为 λ，"不审核"概率为 $1-\lambda$，$y = (\lambda, 1-\lambda)^T$ 表示保险公司的一个概率策略集。新的混合策略博弈矩阵如表5-4所示。

表5-4　经办机构与保险公司混合策略博弈矩阵

		保险公司		
		审核 N	不审核 n	
经办机构	懈怠工作 q	（0，－t）	（P，－P）	（β，1－β）
	努力工作 Q	（P－h，V－P－t）	（P－h，V－P）	（λ，1－λ）^{T}

我们可通过求出混合策略纳什均衡对假设变量之间关系做出判断。

第一，经办机构在获取满意报酬条件下可接受的策略均衡为：

$$u_1(Q, y) = (P-h, \ P-h)\begin{pmatrix} \lambda \\ 1-\lambda \end{pmatrix} = P-h$$

$$u_1(q, y) = (0, \ P)\begin{pmatrix} \lambda \\ 1-\lambda \end{pmatrix} = (1-\lambda)P$$

根据混合策略纳什均衡求解，由 $u_1(Q, y) = u_1(q, y)$ 可得：

$$(1-\lambda)P = P-h \tag{5-49}$$

式（5-49）左边为经办机构"懈怠工作"时的期望收入，右边为"努力工作"时期望收入，公式可表示在混合策略纳什均衡下的保险公司概率策略 y。如果控制经办机构不发生道德风险，必须在"努力工作"和"懈怠工作"收入回报间寻求一个中性平衡。由式（5-49）可得：

$$\lambda = \frac{h}{P} \tag{5-50}$$

第二，保险公司在付出必要报酬条件下可接受的策略均衡为：

$$u_2(x,\ N) = (\beta,\ 1-\beta)\begin{pmatrix} -t \\ V-P-t \end{pmatrix} = (1-\beta)(V-P) - t$$

$$u_2(x,\ n) = (\beta,\ 1-\beta)\begin{pmatrix} -P \\ V-P \end{pmatrix} = -P\beta + (1-\beta)(V-P)$$

由 $u_2(x,\ N) = u_2(x,\ n)$ 可得出：

$$(1-\beta)(V-P) - t = -\beta P + (1-\beta)(V-P) \tag{5-51}$$

式（5-51）左边为保险公司采取"审核"策略时期望收入，右边为采取"不审核"策略时期望收入，公式解即为混合策略纳什均衡下保险公司概率策略集。在经办机构采取概率策略 x 情况下，要取得一个中性解就必须无论选择"审核"或"不审核"策略都能获得均等收入。由式（5-51）可得出：

$$\beta = \frac{t}{P} \tag{5-52}$$

我们可求得保险公司和经办机构在博弈过程中通过策略调和后的概率选择解，该混合策略纳什均衡解为：$\left(\left(\dfrac{t}{P},\ 1-\dfrac{t}{P}\right),\ \left(\dfrac{h}{P},\ 1-\dfrac{h}{P}\right)\right)$。

只有在满足上述均衡条件情况下，经办机构才会降低道德风险发生。当保险公司依据上述解确定经办机构报酬时，保险公司期望收入为：

$$\begin{aligned} E_2(x,\ y) &= \lambda u_2(x,\ N) + (1-\lambda)u_2(x,\ n) \\ &= \lambda[(1-\beta)(V-P) - t] + (1-\lambda)[-P\beta + (1-\beta)(V-P)] \\ &= (1-\beta)V - P(1-\lambda\beta) - \lambda t \end{aligned} \tag{5-53}$$

将式（5-50）和式（5-52）值代入式（5-53）中，可求得保险公司期望收入为：

$$E_2(x,\ y) = V - \frac{tV}{P} - P \tag{5-54}$$

由此可见，保险公司的期望收益与经办机构"努力工作"策略下的增加价值 V、审核成本 t 以及支付给经办机构报酬 P 密切相关。其中，支付给经办机构的报酬应当与保险公司期望收入的最大化目标相匹配。当经办机构选择"努力工作"策略时，V 和 t 为固定值，对 P 的偏导数为零，有下面函数表达式成立：

$$\partial E_2(x,\ y)/\partial P = tV/P^2 - 1 = 0$$

$$P^2 = tV \tag{5-55}$$

在生猪保险中，如果要保险公司实现期望收入最优，为经办机构提供的报酬收入应当满足式（5-55），反之，则可能发生道德风险。

五、政府与保险公司之间的道德风险博弈

农业保险是为了保护和推动农业发展的政策性保险，道德风险不仅在生猪养殖户和保险公司、经办机构和保险公司之间客观存在，同样也存在于保险公司和政府之间。但政府作为农业的推动者，通常并不参与到具体的保险业务事项中，只是通过政策性保费补贴来缓解生猪养殖户保费缴纳压力或对保险公司经营提供相应费用补贴。鉴于农业保险政策目标与保险公司商业化之间的冲突，保险公司为获取更多补贴很可能利用其规模优势、信息优势谎报承保真实情况，该情形发生的概率通常由保险公司与政府之间的博弈所决定，下面我们对此进行讨论，研究假设如下：

第一，假定保险公司有两种策略：如实报告生猪保险情况 G 和谎报生猪保险情况 g；政府也有两种策略选择：提供补贴 D 和不提供补贴 d（从事生猪保险业务保险公司可获得政府提供补贴）。

第二，假定保险公司承保生猪保险（准公共物品）会产生亏损 E。谎报生猪保险情况亏损为 0，政府提供补贴为 W，补贴归保险公司所有。如果政府发现保险公司有谎报的情况，将处以 P = kW 罚款（0 < k < 1）。

第三，当保险公司如实报告生猪保险情况时，政府可获得收益 R；当保险公司谎报生猪保险情况时，政府可获收益为 0。保险公司和政府之间道德风险博弈如表 5-5 所示。

表 5-5　保险公司和政府之间道德风险博弈

		政府	
		D	d
保险	G	(W-E, R-W)	(-E, R)
公司	g	(W-P, P-W)	(0, 0)

在 R > P（社会收益要高于惩罚力度）的情况下，保险公司和政府的纯策略博弈矩阵无均衡解，保险公司最优情形为 W-E，最差情形为 -E；政府最优情形为 R，最差情形为 0，此时不存在一个策略组合可实现双方最优的情形。但是，

基于农业保险准公共物品的社会属性，政府不会允许（0，0）策略组合的出现，因此会提供保费补贴。政府财政支持效率通常与保险公司是否如实报告真实情况有关，因此罚款 P 取值是否合理成为对生猪保险社会福利可获得的关键。下面我们就 P = kW 对保险公司和政府的混合博弈策略展开分析。

假定保险公司策略集合为 x = (η，1 - η)，η 和 1 - η 分别代表保险公司如实报告和谎报两种策略选择。y = (λ，1 - λ)^T 表示政府策略集合，λ 和 1 - λ 分别表示政府补贴"提供"和"不提供"两种情形。保险公司和政府之间的混合博弈策略矩阵如表 5 - 6 所示。

表 5 - 6　保险公司和政府之间的混合博弈策略

		政府		
		D	d	
保险	G	(W - E，R - W)	(- E，R)	x = (η，1 - η)
公司	g	(W - P，P - W)	(0，0)	y = (λ，1 - λ)^T

从前文的分析可知，(x，y) 的最终结果应当是保险公司和政府之间达成混合策略的纳什均衡，具体情形如下：

第一，保险公司混合策略情况：

$$u_1(G，y) = (W - E，-E)\begin{pmatrix} \lambda \\ 1 - \lambda \end{pmatrix} = W\lambda - E$$

$$u_1(g，y) = (W - P，0)\begin{pmatrix} \lambda \\ 1 - \lambda \end{pmatrix} = (W - P)\lambda$$

将 $u_1(G，y) = u_1(g，y)$ 可得出：

$$\lambda = E/P \tag{5 - 56}$$

第二，政府混合策略情况：

$$u_2(x，D) = (\eta，1 - \eta)\begin{pmatrix} R - W \\ P - W \end{pmatrix} = \eta(R - P) + P - W$$

$$u_2(x，d) = (\eta，1 - \eta)\begin{pmatrix} R \\ 0 \end{pmatrix} = \eta R$$

从 $u_2(x，D) = u_2(x，d)$ 计算有：

$$\eta = 1 - \frac{W}{P} \tag{5 - 57}$$

由式（5 - 56）和式（5 - 57）可得出保险公司和政府之间混合策略纳什均衡为：

$$\left(\left(1 - \frac{W}{P}, \ \frac{W}{P} \right), \ \left(\frac{E}{P}, \ 1 - \frac{E}{P} \right) \right)$$

上述混合策略的纳什均衡成立可达成理论上的最优，但能否成为真实策略的最优还在一定程度上取决于政府监管，P（惩罚力度）应当是影响保险公司诚信行为选择的重要因素。下面我们对保险公司期望收入与 P 的关联展开研究。保险公司期望收入为：

$$E_1(x, \ y) = \eta u_1(G, \ y) + (1 - \eta) u_1(g, \ y) = \eta(W\lambda - E) + (1 - \eta)(W - P)\lambda$$

$$(5-58)$$

将式（5-56）和式（5-57）代入式（5-58）中可得出：

$$E_1(x, \ y) = \frac{E(W - P)}{P} \tag{5-59}$$

假定保险公司期望收入函数 $E_1(x, \ y)$ 严格单调递增，有一阶导数 $E_1(x, \ y)' \geqslant 0$，有：

$$E_1(x, \ y)' \geqslant \frac{EW}{P^2} \tag{5-60}$$

从上述推断可得出以下结论：

第一，保险公司期望收入与 P（惩罚力度）呈反向变动关系。表明政府惩罚可以影响保险公司利润，因此能在一定程度上遏制道德风险的发生。

第二，保险公司期望收入与政府补贴 W 呈正向变动关系。表明政府提供补贴可提高保险公司收入期望，与现实相符。

第三，当保险公司违反诚信原则时，政府惩罚为 $P^* = W$，此时应当存在一个最大惩罚临界点 P^*。当政府惩罚额度与保险公司补贴相等时，保险公司期望收入为 0，此时最大程度地遏制了保险公司的道德风险。即"惩罚额度 = 保险公司补贴"为防范保险公司道德风险发生的最大惩罚临界点。

第四节　"四川德阳生猪保险骗保事件"中有关道德风险问题思考

一、背景介绍

2019 年四川省德阳市高坪镇发生一起生猪保险道德风险的事件。德阳市

1700 多户生猪养殖户和合作社串通以虚增业务等方式投保，其中一户生猪养殖户虚假投保，套取财政金额 300 多万元。通过对保险公司、基层经办机构及生猪养殖户核查，最后追回资金 6000 余万元。背景介绍如下：

第一，保险公司涉案方。根据生猪保险投保流程，首先应当进行申报，其次通过当地的经办机构进行生猪信息审查，最后保险公司在信息审查的基础上核验承保。张某伟 2017 年出资 42 万元购买 7.5 万头育肥猪保险和 200 头能繁母猪保险，并向生猪养殖户违规承诺，无论参保人员是否参与生猪养殖活动，都将按照比例投保生猪数量的 1.5% 进行理赔，即 1000 头生猪理赔仅按照 15 头缴纳实际保费。事实上，张某伟从未进行过生猪养殖，但年底获赔 93.6 万元，这是一起典型的恶意骗取保费财政补贴的保险欺诈。此外，保险公司对保险合同条款未做如实宣导，损失赔偿标准低出应赔付水平且选择性承保风险较低的规模化养殖户。某村生猪疫病前兆出现后，保险公司以某种条款解释为由解除合同，导致生猪养殖户应赔未赔损失高达 64.8 万元。即使是应赔保险金，保险公司也多采取不作为来拖延，保险金一般要 1 个月后甚至几个月后才能发放到位。

第二，经办机构涉案方。根据国家生猪保险相关规定，保费由各级政府和生猪养殖户遵循 8:2 的比例实施补贴，即各级财政保费补贴不低于 80%，一般由当地经办机构对保险公司参保信息审核并同意盖章。根据该规定，生猪保险经办机构可获得 8% 的保险金额以及每头生猪参保 2.24 元的奖励。在本案例中，经办机构发生的道德风险有如下几项：①高坪镇基层畜牧站长伍某顺玩忽职守，工作懈怠，私自将保管公章交给保险公司，使保险公司既是"裁判员"又是"运动员"，破坏保险公平公正的基本原则。②在保险公司和经办机构合伙暗箱操作下，业务员张某伟除去已缴纳保费不当获利共计 51.6 万元。③自 2015 年起，高坪镇兽医站长秦波跟投保人串通，通过虚构生猪养殖信息进行理赔诈骗，私下接受被保险人现金后帮助伪造养殖户个人信息、保险事故以获取保险理赔。畜牧站因此不当获利 16 万元，保险公司获 90 万元"业务盈利"，但致使国家损失金额 60 余万元。

第三，生猪养殖户涉案方。德阳市高坪镇农户大多以养殖生猪为生，在本案例中，以下情况可能存在道德风险：①周某经营养殖场有 100 头猪，但只投保 10 头，由于缺乏有效标记区分，保险公司无法辨别已投保标的，周某将其他未投保死猪作为承保标的向保险公司索赔。②张某以 200 头小猪进行投保，在猪瘟已出现前兆后隐瞒不报以继续保险合同关系，并且在 100 头猪已投保的情况下，虚报

50 头猪作为保险标的，事实上这 50 头猪现实中并不存在。③在只有农户李某一家投保生猪保险的情况下，猪瘟发生后没买保险的亲戚朋友也"搭便车"，把自家死猪一同纳入索赔范围。农户周某获赔是实际损失的 150% 甚至 200%，个别村甚至出现索赔标的（死猪）比投保标的（猪）还多的奇怪状况。④根据生猪保险合同中的规定，当生猪发生传染性的疾病后应当进行无害化处理，禁止流向市场。农民曾某敏利用病死猪无害化处理程序漏洞，将已参保病死猪进行储存拍照，伪造大量保险标的灭失进行保险索赔。

二、涉案行为主体道德风险发生的几种重要形式

（一）投保人（农户）利己理性下的道德风险发生

根据生猪保险合同规定，当保险事件发生后投保人应当如实审查损失，并将损失汇报给当地畜牧等部门进行二次审查，而后在保险公司业务员核查之后确定理赔与否。在本案例中，生猪养殖户为减少病害风险损失主动投保，但从个人利益的角度出发很可能不顾保险合同规定，以其利己行为直接导致或增大风险损失的概率，道德风险由此发生。

（1）违反最大诚信原则如实告知。保险经营是一种以危险存在为前提的特殊劳务活动，是保险人对可保风险提供保障的承诺。保险标的具有广泛性和复杂性，保险公司因此不可能熟悉所有标的的真实情况，尽管投保方（生猪养殖户）对其保险标的的风险及有关情况最为清楚，但利己本能使其很可能隐瞒不利信息。这种保险信息不对称的客观存在决定保险人通常只能根据投保人告知与陈述决定是否承保、如何承保及保险费率的水平。可见，投保方的重要事实告知、风险增加陈述在不同程度地影响保险人的承保决策和承保条件，也因此引发道德风险。

《保险法》第十六条规定，在订立保险合同时，保险人就保险标的或者被保险人的有关情况提出询问的，投保人应当如实告知。在本案例中，农户周某以 200 头小猪进行投保，在猪瘟已出现前兆后仍隐瞒不报，并在 100 头猪已投保的情况下虚增 50 头现实中并不存在的猪作为保险标的，当猪瘟蔓延致生猪病死后，即以保险标的灭失申请上述所有损失赔偿。此类保险违法欺诈应当视为有计划和有预谋的行动，在投保时就孕育着犯罪动机。如在保险合同签订时、在合同有效期内或恶意不如实告知有关重要事宜、保险合同成立后违反合同订立相关条款，甚至实施预谋犯罪计划。并且在只有农户周某一家投保生猪保险的情况下，猪瘟发生后没买保险的亲戚朋友也"搭便车"，把自家死猪一同计算索赔，保险公司

查勘员无法分辨应赔标的。该行为为道德风险发生的另一情形，极大地损害了保险公司的利益。

（2）故意不履行防灾防损义务。在农业保险中，避免损失扩大为投保方的主要义务之一。投保人在保险事故发生后不仅应及时通知保险人，还应采取积极的措施以减少标的损失。在本案例中，生猪养殖户未投保前积极实施生猪防疫防病、体内外驱虫等日常防护措施，但在投保后即心存侥幸地认为损失发生可获得保险金赔偿，从成本支出的角度出发降低甚至放弃防灾防损行动。在事故发生前，某些生猪养殖户利用掌握的信息仅对预计高盈利肥猪采取施救措施，如发生细菌性疾病感染影响肠道健康，在饲料中增加恩诺沙星等防病药物减少生猪伤残或者死亡，而对于保险责任范围内的低利润小猪则任其病死，在经过防病后依然不能有效控制病疫感染的生猪任其自然死亡。可见，在成本不足以弥补保险赔偿损失的情况下，生猪养殖户便会降低防病措施止损，道德风险由此发生，直接危害保险公司的经营利润。

（3）虚构保险标的以骗取保险金。根据《农业保险条例》第二十三条规定，凡骗取保险费补贴的，由财政部门依照《财政违法行为处罚处分条例》有关规定予以处理；以非法获取保险金为目的违反保险法规，或采用虚构保险标的或制造保险事故等方法骗取保险金且数额较大的，根据《中华人民共和国刑法》第一百九十八条规定构成保险诈骗罪。这里所谓"虚构保险标的"，是指投保人违背《保险法》规定的如实告知义务，虚构一个根本不存在的保险标的或者将不合格的标的伪称为合格的标的，与保险人订立保险合同行为，通过编造保险事故骗取保险金的犯罪行为。在本案例中，"保险标的"指作为保险对象的生猪，所谓"故意虚构保险标的"，则指在与保险人订立保险合同时，故意捏造根本不存在保险对象。德阳市养殖户和合作社以"无中生有"虚构生猪保险标的，以根本不存在的生猪为保险标的，与他人串通合作、伪造养殖证件进行违法操作，最多的一户虚构数量高达15万头，套取财政补贴336余万元。这是一起典型的虚构保险标的以骗取保险金事件，通过故意捏造根本不存在的保险标的骗保，其犯罪目的非常明确，因此，不再是单纯违反保险合同道德风险的问题，而成为涉嫌保险欺诈的刑事案件。

（4）编造虚假原因或夸大损失程度骗取保险金。保险合同约定保险人只对因保险责任范围内原因引起的保险事故承担赔偿责任。投保人（生猪养殖户）编造虚假原因、隐瞒事故发生真实原因或虚报非保险责任损失等行为以便额外骗取保险金的行为。在生猪保险中，目前常见的方法是在猪背上打漆标号以标识已投保猪，但在事故发生后，有养殖户用未投保猪替代进行索赔。在本案例中，农户周某经营的养殖场有 100 头猪，但只投保 10 头，由于缺乏有效标记区分，保险公司无法辨别已投保标的，因此投保人很可能将其他未投保死猪也算成承保标的进行理赔，赔付率因此高达 150% 甚至 200%，个别村甚至出现索赔标的（死猪）比投保标的（猪）还多的奇怪状况。

（5）编造未曾发生的保险事故以骗取保险金。《保险法》规定，保险机构应妥善保存农业保险查勘定损原始资料，禁止任何单位和个人涂改、伪造、隐匿或违反规定销毁。在生猪保险中，伪造编造与保险事故有关的证明资料、唆使收买他人提供虚假证明资料、编造虚假事故原因等，已不是单纯道德风险，而是保险欺诈行为。在本案例中，农户曾某利用病死猪无害化处理程序漏洞，将已参保病死猪用冰箱储存，然后拍照伪造保险标的灭失数量，编造未曾发生的保险事故向保险公司重复索赔。这种保险金诈骗不但违反生猪发生传染性疾病后应进行无害化处理的规定，且损害保险公司业务经营积极性。

（二）保险代理人利己理性下的道德风险发生

所谓"保险代理人"，是指由保险人委托授权代理其经营保险业务并收取代理费用的人。包括业务宣传推销活动、出立暂保单或保险单、代收保险费以及代理查勘理赔等。《保险法》规定，保险机构可以委托基层相关机构协办农业保险业务，但应与其签订书面合同，在明确双方权利义务的基础上商定支付费用，并进行业务指导。农业保险中的保险代理人除委托授权业务员之外，还包括当地畜牧站、农机站等农业技术业务部门。在生猪保险中，个人投保一般对养殖规模有要求，当养猪数量未达到最低投保数量时则由镇或村统一代理团体投保，且生猪饲养场须经过当地畜牧部门、农机站等机构批准。可见，保险代理人在生猪养殖户与保险公司之间扮演了一个"中间人"的角色，而且是可出具查勘理赔证明的重要中间人。在信息不对称的情况下，很容易滋生道德风险。在本案例中，保险代理人道德风险发生有以下几种形式：

（1）虚假监督不作为。根据保险代理相关规定，当地的畜牧部门应当对农户参保生猪保险数据进行真实性、准确性审核，并获得保险公司相应报酬；且在保险事故发生后，生猪养殖户应将损失报告当地畜牧部门并进行确认，再由保险公司业务员进行相应核查审验，最后由保险公司确定理赔与否。在本案例中，伍某顺作为畜牧部门主任，将公章交给保险公司业务员，保险审核监督的这种不作为使畜牧部门获利16万元，此举导致国家财政补贴损失近百万元。并且，根据畜牧部门要求，首先应对病死猪进行无病化处理以避免流入市场。但本案中生猪养殖户为保持销售利润，将本应无病化处理的死猪重新储存，重复拍照进行多次索赔。可见，保险代理人放松审核甚至放弃审核使其监督环节形同虚设，不但损害保险方经营的利润，同时还危及生猪保险政策性补贴的效率和公平。

（2）伪造数据骗取保险金或国家财政补贴。《保险法》禁止以虚假理赔、虚列费用、虚假退保或截留挪用保险金、挪用经营费用等方式冲销应缴保费或保费财政补贴。保险代理人是保险交易的"中间人"，利用其工作便利很容易与生猪养殖户串通伪造数据及相关证件以骗取财政补贴。在本案例中，畜牧站书记秦波伙同养殖户伪造数据、假借他人的名义投保骗取国家财政补贴；德阳市养殖户与合作社串通以虚构标的的方式套取财政补贴336余万元，最多一户虚构生猪高达15万头。此外，《保险法》禁止虚构虚增保险标的或伪造数据以骗取保险金。农户与乡镇协保员及保险公司员工勾结，将拣来的死猪编造无害化处理查勘单伪造数据或换上已投保生猪耳标虚构虚增保险标的等。此类道德风险多源于保险代理人与其他利益主体联合实施的骗保行动。

（三）保险公司利己理性下的道德风险发生

农业保险是一种准公共物品，尤其是政策性保险惠民惠农，其目标在于保障和稳定农业发展；而保险公司是一种以商业化盈利为目标的企业，与农业保险宗旨有一定悖离。在生猪保险中，保险人也容易发生道德风险，其表现形式如下：

（1）保险业务员虚增保险业务、虚报保险事故。鉴于投保方在保险合同条款上的信息不对称，保险公司也可能违反技术或法律条款规定，违反最大诚信原则而发生道德风险。如保险业务员跟当地代理人串通合作，通过虚增保险业务、虚报保险事故骗取财政补贴等。在本案例中，业务员张某伟自己虚构1.7万头育肥猪和200头能繁母猪作为保险标的，除去已缴纳保费不当获利51.6万元，由虚增生猪保险业务骗取财政补贴高达数百万元。这是一起源于保险方伪造保险风险，虚增保险事故的道德风险发生的情形。

（2）保险方利用附合合同专业诱导投保，回避或延迟保险金赔付。保险合同是一种典型附合合同，即合同条款由保险方单方面制定，投保方只能就"附合投保"和"不投保"两种情况选择或以附加条款方式接受合同规定。因此，保险公司可能利用保险合同条款复杂、农户难以理解与掌握专业优势诱导农户投保；也可能针对保险标的危险程度变化增加保费或解除合同。在本案例中，保险公司对保险合同条款未做如实宣导，利用投保人（生猪养殖户）无权修改商议的被动地位单方面制定合同条款，厘定一般正常情况下不可能达到的灾害损失赔偿标准。如在发现某村生猪疫病前兆出现后以某种条款解释为由解除合同，导致生猪养殖户应赔未赔损失高达64.8万元。此外，根据《农业保险条例》中赔偿期限的相关规定，保险公司应在与被保险人达成赔偿协议后10日内支付保险金。在本案例中，保险公司采取不作为和拖延的方式，一般要在1个月后甚至几个月后才能将保险金发放到位，农户投保方因其弱势地位无法与之抗衡，只能被动接受。

三、生猪保险道德风险产生原因分析

（一）生猪保险标的具特殊性

生猪保险是以种猪、肉用猪为保险标的养殖保险，其保险标的为种猪、肉用猪、自仔猪（断乳分圈饲养开始至育肥出栏为止），有"育肥猪保险"和"能繁母猪保险"等不同险种。"育肥猪"指出栏后待宰杀生猪，"能繁母猪"指专门用来繁育后代的种猪。作为一种具有生命特征的动物，生猪具有成长性、鲜活性，生猪养殖户能时刻观察到保险标的的生长状况，因此可利用掌握信息虚假投保或在事故发生时降低减损支出，生猪这一保险标的的特殊性导致道德风险频繁发生。第一，当保险事故发生后，生猪养殖户需花费大量成本降低风险损失。如感染疫病的生猪需在饲料中喂入药物，受伤种猪需细心照料等。当这种护理成本达到一定额度时，继续减损可能得不偿失，生猪养殖户可能放弃减损措施导致本可以避免的标的损失产生。第二，生猪保险一般按照生猪死亡时的体重比例进行赔偿，生猪养殖户为获得高赔偿金额可能对病死猪尸体进行虚假增重，甚至重复投保，道德风险很难控制。第三，生猪保险现有保险责任仅限于生猪死亡，有关生猪伤残和意外事故所致的损失未能纳入保险范畴。经验事实表明，与死亡事故相较，生猪这类保险标的更容易在饲养、成长过程中发生疾病或伤残，但由于无法获赔且施救成本昂贵，出于减损考虑农户会理性地放弃施救，导致本可以避免的事故发生或损失扩大。

（二）生猪保险盈利空间较小

我国的农业保险采取保险公司经营、政府费用补贴的形式进行。目前各级政府保费补贴高达80%，部分地区补贴甚至更高，极大地缓解了生猪养殖户的投保压力，但保险公司利润并未得到改善。农产品的自然属性决定了保险赔付压力

大、利润率不高，与农业保险盈利目标存在着利益冲突。此外，生猪保险的复杂性要求保险展业需要行业认定人才，尤其是保险业务员，通常为投保信息获取、标的审核及理赔的关键当事人。业务员不仅要具备获取标的相对准确信息、确认已投保生猪标识等专业技能，还应具备理赔核验标的损失的基本业务素质。目前这种复合型人才较少，保险展业人员素质良莠不齐，为完成业绩时常出现有意识地忽略可能影响到承保或理赔的相关信息甚至串通投保人虚假投保事件，保险公司只能使用单方面附合合同，规定不公平条款以减少保险金赔付，如"育肥猪保险"条款规定"生猪须达到 20 千克方能投保"，这意味着在 20 千克以下的猪仔只能由农户承担风险，极大地制约了生猪保险的推广普及，同质风险单位减少，进一步缩小保险盈利空间。

（三）生猪保险保障水平低且地区分布不均衡

目前我国三大粮食作物保险已经覆盖全国 70% 以上，但生猪保险覆盖率只有 30% 左右，相较于美国、加拿大高达 90% 的生猪保险覆盖率，还存在较大差距。第一，保障水平低且覆盖地区不均匀。生猪保险能较好地转移生猪养殖风险，但目前主要覆盖东部地区、中部地区，一些偏远地区尚未开展。如 2019 年四川省育肥猪保险金额和种猪保险金额分别为 800 元/头、1500 元/头，但其他地区多处于 500～1000 元/头的水平。第二，分散型生猪养殖户难以参保。根据生猪保险相关规定，必须达到合同约定存栏数量才能投保，低于此数量的养殖户只能以村或镇为单位进行投保。鉴于规模化养殖通常具备相对完善的饲养场管理、技术规格优势，大多数保险公司从规避防灾减损的道德风险角度出发，要求生猪存栏量必须在 100 头以上的养殖户才具投保资格，分散型养殖户因此只能风险自担。实践证明，此项规定有利于规模化养殖，获得的保费补贴也超出一般分散性经营户，但增大了个人信息不对称，村镇基层投保道德风险概率大增，如虚增保险业务、虚构保险标的以诈骗从而不当获利的事件时有发生。

（四）生猪保险管理体制不合理

我国农业保险经历了开始、中断、恢复三个阶段。2013 年《农业保险条例》颁布，在一定程度上为生猪保险提供了原则性方向，但仍无法有针对性地解决该领域的道德风险问题，这与生猪保险涉及养殖经营、财政补贴等方面，而与现行农业保险管理体制不健全有关。实践表明，生猪保险利民益农，但财政补贴需各级地方政府分摊，由于补贴短时间难见成效，地方政府通常不愿纳入财政支出的范畴，缺乏引导积极性，尤其在生猪规模化养殖地区，地方政府不配合甚至地方官员与生猪养殖户串通虚假投保事件时有发生,严重打击了农业保险推广的积极性。此外,目前农业保险由地方基层部门管理,银保监相关监管机构尚未涵盖地级市及以下地区,这意味着保险监管存在明显的"真空地带"。如在病死生猪无害化处理问题上,生猪养殖户使用病死猪重复投保,这种道德风险的发生与农业保险监管缺失有关。

四、结论及启示

本节以四川德阳市高坪镇生猪保险为例,就生猪保险行为主体道德风险发生的形式、道德风险产生的原因进行分析,得出以下三点结论:

第一,农户保险意识不足。实践表明,生猪保险参保养殖户具有丰富的养猪经验,但大多缺乏足够的保险知识,存在"投保就必须得到补偿"的认知误区。经办机构和保险公司展业人员为个人利益以虚假业务骗取财政补贴的道德风险难以有效控制。

第二,法律监管存在缺失。无论就养殖户、经办机构还是保险公司而言,生猪保险都缺乏完善的法律约束规范。具体表现在两个方面:一方面是生猪保险管理层次繁琐、管理部门复杂导致相互推卸责任,另一方面是监督机构缺失使经办机构参与行为未能得到有效控制。

第三,保险程序分割严重。"生猪养殖户参保—保险公司及经办机构信息审核—保险事故发生损失查勘—病死猪无害化处理—确认保险赔偿"是生猪保险的完整流程,每个环节都关系到保险的正常开展,但程序之间处于分割状态,尤其是病死猪无害化处理和理赔环节程序严重分割,导致生猪养殖户可重复索赔,道德风险很难控制。

第六章 农业保险分类契约激励下的"逆选择"问题研究

"逆选择"是保险方无法精确计算出合适保费所造成的产物，农业保险市场中因信息不对称所引发的"逆选择"问题的严重程度远超出保险市场范围（孙贵珍等，2019），农业保险不仅在中国被作为准公共物品由政府提供财政支持，在国外也同样如此。"逆选择"的发生通常源于两方面：一方面是风险单位存在差异，另一方面是保险纯费率是根据风险单位集合的平均损失率确定。为不出现亏损，保险公司不得不提高纯费率，导致优质风险人群认为不公平而退出市场，加剧保险公司不良风险单位集中（廖朴，2017）。此外，基于信息不对称的客观存在，保险人很难了解消费者的有关标的等私人信息，因此不得不投入高额成本费用收集信息，交易成本不断上升，为弥补成本只能单方面提高费率，高费率造成保险消费成本增加，导致农户风险单位减少。一般情况下，农业保险中的"逆选择"大多发生于投保方中的三类人群：一是具有较高赔款预期的农户；二是临时性损失预期较大的新参保农户，如刚经历过较大虫灾、降雪而损失重大的高风险人群；三是可能利用熟悉农事生产优势的潜在投保人。如仅将最容易出险的作物或饲养动物投保或将预测到可能出险损失的某种农产品投保等。农业保险中"逆选择"表现出多样化特征，除信息不对称为其形成的关键因素之外，农户投保方风险差异以长期平均损失为基础的纯费率确定也是"逆选择"产生的两大重要原因。

第一节 效用最大化原则下农户
"逆选择"发生机理

在农业保险中，保险公司无法参与农业生产的全过程，因此也无法直观获知农户真实风险，保险合同的射幸性决定了风险评估特定事实只有农户本人知情。尤其在家庭联产承包责任制取代集体制后，土地规模小且不集中，保险公司收集和管理信息的难度增大，在标的信息方面农户拥有绝对优势。例如，农户田地量少而分散，很可能间距较远地块相似但产出低下，由于保险人不知情而只能依赖于农户自述。假如农户投保人伪造可能影响保费交缴或保险金赔付等重要事实，违反最大诚信原则有所隐瞒欺骗，这种信息不对称很可能使保险公司承保高损失风险标的，损害其业务经营及盈利空间。下面我们从"期望效用最大化"原则出发，针对农户"逆选择"行为发生的机理展开经济学分析。如果能证明必然有部分农户需求（足额保险）不能被充分满足，即可得出"逆选择原始动机客观存在且无法避免"这一结论。现研究假设如下：

第一，假定农户为风险厌恶者，收入期望水平在一定程度上由其风险偏好所决定。费率为π，保险金额为Z，保费即为πZ。当农户投保人期望收入确定之后即不再接受博弈。但在某种特定情况下，可以由期望收入水平"不确定"向"确定"状态转变，人们存在自然保险需求。

第二，假设农户投保人初始家庭财富为W，风险损失为L，农业风险发生概率为P，家庭财富因此为一个随机变量和分别表示该农户在"投保"与"不投保"状态下的收入期望效用。

第三，假定农业保险市场由高风险农户与低风险农户两种类型构成，事故发生概率分别为π^g和π^d，两类农户初始资产均为W_o，与保险事故发生损失值L相同。保险公司只有在准确识别农户投保人不同风险类型的情况下才能实现帕累托最优。反之，保险公司因无法获知每个农户风险等级而不能提供具有针对性的保险契约，此时必然有部分农户需求不能被充分满足，研究可由此推断出"逆选择"的原始动机客观存在且无法避免。图6-1中G^+和D^+分别表示针对高风险农户和低风险农户设计的保险契约。

下面我们首先讨论农户在采取"投保"和"不投保"两种策略下的保险期望效用差异。

第一，如果农户采取"不投保"策略，保险期望效用为：

$EU_n = p \cdot U(W - L) + (1 - p) \cdot U(W)$。

如果农户采取"投保"策略，保险期望效用为：$EU_1 = p \cdot U(W - L - \pi Z + Z) + (1 - p) \cdot U(W - \pi Z)$。

第二，加入"效用最大化"约束条件，农户保险期望效用为：$\max[p \cdot U(W - L - \pi Z + Z) + (1 - p) \cdot U(W - \pi Z)]$，此时一阶条件为：$\dfrac{\partial EU_1}{\partial Z} = (1 - \pi)p \cdot U'(W - L - \pi Z + Z) + \pi(1 - p) \cdot U'(W - \pi Z) = 0$。

将 $\pi Z = pZ$ 或 $\pi = p$ 代入一阶条件式，要使上述条件成立必须满足：

$(W - L - \pi Z + Z) = w - \pi Z$。

由上式可得出有 $Z = L$ 等式成立。表明如果根据纯保费厘定费率，风险厌恶型农户通常会选择足额投保。在期望最大化条件约束下，农户采取"不投保"策略时的期望效用为：$EU_n = p \cdot U(W - L) + (1 - p) \cdot U(W)$；如果农户做出"投保"决策，则会选择足额保险，此时期望效用将变动为：

$$EU_1 = p \cdot U(W - L - \pi Z + Z) + (1 - p) \cdot U(W - \pi Z)$$
$$= p \cdot U(W - pL - L + L) + (1 - p) \cdot U(W - pL)$$
$$= U(W - pL)$$

由上式可推断出必定有不等式 $EU_1 > EU_n$ 成立，表明在效用最大化原则下，农户"逆选择"发生概率增大。

根据研究假设，农户可分为高风险与低风险两种类型，低风险农户保险期望效用可表示为：

$$E[u(W^d)] = \pi^d \cdot u(W_o - P^d - L + I^d) + (1 - \pi^d) \cdot u(W_o - P^d) \qquad (6-1)$$

其中，I^d 表示根据保险契约针对低风险农户设计的保险金偿付，L 表示与风险类型无关损失值，$u(\cdot)$ 表示与资产有关的风险效用函数，W_o 表示一个与初始资产风险无关的外生变量，P^d 表示低风险农户应缴纳保费，π^d 表示低风险农户事故发生概率。

当 $W_1^d = W_o - P^d - L + I^d$ 时，有：$W_2^d = W_o - P^d$。令式（6-1）的微分为零，可得出等期望效用曲线函数表达式为：

$$dE[u^d] = \pi^d \cdot \dfrac{\partial u}{\partial W_1^d} \cdot dW_1^d + (1 - \pi^d) \cdot \dfrac{\partial u}{\partial W_2^d} \cdot dW_2^d = 0 \qquad (6-2)$$

此时等期望效用线 $E\,\overline{U}^d$ 斜率为：

$$\frac{dW_1^d}{dW_2^d} = -\frac{1-\pi^d}{\pi^d} \cdot \frac{\partial u/\partial W_2^d}{\partial u/\partial W_1^d} = -\frac{1-\pi^d}{\pi^d} \cdot \frac{u'(W_2^d)}{u'(W_1^d)} \qquad (6-3)$$

图 6-1 中斜率的经济学含义可解释为两个最终资产之间的边际替代率。根据同样的方法，我们也可以求出高风险农户等效用曲线斜率，此时两个最终资产之间的边际替代率为：

$$\frac{dW_1^g}{dW_2^g} = -\frac{1-\pi^g}{\pi^g} \cdot \frac{\partial u/\partial W_2^g}{\partial u/\partial W_1^g} = -\frac{1-\pi^g}{\pi^g} \cdot \frac{u'(W_2^g)}{u'(W_1^g)} \qquad (6-4)$$

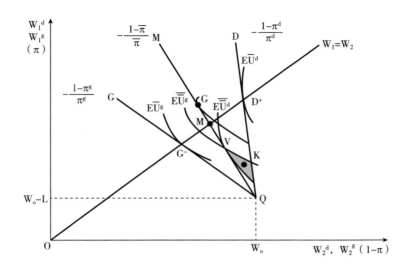

图 6-1　信息不对称约束下不同风险类型保险契约

从图 6-1 中可看出，相较于低风险农户等期望曲线的走势而言，高风险农户更为平坦，与研究假设相符，且必定有 $\pi^g > \pi^d$，即高风险农户事故发生概率超出低风险农户。此时，农户人群某一等效用曲线与低风险农户有且仅有一个交点，这种单交情形符合 Spence Mirrless 条件。

就安全线（$W_1 = W_2$）而言，如果两种风险状态下最终资产相等，边际效用也必然相等，式（6-4）因此可简化为：

$$\frac{dW_1^d}{dW_2^d} = -\frac{1-\pi^d}{\pi^d}, \quad 如果\ W_1^d = W_2^d \qquad (6-5)$$

在两类农户事故发生概率均为公共信息的条件下，即使信息不对称风险客观存在，保险公司仍可根据不同概率提供具有针对性的保险契约，使不同风险类型农户投保人均可获得足额保险。与此同时，市场竞争者也会根据该公共信息π^g和π^d对两类农户风险进行评估，并在此基础上提供具有竞争力的保险契约，图6-1中G^+和D^+可视为一个帕累托最优均衡，此时每个农户都能获得足额保险而达成期望效用最优。

基于上述分析，我们可得出以下两点结论：

第一，投保方情况属于农户私人信息，有关标的生长环境、投保人耕作习惯、被保险农户是否尽到防灾减损义务等，这些个人信息将影响农户保险事故发生的风险，进而决定农户产生"逆选择"理性行为的概率。在信息不对称条件下，保险公司因无法获知每个农户风险情况而不能提供具有针对性的保险契约，"逆选择"风险因此难以规避。

第二，理论上而言，即使信息不对称风险客观存在，若两类农户事故发生概率均为公共信息，保险公司仍可根据不同概率提供具有针对性的保险契约，使不同风险类型农户投保人均可获得足额保险。但实际上，保险公司是按照精算纯费率来提供保险产品，尽管农户"投保"期望效用总会大于"不投保"状态（L为精算纯保费条件下的保险需求），但并非所有农户投保人都能获得足额保险，"逆选择"潜在动机因此客观存在。

第二节　垄断与竞争农业保险市场上保险分类契约适用

保险产品是建立在诚信基础之上的无形产品，这一特征决定了农业保险较一般财产保险对诚信的要求更高。在农业保险市场上，保险公司收取保费并根据合同约定进行保险金赔偿，为避免利润损失，保险公司通常会根据农户风险特征、风险概率、风险程度及其保障期望设计保险契约，会理性地制定保险条款以选择优质客户。

农业生产的最大特点是自然再生产与经济再生产的相互交织。作为活生物的农业保险标的露天生长且相对分散，无论就生命周期还是生产规律而言都受到自然风险与经济风险的多重制约，"逆选择"风险客观存在且无法规避。保险契约是保险业务得以实现的载体，保险人通过保险契约将多方利益主体连接，具有风险分散的经济合理性，且与契约自由原则相吻合。发达国家经验表明，"保险契约分类设计"能较好地兼顾保险大数法则与农户保险需求，是农业保险"逆选择"风险控制的重要激励机制。

Rothschild 和 Stiglitz（1976）的研究将投保人划分为高风险人群和低风险人群。在满足 Pareto 最优的条件下，保险汇合契约将为高风险农户提供足额保险，对于低风险农户而言则提供的是不足额保险。根据保险"大数法则"，保险契约应当与风险相匹配。低风险人群作为保险市场上的优质风险单位，保险契约不适当很可能使其退出市场，出现"劣币驱逐良币"的现象。事实证明，保险交易双方信息不对称通常会导致逆向选择、道德风险、委托—代理等问题，需要一定激励机制引导双方真实信息披露而实现保险契约帕累托最优。下面我们从保险契约设计角度，就"逆选择"风险控制激励机制展开探讨。研究假设如下：

第一，假定农业生产灾害为 W_1^0，发生概率为 ρ，在农户遭遇农业生产灾害时有"损失"和"不损失"两种情形，其中保险事故发生损失为 L，此时农业生产状况为 $W_2^0 = W_1^0 - L$，农户收益期望值为 $\overline{W}^0 = (1 - \rho)W_1^0 + \rho W_2^0 = W_1^0 - \rho L$，预期效用为 $U\overline{W}^0$，农户支付保险费之前的初始家庭财富为 W_0。

第二，假定保险市场提供一种足额保险 $\alpha = (\varepsilon, C)$，农户交纳保费为 ε 时，保险赔偿金额为 C，其中，有 L = C，$\varepsilon = \rho C$。此时家庭财富分布 W^α 可表示为 $(W_1^0 - \varepsilon, W_2^0 - \varepsilon)$，期望值为 $\overline{W}^\alpha$，$\overline{W}^\alpha = (1 - \rho)(W_1^0 - \varepsilon) + \rho(W_2^0 + C - \varepsilon)$ 所产生的预期效用为 $U\overline{W}^\alpha$。

第三，假设保险市场上存在高风险和低风险两类农户投保人群，发生保险事故概率分别为 ρ_1 和 ρ_2，一般有 $\rho_1 > \rho_2$，保险事故平均发生概率为 $\overline{\rho} = \lambda\rho_1 + (1 - \lambda)\rho_2$；在保险市场上所占份额分别表示为 λ 和 $1 - \lambda$；在信息不对称条件下，保险人无法区分农户投保人风险类型，因此均按照保险合同 $\alpha = (\varepsilon, C)$ 提供足额保险。

一、不同风险类型农户保险契约与保险保障度关联

在非垄断农业保险市场上，通常会遭遇来自其他保险公司竞争（见图 6 - 2）。我们首先就不同风险类型保险契约提供的合理性进行讨论。

如果根据风险所对应保险事故发生的概率 ρ_1，接受足额保险 $\alpha_1 = (\rho_1 C, C) = (\rho_1 L, L)$，高风险农户投保人的家庭财富为：

$$\overline{W}^{\alpha_1} = (1 - \rho_1)(W_1^0 - \varepsilon) + \rho_1(W_2^0 + C - \varepsilon) = W_1^0 - \varepsilon = W_1^0 - \rho_1 L = \overline{W}^0 \qquad (6-6)$$

如果根据保险事故平均发生的概率 $\overline{\rho}$，接受足额保险 $\alpha_1 = (\rho_1 C, C) = (\rho_1 L, L)$，高风险农户投保人的家庭财富为：

$$\overline{W}^{\overline{\alpha}} = (1 - \rho_1)(W_1^0 - \overline{\varepsilon}) + \rho_1(W_2^0 + C - \overline{\varepsilon}) = W_1^0 - \overline{\varepsilon} = W_1^0 - \overline{\rho} L \qquad (6-7)$$

由于 $\rho_1 > \overline{\rho}$，因此有 $\overline{W}^{\overline{\alpha}} > \overline{W}^{\alpha_1}$，保险效用 $U\overline{W}^{\overline{\alpha}} > U\overline{W}^{\alpha_1}$ 成立。此时高风险农户的收益为 $U(\overline{W}^{\overline{\alpha}} - \overline{W}^{\alpha_1})$。鉴于保险公司无法得知高风险农户实际事故发生的概率 ρ_1，而只能以较低概率 $\overline{\rho}$ 提供 $L = C$ 足额保险，保费收益因此必定有 $\overline{\rho} L < \rho_1 L$，即 $\overline{\varepsilon} < \varepsilon_1$。这意味着高风险农户除获取合同约定的保障之外，还能得到 $\varepsilon_1 - \overline{\varepsilon}$ 的不当收益，这种额外收益使其保障水平超出同等缴费标准低风险农户。

不同风险类型农户相匹配的保险契约设计应符合以下两点要求：

第一，保险公司为不同风险类型农户群体提供保险契约，该契约应使两类农户参保获得期望效用大于未参保效用（参与约束）。

第二，契约设计应与农户群体不同风险相匹配，形成激励相容的约束效应，低（高）风险投保人不愿意选择高（低）风险投保人设计的契约。

二、竞争的农业保险市场上保险契约不同风险人群识别

如果市场竞争保险公司为低风险人群提供保险合同 K，且以相对于保险合同 V 更低保费水平提供低风险保障，即可争取到低风险投保农户，因此获得正保险收入期望。由于高风险人群大部分留存于原保险公司，如果沿着 QM 设计保险契约，将会产生负期望利润而使原保险公司"逆选择"难以规避（见图6-2）。

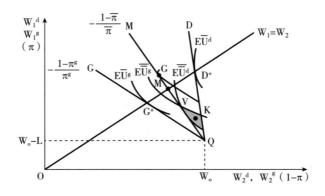

图6-2 竞争的保险市场上农业保险契约不同风险人群适用情况

经过 $W_1 - W_2$ 平面上任意一点的两类人群效用函数斜率均可表示为：

$$\frac{dW_1^i}{dW_2^i} = -\frac{1 - \pi^i}{\pi^i} \cdot \frac{u'(W_2^i)}{u'(W_1^i)}, \ i = d, \ g \tag{6-8}$$

由于 $\pi^g > \pi^d$，所以在任意点处，低风险人群等效用曲线肯定更为陡峭。此时如果某保险公司以该点效用值为标准设计保险合同，位于该点等效用曲线之间或下方三角区域中任何点取值设计的保险合同都可能吸引低风险农户人群，使高风险人群留存于原保险公司。为规避风险，原保险公司会寻找一个可自动识别风险类型的保险契约激励机制。可见，由于市场上竞争对手的存在，任何保险合同效用都会受到不同程度的影响，基于效用最大化目标的追求，必须在区分不同风险类型农户人群的基础上进行保险契约设计。

在完全竞争市场上，保险公司只可能获得零期望利润，在保费与保险金相匹配的公平保险契约条件下，低风险农户人群可基本实现期望效用最大化目标，有式（6-9）成立：

$$\max_{P^d, \ I^d, \ P^g, \ I^g} E[U^d] = \pi^d \cdot u(W_o - L - P^d + I^d) + (1 - \pi^d) \cdot u(W_o - P^d)$$

$$\tag{6-9}$$

在多个约束条件中，假定 (P^g, I^g) 为低风险农户人群适合投保条件，则有：

$$\text{s. t. } \pi^g \cdot u(W_o - L - P^g + L^g) + (1 - \pi^g) \cdot u(W_o - P^g) \geq \pi^g \cdot u(W_o - L - P^d + I^d) + (1 - \pi^g) \cdot u(W_o - P^d) \tag{6-10}$$

假定 (P^d, I^d) 为高风险人群适合保险条件，不等式右边则为该条件下低风险农户人群在此条件下的期望效用，左边则为该条件下高风险农户人群的期望效用。这一结果表明，如果根据该优化模型设计两个保险契约 (P^g, I^g) 和 (P^d, I^d)，应当能有效遏制高风险农户人群为获得适用于低风险农户人群的保险契约而隐瞒信息的逆选择行为，成为一种激励相容约束机制。

假定高风险人群未投保时可承担期望损失为 $\pi^g \cdot L$，投保约束前提条件为：

$$\pi^g \cdot u(W_o - L - P^g + I^g) + (1 - \pi^g) \cdot u(W_o - P^g) \geq u(W_o - \pi^g \cdot L) \tag{6-11}$$

在上述约束前设下，高风险人群投保期望效用通常大于未投保时，两类不同风险人群应承担的公平保费分别为：$P^i = \pi^i \cdot L$，$i = g, \ d$。

在信息不对称条件下，如果保险公司提供汇合契约，竞争的农业保险市场上高、低风险两类农户投保人的选择可能有以下两种情形：

第一，与保险合同 V 相较，低风险人群更偏爱保费较低，且保障度不高的保险合同 K；

第二，高风险人群倾向于保费水平与风险保障度双高的 V 保险契约。

从以上分析可知，在上述条件约束下，如果针对不同风险投保人群设计与之相匹配的分离契约，可较好地体现保险公平公正的原则，能有效遏制"逆选择"风险，也是保证农业保险市场供求均衡的一种激励机制。

三、垄断农业保险市场上保险契约的分离均衡

在垄断农业保险市场上，假定点 G⁺ 和 T 分别表示低风险农户与高风险农户的分离契约（见图 6 – 3），该组契约具有以下特征：

第一，高风险农户人群必须通过支付较高保费才能获得完全保险，对于较低风险农户分离契约 G⁺ 而言，与其风险相匹配的保险契约 T 并无明显优势。

第二，低风险农户人群只需支付较低保费就能获得不完全保险。考虑到此类保险契约费率优势明显，很可能诱导高风险农户人群采取隐瞒、欺骗或其他利己行为。保险公司基于利益最大化谋求一般不会提供位于保险线 QD 上的、超出 T 的更优保险契约。低风险农户人群不得不接受这种次优选择。

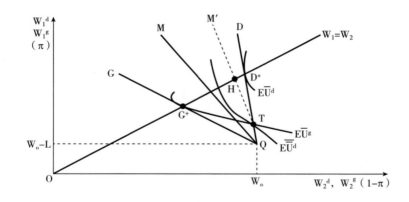

图 6 – 3　垄断的农业保险市场上契约分离均衡

四、农业保险汇合契约的"Wilsen 预期性均衡"原则适用

在竞争的农业保险市场上，如果保险人设计一组分离契约，竞争对手采用汇合契约或调整分离契约是否对其产生影响？下面我们就农业保险汇合契约是否符合"Wilsen 预期性均衡"原则的相关问题进行讨论。这里所谓"预期性均衡"

（Anticipatory Equilibrium），即新契约在初始阶段优于原均衡，在原均衡打破后也不会产生亏损。

在竞争的农业保险市场上，如果保险公司为高、低风险两类农户人群提供相同的 T 契约合同，即原有保险公司采用汇合契约参与竞争。此时高风险农户人群可能由于额外受益而隐瞒自有风险特征，因此无法实现"费率与风险相匹配"公平公正目标。当低风险农户人群比例增大到一定程度后，保险线 QM 将右旋至 QM′（见图 6 - 3）。鉴于汇合契约 H 优于 T，同时也优于 G^+，如果竞争保险公司提供汇合契约 H，即可对两类风险人群都产生较强的吸引力。由此推断，当低风险农户人群占比很高时，分离契约将不再成为均衡保险契约，竞争对手的汇合契约必定优于该组保险契约。从图 6 - 3 中可以看出，在竞争保险市场上，契约 H 对于高风险农户人群有极大吸引力，但如果以其竞争对手为参照设计一组分离契约，任何汇合契约对逆选择风险控制的效率都会低于原契约。因此，当保险公司不再提供分离契约（G^+，T）时，如果竞争公司仍采取汇合契约 H，则会形成利润亏损。由此可见，汇合契约 H 不符合 Wilsen 预期性均衡要求，表明保险市场上根本不可能存在稳定契约汇合均衡，分离均衡才是农业保险发展的常态。

第三节 一个逆选择约束方案设计："多阶段保险契约"激励机制

在农业保险中，除少数合同签订时就事前确定保险金额的定值保险之外，大部分都是事故发生后根据损失市价确定保险金额的不定值保险，保险公司因此须通过第三方才能避免或降低损失，"多阶段保险契约"是一种较为常见的方式。即保险公司在订立合同后，在考虑风险、保险责任及市场需求等约束条件下，根据保险事故的发生分不同阶段调整契约条款。其实质在于将第二阶段合同条款优惠或处罚与第一阶段事故损失进行关联，也可视为在第一阶段实践结果上的"经验费率"激励。通常情况下，保险公司会要求投保人（包括高风险和低风险农户人群）签订两阶段保险契约：

第一阶段：由投保人自行选择，以参与约束机制防范"模仿低风险农户"现象发生。提供给两类投保人契约分别为（P^i，I^i）$i = d$，g；d 表示低风险投保人，g 表示高风险投保人。

第二阶段：对第一阶段发生事故赔款的投保人设置"惩罚机制"，并采用"经验费率"。在这一阶段中，如若发生保险事故，保险公司即上浮费率且同时下调保险金额；如若未发生保险事故，保险公司则可能采取优惠费率且同时上调保险金额。这里所谓的"优惠费率"，是指保险公司在承保时对特定对象提供的含有一定优待性质的保险费率。比如，对防灾减损主动积极的农户降低续保费率或对无损失或低损失农户实行优惠费率等；相反则实施高费率或续保加费等惩罚机制。

一、多阶段保险契约激励模型构建

根据"博弈论"，保险公司纯策略的完美 Bayes 均衡应当为分离均衡，即保险公司宜采用分离契约，并根据保险的不同阶段制定激励机制，才能较好地规避"逆选择"风险。我们首先通过构造多阶段保险契约激励模型，为后续研究提供一个逻辑起点。具体而言，模型构建应达成两大目标：一是通过农户投保人分别选择与自身风险相匹配的保险契约，准确识别他们各属于何种风险类型；二是针对不同风险农户投保人提供不与之风险相匹配的保险契约，并根据前期保险事故发生的情况决定"经验费率"作为防灾减损激励机制。模型构建具体如下：

第一，保险公司要求投保人（无论是高风险投保人还是低风险投保人）签订两阶段保险契约，第一阶段保险契约由投保人自行选择；第二阶段契约根据第一阶段保险事故发生情况进行条款调整。第二阶段的契约视第一阶段发生保险事故（A）或未发生保险事故（N）而定，分别记为（$P^i(A)$，$I^i(A)$）和（$P^i(N)$，$I^{i(N)}$），$i = d, g$。为简便起见，该模型不考虑货币时间价值，即第二阶段保险公司的利润不折算到第一阶段，尽管第二阶段契约设计是建立在第一阶段经验结果之上。

第二，由于投保人必须在第一阶段即与保险公司签订两阶段契约，两种风险类型农户投保人完整的保险契约函数表达式可分别表示为：

$$\delta_2^d = ((P^d, I^d), (P^d(A), I^d(A)), (P^d(N), I^d(N))) \qquad (6-12)$$

$$\delta_2^g = ((P^g, I^g), (P^g(A), I^g(A)), (P^g(N), I^g(N))) \qquad (6-13)$$

在期望利润最优目标谋求下，保险公司需要确定 δ_2^d 和 δ_2^g 的值才能做出相对合理的决策，此时有：

$$\max_{\delta_2^d, \ \delta_2^g} g\{[P^d - \pi^d I^d] + \pi^d[P^d(A) - \pi^d I^d(A)]\} + \{(1 - \pi^d)[P^d(N) - \pi^d I^d$$

$(N)]\} + (1 - g)\{[P^g - \pi^g I^g] + \pi^g[P^g(A) - \pi^g I^g(A)] + (1 - \pi^g)[P^g(N) - \pi^g I^g$

$(N)]\}$ (6-14)

其中，$g(1-g)$ 表示低（高）风险农户人群占比，$\pi^d(\pi^g)$ 表示低（高）风险农户投保人保险事故发生概率，$P^d - \pi^d I^d$ 和 $P^g - \pi^g I^g$ 表示第一阶段所有不同风险类型农户投保人带来的期望利润。$\pi^d[P^d(A) - \pi^d I^d(A)] + (1 - \pi^d)[P^d(N) - \pi^d I^d(N)]$ 和 $\pi^g[P^g(A) - \pi^g I^g(A)] + (1 - \pi^g)[P^g(N) - \pi^g I^g(N)]$ 表示第二阶段中所有风险类型保险业务产生的期望利润。

二、垄断农业保险市场上理想多阶段保险契约

为简便起见，我们首先观察垄断农业保险市场上理想的多阶段保险契约，且只考虑高风险与低风险两种典型类型投保人。鉴于保险事故经验概率对保险契约设计产生的差异，我们做出以下两点假设（函数表达式隐含此假设）：

第一，在不考虑不同时期效用折现条件下，无论是高风险还是低风险投保人，两个阶段期望效用均可以简单地相加。

第二，在第一阶段中，无论投保足额保险还是不足额保险，第二阶段开始时的初始资产仍然保持为 W_o，如果第一阶段发生保险事故，该阶段结束时肯定理赔。在不足额保险条件下，农户投保人须自己补足风险自留部分损失资产（不包括第一阶段投保人运用资产得到的资产增值）。

基于"经济人"理性，高风险农户投保人参保积极性高，垄断市场上农户投保人参保约束为严格不等式，函数表达式为：

$\pi^d u(W_o - P^d - L + I^d) + (1 - \pi^d)u(W_o - P^d) + \pi^d[\pi^d u(W_o - P^d(A) - L + I^d(A)) + (1 - \pi^d)u(W_o - P^d(A))] + (1 - \pi^d)[\pi^d u(W_o - P^d(N) - L + I^d(N)) + (1 - \pi^d)u(W_o - P^d(N))] \geqslant 2u^d$ (6-15)

$\pi^g u(W_o - P^g - L + I^g) + (1 - \pi^g)u(W_o - P^g) + \pi^g[\pi^g u(W_o - P^g(A) - L + I^g(A)) + (1 - \pi^g)u(W_o - P^g(A))] + (1 - \pi^g)[\pi^g u(W_o - P^g(N) - L + I^g(N)) + (1 - \pi^g)u(W_o - P^g(N))] \geqslant 2u^g$ (6-16)

由于高风险农户投保人具备假冒低风险投保人的潜在动机，因此保险契约设计无法做到与风险相匹配，低风险投保人不得不使用应对高风险投保人的高契约费率，这种契约设计使两类风险人群期望效用基本持平，有激励相容约束等式成立，函数表达式为：

$\pi^d u(W_o - P^d - L + I^d) + (1 - \pi^d)u(W_o - P^d) + \pi^d[\pi^d u(W_o - P^d(A) - L + I^d$

$$(A)) + (1 - \pi^d)u(W_o - P^d(A))] + (1 - \pi^d)[\pi^d u(W_o - P^d(N) - L + I^d(N)) + (1 - \pi^d)u$$

$$(W_o - P^d(N))] \geqslant \pi^d u(W_o - P^g - L + I^g) + (1 - \pi^d)u(W_o - P^g) + \pi^d[\pi^d u(W_o - P^g$$

$$(A) - L + I^g(A)) + (1 - \pi^d)u(W_o - P^g(A))] + (1 - \pi^d)[\pi^d u(W_o - P^g(N) - L + I^g$$

$$(N)) + (1 - \pi^d)u(W_o - P^g(N))] \tag{6-17}$$

$$\pi^g u(W_o - P^g - L + I^g) + (1 - \pi^g)u(W_o - P^g) + \pi^g[\pi^g u(W_o - P^g(A) - L + I^g$$

$$(A)) + (1 - \pi^g)u(W_o - P^g(A))] + (1 - \pi^g)[\pi^g u(W_o - P^g(N) - L + I^g(N)) + (1 - \pi^g)u$$

$$(W_o - P^g(N))] \geqslant \pi^g u(W_o - P^d - L + I^d) + (1 - \pi^g)u(W_o - P^d) + \pi^g[\pi^g u(W_o - P^d$$

$$(A) - L + I^d(A)) + (1 - \pi^g)u(W_o - P^d(A))] + (1 - \pi^g)[\pi^g u(W_o - P^d(N) - L + I^d$$

$$(N)) + (1 - \pi^g)u(W_o - P^d(N))] \tag{6-18}$$

假如低风险投保人没有假冒高风险投保人的主观认知，激励相容约束（6-18）的函数表达式为严格不等式。为了不使低风险投保人退出市场，契约设计上必须使参保约束等式成立。

三、垄断农业保险市场上多阶段激励性保险契约设计

在上述假设条件下，我们不再考虑函数（6-17）和函数（6-18）约束前设，而是以 μ_d 和 λ_d 分别作为函数（6-17）和函数（6-18）的参数构造拉格朗日函数 $\vartheta(\cdot)$。而后分别对 P^d、I^d、P^g、I^g、$P^d(A)$、$I^d(A)$、$P^d(N)$、$I^d(N)$、$P^g(A)$、$I^g(A)$、$P^g(N)$、$I^g(N)$ 求导，并令其为零，可得到：

$$\frac{\partial \vartheta(\cdot)}{\partial P^d} = 0 \Rightarrow g = (\mu_d \pi^d - \lambda_g \pi^g)u'(W_o - P^d - L + I^d) + [\mu_d(1 - \pi^d) -$$

$$\lambda_g(1 - \pi^g)]u'(W_o - P^d) \tag{6-19}$$

$$\frac{\partial \vartheta(\cdot)}{\partial I^d} = 0 \Rightarrow g = \left(\mu_d - \lambda_g \frac{\pi^g}{\pi^d}\right)u'(W_o - P^d - L + I^d) \tag{6-20}$$

$$\frac{\partial \vartheta(\cdot)}{\partial P^d} = 0 \Rightarrow 1 - g = \lambda_g[\pi^g u'(W_o - P^g - L + I^g) + (1 - \pi^g)u'(W_o - P^g)]$$

$$\tag{6-21}$$

$$\frac{\partial \vartheta(\cdot)}{\partial I^g} = 0 \Rightarrow 1 - g = \lambda_g u'(W_o - P^g - L + I^g) \tag{6-22}$$

$$\frac{\partial \vartheta(\cdot)}{\partial P^d(A)} = 0 \Rightarrow g = \left[\mu_d \pi^d - \lambda_g \frac{(\pi^g)^2}{\pi^d}\right]u'(W_o - P^d(A) - L + I^d(A)) +$$

$$\left[\mu_d(1 - \pi^d) - \lambda_g \frac{\pi^g(1 - \pi^g)}{\pi^d}\right]u'(W_o - P^d(A)) \tag{6-23}$$

$$\frac{\partial \vartheta(\cdot)}{\partial I^d(A)} = 0 \Rightarrow g = \left[\mu_d - \lambda_g \left(\frac{\pi^g}{\pi^d}\right)^2\right] u'(W_o - P^d(A) - L + I^d(A)) \quad (6-24)$$

$$\frac{\partial \vartheta(\cdot)}{\partial P^d(N)} = 0 \Rightarrow g = \left[\mu_d \pi^d - \lambda_g \pi^d \frac{1 - \pi^g}{1 - \pi^d}\right] u'(W_o - P^d(N) - L + I^d(N)) +$$

$$\left[\mu_d(1 - \pi^d) - \lambda_g \frac{(1 - \pi^g)^2}{\pi^d}\right] u'(W_o - P^d(N)) \quad (6-25)$$

$$\frac{\partial \vartheta(\cdot)}{\partial I^d(N)} = 0 \Rightarrow g = \left[\mu_d - \lambda_g \left(\frac{\pi^g}{\pi^d}\right)\left(\frac{1 - \pi^g}{1 - \pi^d}\right)\right] u'(W_o - P^d(N) - L + I^d \lambda_g(1 - \pi^g))$$

$$\left[u'(W_o - P^g - L + I^g) - u'(W_o - P^g)\right] = 0 \quad (6-26)$$

由于 $\lambda_g(1 - \pi^g) \neq 0$,所以必定有 $u'(W_o - P^g - L + I^g) - u'(W_o - P^g) = 0$,即有 $W_o - P^g - L + I^g = W_o - P^g$,从而可得出 $I^g = L$。

可见,在保险公司为高风险投保人设计的两阶段契约中,第一阶段通常为足额保险。下面我们讨论第二阶段契约特征。

由式(6-23)和式(6-24)可得:

$$\frac{u'(W_o - P^d(A) - L + I^d(A))}{u'(W_o - P^d(A))} = \frac{\mu_d \pi^d(1 - \pi^d) + \lambda_g (\pi^g)^2 - \lambda_g \pi^g}{\mu_d \pi^d(1 - \pi^d) + \lambda_g (\pi^g)^2 - \lambda_g \pi^g \frac{\pi^g}{\pi^d}} \quad (6-27)$$

由于 $\mu_d \pi^d(1 - \pi^d) + \lambda_g (\pi^g)^2 > 0$ 和 $\pi^g > \pi^d$,所以式(6-27)等号右端大于1。又由于 $u'(\cdot)$ 的递降性,所以有 $W_o - P^d(A) - L + I^d(A) < W_o - P^d(A)$ 成立,即 $I^d(A) < L$。

该结果表明,在保险公司为低风险投保人设计契约的两阶段模型中,第一阶段出现保险事故时,第二阶段通常是不足额保险。

下面我们对 P^d 和 $P^d(A)$ 进行比较。

从式(6-27)可得:

$$\pi^d g = (\mu_d \pi^d - \lambda_g \pi^g) u'(W_o - P^d - L + I^d) \quad (6-28)$$

将式(6-28)代入式(6-19),可得:

$$(1 - \pi^d)g = \left[\mu_d(1 - \pi^d) - \lambda_g(1 - \pi^g)\right] u'(W_o - P^d) \quad (6-29)$$

同理,从式(6-23)和式(6-24)可得:

$$\pi^d g = \left[\mu_d \pi^d - \lambda_g \frac{(\pi^g)^2}{\pi^d}\right] u'(W_o - P^d(A) - L + I^d(A)) \quad (6-30)$$

$$(1 - \pi^d)g = \left[\mu_d(1 - \pi^d) - \lambda_g \frac{\pi^g(1 - \pi^g)}{\pi^d}\right] u'(W_o - P^d(A)) \quad (6-31)$$

因此有 $(\mu_d \pi^d - \lambda_g \pi^g) u'(W_o - P^d - L + I^d) = \left[\mu_d \pi^d - \lambda_g \dfrac{(\pi^g)^2}{\pi^d} \right] u'(W_o - P^d$

$(A) - L + I^d(A))\, \left[\mu_d (1 - \pi^d) - \lambda_g (1 - \pi^g) \right] u'(W_o - P^d) = \left[\mu_d (1 - \pi^d) - \lambda_g \right.$

$\left. \dfrac{\pi^g (1 - \pi^g)}{\pi^d} \right] u'(W_o - P^d(A))$ 　　　　　　　　　　　　　　　　　　(6-32)

由于 $(\mu_d \pi^d - \lambda_g \pi^g) > \left[\mu_d \pi^d - \lambda_g \dfrac{(\pi^g)^2}{\pi^d} \right]$ 即 $\left[\mu_d (1 - \pi^d) - \lambda_g (1 - \pi^g) \right] > \left[\mu_d \right.$

$\left. (1 - \pi^d) - \lambda_g \dfrac{\pi^g (1 - \pi^g)}{\pi^d} \right]$。

所以有：

$u'(W_o - P^d - L + I^d) < u'(W_o - P^d(A) - L + I^d(A))$

$u'(W_o - P^d) < u'(W_o - P^d(A))$

根据 $u'(\cdot)$ 递降性，$W_o - P^d - L + I^d > W_o - P^d(A) - L + I^d(A)$ 成立，即 I^d $(A) - P^d(A) < I^d - P^d$；$W_o - P^d > W_o - P^d(A)$ 成立，有：

$P^d(A) > P^d$ 　　　　　　　　　　　　　　　　　　　　　　　　(6-33)

该结果表明，低风险农户投保人第一阶段如果发生保险事故，可视为防灾防损缺失，受到惩罚如下：①第二阶段须支付较高保费。②可赔偿保险金额 $(I^d(A) - P^d(A))$ 小于第一阶段保险金额 $(I^d - P^d)$。

同理，我们从式（6-19）、式（6-20）、式（6-26）和式（6-27）可得：

$P^d(N) < P^d$，$I^d(N) - P^d(N) > I^d - P^d$

由此可推导：

$I^g(A) = I^g(N) = I^g = L$

$P(A) = P^g(N) = P^g$ 　　　　　　　　　　　　　　　　　　　(6-34)

从上述分析可得出以下几点结论：

第一，保险公司通过设计不同的保险契约条款可识别不同风险类别农户人群。具体而言，第一种保险契约应使用高保费缴纳并采取足额保险，且此情形在整个保险期限内保持不变；第二种保险契约第一阶段使用低保费费率，第二阶段条款由第一阶段保险事故发生结果所决定。例如，提高保费且同时降低保险金额或降低保费且同时上调保险金额。从保险事故发生概率较高的角度考虑，高风险投保人会理性选择第一类保险契约；而低风险投保人则选择第二类保险契约，不同类型风险人群由激励机制传递出较准确信息。

第二，保险公司可增加更多的风险等级，即增加更多的阶段数建立防灾减损激励机制。对于低风险农户而言，只要每个阶段都没发生保险事故，就能得到近似于足额保险的契约保障。且除高风险者之外，其他所有投保人都有可能发生保费和保险金额调整。

第三，在两阶段模型中，向高风险投保人提供足额保险时，保险公司很难获取正期望利润；但低风险人群如果比照执行，尽管无法获得最优效用，但其效用损失可成为保险公司盈利的重要来源。

四、竞争农业保险市场上多阶段激励性契约设计

在竞争农业保险市场上，两阶段模型较之垄断保险市场有一些变化，下面我们对这一约束条件改变后的情况进行分析。研究假设如下：

第一，假定竞争保险公司不知道农户投保人事故发生的历史记录，也不清楚第一阶段契约情况，仅知道不再与原保险公司续约。

第二，竞争保险公司契约设计目标定位于吸引低风险者，因此仍然提供分离契约，记为 $\hat{\delta} = (\hat{P}^d, \hat{I}^d)$，位于图 $6-3$ 的 T 点，此时竞争公司期望利润仍然为零。即使作为单一阶段分离保险契约，同样需要规避"逆选择"风险，对于高风险农户因此提供与原保险公司相似的契约，即足额保险。

在竞争性保险市场上，保险公司只能获得零期望利润，目标函数应当为使低风险农户两阶段期望效用之和为最大，函数表达式为：

$$\max_{\delta_2^d,\ \delta_2^g} \pi^d u(W_o - P^d - L + I^d) + (1 - \pi^d) u(W_o - P^d) + \pi^d [\pi^d u(W_o - P^d(A) - L + I^d(A)) + (1 - \pi^d) u(W_o - P^d(A))] + (1 - \pi^d) [\pi^d u(W_o - P^d(N) - L + I^d(N)) + (1 - \pi^d) u(W_o - P^d(N))]$$

$$(6-35)$$

两阶段模型约束条件由以下不等式构成：

$$2[\pi^g u(W_o - P^g - L + I^g) + (1 - \pi^g) u(W_o - P^g)] \geq \pi^g u(W_o - P^d - L + I^d) + (1 - \pi^g) u(W_o - P^d)] + \pi^g \max\{\pi^g u(W_o - P^d(A) - L + I^d(A)) + (1 - \pi^g) u(W_o - P^d(A)),$$
$$\pi^g u(W_o - \hat{P}^d - L + \hat{I}^d) + (1 - \pi^g) u(W_o - \hat{P}^d)\} + (1 - \pi^g) \max\{\pi^g u(W_o - P^d(N) - L + I^d(N)) + (1 - \pi^g) u(W_o - P^d(N)), \ \pi^g u(W_o - \hat{P}^d - L + \hat{I}^d) + (1 - \pi^g) u(W_o - \hat{P}^d)\}$$

$$(6-36)$$

$$\pi^d u(W_o - P^d - L + I^d) + (1 - \pi^d) u(W_o - P^d) + (1 - \pi^d) [\pi^d u(W_o - P^d(N) - L + I^d(N)) + (1 - \pi^d) u(W_o - P^d(N))] \geq 2[\pi^d u(W_o - P^g - L + I^g) + (1 - \pi^d) u(W_o - P^g)]$$

$$(6-37)$$

上述约束条件（6-36）和（6-37）与垄断保险市场上的两阶段契约问题中的激励相容条件相似。在竞争性保险市场上，隐瞒真实信息的高风险农户在第二阶段同样可以选择竞争公司契约 $\hat{\delta}$，约束条件（6-36）允许该选择权的存在。与垄断保险市场上两阶段模型相似，农户投保人期望效用不能过高，此时等式成立，该约束条件为"紧约束"，有：

$$\pi^d u(W_o - P^d(A) - L + I^d(A)) + (1 - \pi^d)u(W_o - P^d(A))$$
$$\geq \pi^d u(W_o - \hat{P}^d - L + \hat{I}^d) + (1 - \pi^d)u(W_o - \hat{P}^d) \tag{6-38}$$

在竞争的农业保险市场上，如果竞争对手使用 (P^d, I^d) 与原保险公司竞争，同样会吸引被"惩罚"农户投保人，因此，式（6-38）会迫使原保险公司改变 $(P^d(A), I^d(A))$。原保险公司不必过分降低 $P^d(A)$ 或增加 $I^d(A)$，只需要使式（6-38）成立即可，此时式（6-38）为"紧约束"条件。

从垄断保险市场上的两阶段模型可知，在没有竞争公司的情况下，低风险农户投保人在第一阶段发生保险事故后会受到"惩罚"，即第二阶段不得不接受期望效用低于 (P^d, I^d) 的保险契约 $(P^d(A), I^d(A))$。鉴于竞争公司提供契约同样能吸引低风险农户投保人，研究在式（6-38）约束条件基础上再增加以下限制条件：

$$\pi^d u(W_o - P^d(N) - L + I^d(N)) + (1 - \pi^d)u(W_o - P^d(N))$$
$$\geq \pi^d u(W_o - \hat{P}^d - L + \hat{I}^d) + (1 - \pi^d)u(W_o - \hat{P}^d) \tag{6-39}$$

有下列等式成立：

$$[P^d - \pi^d I^d] + \pi^d[P^d(A) - \pi^d I^d(A)] + (1 - \pi^d)[P^d(N) - \pi^d I^d(N)] = 0 \tag{6-40}$$

在该等式成立的情形下，$(P^d(N), I^d(N))$ 带给低风险农户投保人的期望效用通常大于 $(P^d(A), I^d(A))$。

根据以上分析，借鉴垄断保险市场上契约设计原理，我们可得出以下三点结论：

第一，在第一阶段中，如果低风险农户投保人发生保险事故，可能续保，也可能转向竞争公司重新订立单阶段保险契约。

第二，在竞争性保险市场上，保险公司期望利润为零，此时保险公司很难获得最优水平的正期望利润。

第三，在竞争保险公司威胁下，为保持第二阶段老客户不流失，原保险公司应当设计与垄断市场条件不同的两阶段契约，加入某些限制约束条件，可以是

"紧约束",也可以是"松约束"。

五、竞争农业保险市场上两阶段契约优化的几种情形

式（6-40）是竞争市场上保险公司期望利润为零的约束条件,与垄断性保险市场上两阶段模型相似,这是一个"紧约束"。鉴于低风险农户投保人不存在模仿高风险投保人动机,因此式（6-37）为"松约束"。下面我们讨论可能出现的几种情形:

第一种情形:加入以下限制条件:

$$\pi^g u(W_o - P^d(A) - L + I^d(A)) + (1 - \pi^g) u(W_o - P^d(A)) < \pi^g u(W_o - \hat{P}^d - L + \hat{I}^d) + (1 - \pi^g) u(W_o - \hat{P}^d) \leqslant \pi^g u(W_o - P^d(N) - L + I^d(N)) + (1 - \pi^g) u(W_o - P^d(N))$$

$$(6-41)$$

此时,式（6-37）可改写为:

$$2[\pi^g u(W_o - P^g - L + I^g) + (1 - \pi^g) u(W_o - P^g)] = \pi^g u(W_o - P^d - L + I^d) + (1 - \pi^g) u(W_o - P^d) + \pi^g [\pi^g u(W_o - P^d - L + I^d) + (1 - \pi^g) u(W_o - P^d)] + (1 - \pi^g)[\pi^g u(W_o - P^d(N) - L + I^d(N)) + (1 - \pi^g) u(W_o - P^d(N))]$$

$$(6-42)$$

在式（6-42）、式（6-38）、式（6-40）约束条件下,我们求解式（6-35）。现构造拉格朗日函数 $\vartheta(\cdot)$,令 λ 作为式（6-42）的乘数,γ 作为式（6-38）的乘数,μ 作为式（6-40）的乘数,有:

$$\frac{\partial \vartheta(\cdot)}{\partial P^d(A)} = 0 \Rightarrow \pi^d(\pi^d + \gamma) u'(W_o - P^d(A) - L + I^d(A)) + (1 - \pi^d)(\pi^d + \gamma) u'$$
$$(W_o - P^d(A)) - \mu \pi^d = 0$$

$$(6-43)$$

$$\frac{\partial \vartheta(\cdot)}{\partial I^d(A)} = 0 \Rightarrow \pi^d(\pi^d + \gamma) u'(W_o - P^d(A) - L + I^d(A)) + (1 - \pi^d) - \mu (\pi^d)^2 = 0$$

$$(6-44)$$

从式（6-43）、式（6-44）可得出:

$$u'(W_o - P^d(A) - L + I^d(A)) = u'(W_o - P^d(A)) = \frac{\mu \pi^d}{\pi^d + \gamma}$$

$$(6-45)$$

上述推断表明,低风险农户投保人如果在第一阶段发生事故,则在第二阶段可获得足额保险选择权。如果式（6-38）成立,则（$P^d(A)$, $I^d(A)$）为足额保险,此时有:

$$\pi^g u(W_o - P^d(A) - L + I^d(A)) + (1 - \pi^g) u(W_o - P^d(A)) \geqslant \pi^g u(W_o - \hat{P}^d - L + \hat{I}^d) + (1 - \pi^g) u(W_o - \hat{P}^d)$$

$$(6-46)$$

上式显然与式（6-41）约束条件相矛盾，该情形因此不可能出现。

第二种情形：加入以下限制条件：

$$\pi^g u(W_o - P^d(A) - L + I^d(A)) + (1 - \pi^g)u(W_o - P^d(A)) \geqslant \pi^g u(W_o - \hat{P}^d - L + \hat{I}^d) + (1 - \pi^g)u(W_o - \hat{P}^d) > \pi^g u(W_o - P^d(N) - L + I^d(N)) + (1 - \pi^g)u(W_o - P^d(N))$$
$$(6-47)$$

式（6-37）约束条件可表示为：

$$2[\pi^g u(W_o - P^g - L + I^g) + (1 - \pi^g)u(W_o - P^g)] = \pi^g u(W_o - P^d - L + I^d) + (1 - \pi^g)u(W_o - P^d) + \pi^g[\pi^g u(W_o - P^d(A) - L + I^d(A)) + (1 - \pi^g)u(W_o - P^d(A))] + (1 - \pi^g)[\pi^g u(W_o - P^d - L + I^d) + (1 - \pi^g)u(W_o - P^d)]$$
$$(6-48)$$

式（6-48）与式（6-47）约束相矛盾，与第一种情况相仿，此情形也不可能出现。

第三种情形：加入以下限制条件：

$$\pi^g u(W_o - P^d(A) - L + I^d(A)) + (1 - \pi^g)u(W_o - P^d(A)) \leqslant \pi^g u(W_o - \hat{P}^d - L + \hat{I}^d) + (1 - \pi^g)u(W_o - \hat{P}^d)$$
$$(6-49)$$

$$\pi^g u(W_o - P^d(N) - L + I^d(N)) + (1 - \pi^g)u(W_o - P^d(N)) \leqslant \pi^g u(W_o - \hat{P}^d - L + \hat{I}^d) + (1 - \pi^g)u(W_o - \hat{P}^d)$$
$$(6-50)$$

式（6-37）约束条件可表示为：

$$2[\pi^g u(W_o - P^g - L + I^g) + (1 - \pi^g)u(W_o - P^g)] = \pi^g u(W_o - P^d - L + I^d) + (1 - \pi^g)u(W_o - P^d) + \pi^g u(W_o - P^d - L + I^d) + (1 - \pi^g)u(W_o - P^d)$$
$$(6-51)$$

式（6-51）与式（6-49）约束相矛盾，与前两种情形相似，这一情形不存在。

第四种情形：加入以下限制条件：

$$\pi^g u(W_o - P^d(A) - L + I^d(A)) + (1 - \pi^g)u(W_o - P^d(A)) > \pi^g u(W_o - \hat{P}^d - L + \hat{I}^d) + (1 - \pi^g)u(W_o - \hat{P}^d)$$
$$(6-52)$$

$$\pi^g u(W_o - P^d(N) - L + I^d(N)) + (1 - \pi^g)u(W_o - P^d(N)) > \pi^g u(W_o - \hat{P}^d - L + \hat{I}^d) + (1 - \pi^g)u(W_o - \hat{P}^d)$$
$$(6-53)$$

此时式（6-37）约束条件可表示为：

$$2[\pi^g u(W_o - P^g - L + I^g) + (1 - \pi^g)u(W_o - P^g)] = \pi^g u(W_o - P^d - L + I^d) + (1 - \pi^g)u(W_o - P^d) + \pi^g[\pi^g u(W_o - P^d(A) - L + I^d(A)) + (1 - \pi^g)u(W_o - P^d(A))] + (1 - \pi^g)[\pi^g u(W_o - P^d(N) - L + I^d(N)) + (1 - \pi^g)u(W_o - P^d(N))]$$
$$(6-54)$$

下面将式（6-54）、式（6-39）、式（6-41）作为约束条件对式（6-36）求解。

首先建立拉格朗日函数 $\vartheta(\cdot)$，令 λ 为式（6-54）的乘数，γ 为式（6-39）的乘数，μ 为式（6-41）的乘数。将 $\vartheta(\cdot)$ 分别对 P^d、I^d、$P^d(A)$、$I^d(A)$、$P^d(N)$、$I^d(N)$ 求导，并令其为零，可得：

$$\frac{\partial\vartheta(\cdot)}{\partial P^d}=0 \Rightarrow \mu = (\pi^d - \lambda\pi^g)u'(W_o - P^d - L + I^d) + [(1-\pi^d) - \lambda(1-\pi^g)]u'$$
$$(W_o - P^d) \tag{6-55}$$

$$\frac{\partial\vartheta(\cdot)}{\partial I^d}=0 \Rightarrow \mu = \left(1 - \lambda\frac{\pi^g}{\pi^d}\right)u'(W_o - P^d - L + I^d) \tag{6-56}$$

$$\frac{\partial\vartheta(\cdot)}{\partial P^d(A)}=0 \Rightarrow \mu = \left(\pi^d - \lambda\frac{(\pi^g)^2}{\pi^d} + \gamma\right)u'(W_o - P^d(A) - L + I^d(A)) +$$
$$\left[(1-\pi^d) - \lambda\frac{\pi^g}{\pi^d}(1-\pi^g) + \gamma\frac{1-\pi^d}{\pi^d}\right]u'(W_o - P^d(A)) \tag{6-57}$$

$$\frac{\partial\vartheta(\cdot)}{\partial I^d(A)}=0 \Rightarrow \mu = \left(1 - \lambda\left(\frac{\pi^g}{\pi^d}\right)^2 + \gamma\frac{1}{\pi^d}\right)u'(W_o - P^d(A) - L + I^d(A)) \tag{6-58}$$

$$\frac{\partial\vartheta(\cdot)}{\partial P^d(N)}=0 \Rightarrow \mu = \left(\pi^d - \lambda\pi^g\frac{1-\pi^g}{1-\pi^d}\right)u'(W_o - P^d(N) - L + I^d(N)) +$$
$$\left[(1-\pi^d) - \lambda\frac{(1-\pi^g)^2}{1-\pi^d}\right]u'(W_o - P^d(N)) \tag{6-59}$$

$$\frac{\partial\vartheta(\cdot)}{\partial I^d(N)}=0 \Rightarrow \mu = \left(1 - \lambda\frac{\pi^g(1-\pi^g)}{\pi^d(1-\pi^d)}\right)u'(W_o - P^d(N) - L + I^d(N)) \tag{6-60}$$

将式（6-56）和式（6-60）约束条件相比较，由于 $1 - \pi^g < 1 < \pi^d$，因此有 $I^d(N) - P^d(N) > I^d - P^d$。将式（6-55）和式（6-59）约束条件相比较，可以得到 $P^d(N) < P^d$。但是，我们无法通过式（6-56）和式（6-58）比较得出 $I^d(A) - P^d(A)$ 和 $I^d - P^d$ 之间关系；同样也不能通过对式（6-55）和式（6-57）比较得出 $P^d(A)$ 和 P^d 之间关系。

六、两阶段保险契约选择与保险公司期望利润变动关联

在竞争的农业保险市场上，竞争公司提供给低风险投保人契约 $\hat\delta = (\hat P^d, \hat I^d)$ 位于图6-4中的T点。因此，无论在第一阶段是否出现保险事故，原保险公司提供给的第二阶段契约的期望效用都会在不同程度上超出第一阶段。

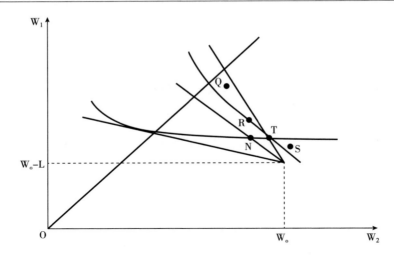

图 6 - 4　两阶段保险契约选择与保险公司期望利润变动情况

根据式（6 - 39）紧约束条件，可推断出有 $\pi^d u$（$W_o - P^d$（A）$- L + I^d$（A））$+$（$1 - \pi^d$）u（$W_o - P^d$（A））$= \pi^d u$（$W_o - \hat{P}^d - L + \hat{I}^d$）$+$（$1 - \pi^d$）$u$（$W_o - \hat{P}^d$），下面我们分几种情形对两阶段保险契约选择与保险公司期望利润变动关联问题进行讨论：

第一，当（P^d（A），I^d（A））位于通过 T 点的低风险农户投保人等期望效用曲线 R 点时，由于原保险公司经营目标为正期望利润且投保人选择足额保险而传递出"高风险"特征信息，因此，R 不可能处于 T 点右下方，即保险人不会允许农户投保人在第二阶段选择保险契约 R。由此我们可推断：（P^d（A），I^d（A））将为保险公司带来正期望利润，必然有 P^d（A）$- \pi^d I^d$（A）> 0。

第二，当（P^d（A），I^d（A））给低风险投保人带来的期望效用小于原保险公司第 I 阶段契约（P^d，I^d）时，（P^d，I^d）有两个取值区间：一是高风险、低风险两类农户投保人等期望效用曲线之间范围，如 T 右下方区域 S 点；二是通过 T 点低风险等期望效用曲线与零期望利润线之间的区域，如 Q 点。鉴于临界点（S 点）可能给原保险人带来负期望利润，而临界点（Q 点）则可能引致高风险者冒充低风险者进行投保，保险人因此会尽可能回避 S 和 Q 两个临界点。

第三，从（P^d（A），I^d（A））为低风险投保人带来的期望效用必然大于（P^d，I^d）这一结论可推断，（P^d，I^d）必然位于通过 T 点的高风险农户等期望效用曲线上，如 N 点。该点将给原保险人带来正期望利润。

根据上述分析，我们可得出以下四点结论：

第一，在竞争性保险市场上，(P^d, I^d) 和 $(P^d(A), I^d(A))$ 都会给原保险人带来正期望利润，而 $(P^d(N), I^d(N))$ 则会导致亏损（负期望利润）。当竞争公司在第二阶段加入时，会对第一阶段保险契约风险主体产生约束，但不会影响对其投保人风险类型的判断。

第二，第二阶段农户投保人在原保险公司续保的情况下，保险期限内没发生保险事故的农户投保人将在第二阶段享受无赔款优待，如优惠费率、降低免赔率等；反之，则会受到惩罚。原保险人将使用第一阶段保险契约 (P^d, I^d) 正期望利润（盈利）补偿第二阶段契约 $(P^d(N), I^d(N))$ 负期望利润（亏损），因此必定有 $\pi^d u(W_o - P^d(N) - L + I^d(N)) + (1 - \pi^d) u(W_o - P^d(N)) > \pi^d u(W_o - P^d(A) - L + I^d(A)) + (1 - \pi^d) u(W_o - P^d(A))$ 成立。

第三，第二阶段农户投保人转向其他保险公司重新订立保险契约的情况下，第一阶段事故发生惩罚将在第二阶段由竞争保险公司实施，此时竞争公司提供 $\hat{\delta} = (\hat{P}^d, \hat{I}^d)$ 的保险契约。

第四，鉴于 $(P^d(A), I^d(A))$ 为投保人带来的期望效用不能低于 $\hat{\delta} = (\hat{P}^d, \hat{I}^d)$，因此，通过 $(P^d(N), I^d(N))$ 和 $(P^d(A), I^d(A))$ 差异比较可有效识别"高风险"和"低风险"农户人群。

第四节　典型案例分析

——邵阳市城步县蔬菜目标价格保险"逆选择"问题思考

农业风险通常发生在生产和销售环节，可能由各类自然灾害或疫情事故引发，也可能由自然因素以外的市场波动导致。随着农业现代化的不断推进，市场风险的影响日益凸显，对农业的冲击程度甚至超过自然风险。自2008年起，我国已成为全球第二大农业保险市场，农产品目标价格保险正在成为市场风险管理的重要工具。近年来，政府陆续推出一系列农产品目标价格保险支持政策。2014年中央一号文件提出"建立农产品目标价格制度，探索生猪及主要农作物价格指数保险"；2015年和2016年中央一号文件要求"进一步完善农产品价格形成机制，积极开展农产品价格保险试点"。

农产品价格保险是一种突破与创新，实现了农业保险风险保障水平从自然风险到市场风险的转变。《2018 中国保险市场年报》数据显示，我国已有 26 省份开展农产品目标价格保险试点，多以地方特色农产品、蔬菜、生猪为主，其中北京、上海、四川、江苏、山东等省份生猪及蔬菜目标价格保险发展相对成熟，且地方财政一般给予 70% 左右的保费补贴。

作为一种市场化风险管理工具，农产品价格保险具有风险精算技术与良好的梯度福利效应，不会扭曲现货市场上农产品的价格，也不妨碍市场价格机制的形成，并且，其"绿箱"政策属性能较好地规避 WTO 对于农业直接补贴限制。但是，农产品目标价格保险发展除供求双重不足、制度规范双重缺失之外，源于信息不对称的"逆选择"风险居高也是制约其发展的重要因素。本节试以邵阳市城步县问题展开探索，以期从险种创新视角为信息不对称风险规避提供有价值的参考建议。

一、背景介绍

2015 年，邵阳市城步苗族自治县成为全国第三个蔬菜目标价格保险试点区，也是湖南全省第一个试点县。蔬菜目标价格保险刚引入该地区时，由于当地农户对于价格保险缺乏基本认知，仍多投保于政策性农业保险，部分农户甚至认为传统农业保险都不需要，当年承保蔬菜标的仅为 2600 亩。建家坪村周某的儿子从农业大学毕业，对于农业保险有较强认知，因此提议给承包的五十亩红茄和高山萝卜投保蔬菜目标价格保险。合同约定红茄目标价格为 3.4 元/千克，高山萝卜目标价格为 0.8 元/千克。基于当期为蔬菜目标价格保险推广初期，农户认知度不高，个人只须承担 30% 的实际交缴保费，其余 70% 保费由县政府和中华联合保险公司进行补贴。

2015 年 3～5 月，城步县天气出现"三晴两雨"，蔬菜产量增加使市场蔬菜供应量剧增，蔬菜价格因此大幅下跌，红茄从 3.5 元/千克降至 0.8 元/千克。高山萝卜由于为当地特色蔬菜，供应量不大，市场价格因此并未出现明显波动。该县农户因此陷入"丰产不丰收"的困境，好收成却卖不出好价钱，甚至出现菜烂在地里的情况。周某家种植的红茄由于投保蔬菜目标价格保险，因此得到中华联合保险公司的及时赔偿。当年中华联合保险公司对该县蔬菜目标价格保险的赔偿共计 65 万元，投保农户因此实现增产而增收的保险保障预期。当地农户在看到周某获赔后即纷纷投保。到 2016 年，该县承保面积扩大到 6000 亩，其中高山萝卜占地 1500 亩，红茄占地 3000 亩。

2016 年，协保员章某到周某家询问有关续保问题，周某父子根据当年经验预测来年高山萝卜市场价格变化不大，决定不再为该标的投保，而仅对红茄进行投保。章某为了让周某同意对高山萝卜续保，提议帮周某将红茄风险评级降为低风险以取得低保费交缴标准，周某同意该提议，并对周围邻居透露出保费可降低的相关信息。此举使"大数法则"下的保费测算失效，中华联合保险公司业务亏损达 52 万元。

为维持正期望利润，次年中华联合保险公司针对这种农户逆选择行为采取应对措施。一是提高蔬菜目标价格保费，并为保险代理人提供更多优惠。如将露天种植蔬菜保险费率从 6% 提高到 7%，大棚种植蔬菜保险费率从 4% 提高到 5%，农户承担保费比例也从 30% 提高到 40%。二是对农户投保人提出更为苛刻的要求，并设置相对较高的防灾防损和施救标准。如要求投保农户必须是种植管理制度健全的蔬菜示范园或种植大户，且同时符合具备一年及以上蔬菜种植经验，种植规模 50 亩及以上等多项规定；如作为可承保蔬菜耕地的保险标的必须符合当地种植管理技术示范标准，且在当地洪水灾害水位线以上。在多项条件的约束下，2017 年城步县蔬菜目标价格保险的承保面积为 8600 亩，仅增加了 2600 亩，参保率仅为 4.3%。

在农业保险中，政府通常只提供财政补贴或监管，并不参与保险公司具体业务经营。但在中华联合保险公司保险业务招标过程中，地方政府邀请了保险代理机构参与投标甚至内定保险代理公司，保险中介因其垄断地位而向保险公司索取高达 10%～15% 的佣金，保险公司遂将此交易费用转移至保险产品，农户投保人风险保障成本提高。

二、保险交易主体"逆选择"行为产生机理分析

(一) 农户投保人的"逆选择"行为理性

在农业保险中，农户投保人在个人经营、自种农产品标的方面具有信息优势；而对于农业保险合同内容和质量、保险合同订立等方面则具有信息劣势。因此，可能利用其信息优势隐瞒或错报重要信息少缴保费、投保不可保标的等；也可能由于信息劣势的不利地位，出于效用最大化目标谋求而仅对出险概率高的标的进行投保。在目前全省费率统一的情况下，高风险农户因不当获利而积极投保；低风险农户则因保费水平与风险不匹配而缺乏投保意愿，陆续退出保险市

场，"逆选择"由此产生。

在本案例中，农户选择性投保，保险市场大量留存高风险劣质标的，"逆选择"不可避免地发生。城步苗族自治县为湖南首个蔬菜目标价格保险试点区，农户对该险种普遍缺乏认知，大多仍投保于传统政策性保险。直到亲眼目睹周某红茄获赔后遂产生投保意愿，但由于不能理解复杂的保险条款，出于对未知的不信任而降低投保额度，且更多地选择出险概率高的标的进行投保。2016年，周某父子在是否续保问题上，预计高山萝卜市场价格变化不大，因此决定仅对自种红茄投保。大部分农户对农产品目标价格保险缺乏充分了解，认为只要买了农业保险就必定有赔偿，为保证期望收益最大化会理性选择高风险的蔬菜。据统计数据显示，该年城步县蔬菜目标价格保险承保面积扩大到6000亩，但高山萝卜仅占到1500亩，红茄则占到3000亩。从红茄参保面积为高山萝卜参保面积的两倍可以看出，农户投保时充分考虑过红茄受市场风险影响大，而高山萝卜为当地特色蔬菜受市场风险影响小，因此有选择性地对市场价格波动概率高的红茄进行投保，此时"逆选择"发生。在目前全省费率同一条件下，缴费标准与保险标的风险不相匹配，此"逆选择"行为使保险市场高风险劣质标的大量留存。

（二）保险公司的"逆选择"行为理性

在信息不对称条件下，优势一方通常会有选择性地作为而损坏对方利益。

由于信息不对称的客观存在，保险公司通常只能以平均费率为依据设计保险契约，并无差别地提供给所有农户。并且，通过规定更为苛刻的约束条件达到驱逐高风险劣质标的的目的，这也是农业保险市场成为"柠檬市场"的另一重要原因。在本案例中，中华联合保险公司亏损后提高次年保险费率，这种"逆选择"行为导致大量潜在客户流失。一般情况下，保险人因不能准确甄别农户风险而多根据所有保险事故发生的平均概率设计保险契约，很显然，此类保险合同费率与风险不相匹配。高风险农户投保人可超出保费缴纳水平对应的保险金赔付，而低风险农户保险效用则低出其保费支付，可能因此选择退出保险市场。根据保险"大数法则"，低风险优质标的过多流失必然会造成风险可分摊单位减少。为保持收支平衡，保险人可能故意隐瞒保险产品信息，也可能使用实际有利于己方的条款误导农户投保人，尤其是理性提高保险费率和制定更为苛刻的承保要求，成为保险方以其"逆选择"行为降低信息不对称风险损失的重要举措。在本案例中，由于协保员章某在红茄风险评级中弄虚作假，2016年中华联合保险公司业务亏损52万元，次年即提高蔬菜保费交缴标准并制定更为苛刻的承保要求。其中，在保费交缴上，将露天种植蔬菜保险费率从6%提高到7%，大棚种植蔬菜保险费率从4%提高到5%，农户承担保费比例也从30%提高到40%。此外，要求投保农户必须是种植管理制度健全的蔬菜示范园或种植大户，且同时符合具备一年及以上的蔬菜种植经验、种植规模50亩及以上等多项规定；要求作为可承保蔬菜耕地的保险标的必须符合当地种植管理技术示范标准，且在当地洪水灾害水位线以上等。很显然，保险费率提高意味着风险管理成本增加，而投保准入资格收紧必然导致大量潜在客户流失，蔬菜目标价格保险发展因此放缓。据统计数据显示，2017年城步县蔬菜承保面积为8600亩，仅增加2600亩，目标价格保险参保率仅为4.3%。由此可见，投保方"逆选择"的客观存在使保险方通过制定更为苛刻的要求有选择性地提供保险契约，其最终结果导致农产品目标价格保险供求双冷。

（三）保险代理人"逆选择"行为理性

在农业保险展业中，保险代理人可以代表保险公司从事保险宣传和营销活动，且拥有一定的独立决策权，保险当事人之间信息不对称的客观存在使保险代理人有从中牟利的可能。在本案例中，地方政府邀请保险中介机构参与投标甚至内定保险中介公司，基于这种垄断地位，保险中介机构可单方面要求高达10%～15%的佣金，并根据其佣金高低进行市场资源配置。

目前蔬菜目标价格保险业务推广一般由村政府协保员负责，主要负责收缴保费和基层宣传营销工作，并根据业务量按比例提取佣金。根据"委托—代理"原则，在与保险公司存在目标利益分歧的情况下，保险代理人可能做出损害投保方利益的行为，也可能利用私人信息优势与投保方串谋欺骗保险公司，如帮助高风险农户伪装为低风险农户、伪造标的评级资料以降低保费缴纳水平甚至在投保农户并未发生保险事故的情况下帮助其向保险公司索赔，最终导致保险"大数法则"失效。在本案例中，协保员章某为让周某同意高山萝卜续保而获得高额代理佣金，提议帮红茄风险评级为低风险以此争取到更低的保费，这是一起典型的保险代理人与投保农户串谋的逆选择风险事件。并且，当高山萝卜因霜冻发生保险事故后，先让投保农户向保险公司提出索赔，在保险代理人核实情况时帮助隐瞒事故真相，最终获得保险金赔偿，极大地损害了保险公司的利益。为维持保险经营利润，保险公司不得不提高保费，低风险农户因其风险与保费支出不匹配而陆续退出，农业保险市场"逆选择"风险加剧。

三、关于农业保险"逆选择"发生的几点思考

（一）有关"保险标的特殊性引发逆选择"问题

与传统农业保险不同，农产品目标价格保险承保的是农作物生长期间遭受的市场风险，并以"目标价格"或"价格指数"作为赔付依据，对农户由于市场风险所致的农产品销售价格低于目标价格损失的部分进行补偿。可见，该险种的关键在于"目标价格"确定。如果合同约定价格参考指标精准性不足，与实际价格存在较大偏差，很可能导致事故受损者未能得到赔偿、未发生事故者却可获赔事件发生，此时农户投保人"逆选择"具有一定的逻辑合理性。研究认为，应当特别关注以下三方面：第一，农业保险标的为鲜活农产品，商品价值通常随着动植物的生长处于不断变动之中，直到收获时才能最终确定保险价值，因此，要以动态的眼光制定目标价格；第二，农产品目标价格保险种类繁多，不同农产品市场价格波动情况各异，须重点关注保险风险测算准确度问题；第三，我国国土地域辽阔，不同省份不同县市种植条件大相径庭，地区与投保人之间因价格波动所致的损失差异显著，因此不能单就农产品种类确定目标价格，而必须进行风险分区且根据各地物价区域特征制定合同目标价格。

（二）有关"保险专业知识缺失引发逆选择"问题

在降低市场风险方面，农户主要依靠经验预测选择种植风险较低的品种或期待政府政策帮助，而真正通过购买农产品目标价格保险的占比很低。这与农户对保险公司缺乏信任有关，除理赔不足或不及时之外，保险专业知识缺失是导致"逆选择"产生的重要原因。经验数据显示，如果农户农业保险参保率未达70%，"逆选择"发生的概率会随之提高。从试点情况来看，在农产品目标价格保险导入初期，由于保险公司宣导低效、制度及监管不健全等多种原因，农户看不懂保险合同条款，不了解该险种保险责任与传统农业保险的区别，保险专业知识缺失导致"逆选择"发生。因此，在险种推广中要特别注重农户对风险保障的预期效用、风险水平与支付保费的关系理解，引导农户主动管理农业生产风险，尤其是让农户能理解保费高于一般险种的原理，让农户能主动承担相对较高的保险费率水平。当其不再盲目投保，不再认定交了保费必须获赔，也不再将其与理财产品混淆时，"逆选择"事件会因此大幅降低。

（三）有关"费率公平缺失引发逆选择"问题

我国幅员辽阔，不同省份地形、气象、土壤等条件差异显著，农产品目标价

格保险执行全省同一费率显然不能客观反映区域的实际风险状况，可能出现风险与保费水平不匹配的情况。经验事实表明，高风险区域农户因其获得超额期望效用而投保更为积极，低风险地区农户则因保障性价比偏低而退出保险市场，"逆选择"风险加剧。例如湖南省，东南西三面环山，中部山丘隆起，北部平原、湖泊展布，呈朝北开口的不对称马蹄形盆地。省内地形地貌差异使不同区域风险损失不同，但由于缺少风险区划和费率厘定分区的经验数据而只能全省执行同一费率。在风险单位数以万计的情况下，核保压力巨大，保险事故定损理赔不合理，进一步加剧投保"逆选择"的发生。从保险公司来看，费率同一使其对高风险区域收取的平均保费无法补偿实际理赔损失，只能选择协议赔付或平均赔付，与投保方风险保障期望存在目标偏离；而在低风险区域，由于收取保费超出实际风险，保险机构往往为留存该优质风险客户而采取非正常竞争手段。基于上述冲突客观存在，应当通过风险区划和费率分区使保费水平、保险金赔付与实际风险相匹配；应当注重培育农业专家和精算专家，将农产品特征与地理因素、社会经济因素综合起来作为费率厘定的参考，并对可能存在的风险隐患进行核查，以保险交易双方共赢降低"逆选择"发生的概率，推动目标价格保险健康发展。

第七章　研究结论与对策建议

本书以农业保险险种创新与信息不对称约束为切入点，在对国内外前沿研究观点回顾和解读基础上，构建数理模型、应用经济学分析与合同方案设计方法展开探索。其中，有关"险种创新"的研究涉及农业保险新创险种原理、运行机制、利益集团博弈均衡以及合同方案设计、典型案例分析等内容；有关"信息不对称约束"问题的探讨沿着"逆选择"与"道德风险"两条主线展开。

第一节　研究结论

第一，保险费率与承灾体风险损失相匹配是缓解农业保险供求不均衡市场失灵的关键，而风险区划则是"指数"触发值确定的基础，也是指数型创新险种理赔的重要依据。按照农业生产面临的风险类型、发生频率、时空分布以及对产量影响进行风险区域等级划分，并在此基础上确定"指数"阈值，能较大程度地保证费率公平，降低道德风险与逆选择发生的概率。即使在旱灾、水灾、雪灾等自然灾害发生概率并不相同的情况下，无论风险区划依据如何，均可保证同一区域内保费交缴与风险水平相当，基本达成农户投保人保险保障期望目标。因此，有必要逐渐摒弃以行政指令强制执行相同费率的传统险种设计思想，根据风险等级实施不同区域差异化保险费率。

第二，"期货价格保险"与"指数（目标）价格保险"是价格保险最具代表性的创新险种，统称为"期货价格指数保险"。保险公司通过期货、期权等金融衍生工具将农产品价格风险转移到期货市场，由期货投机者共同承担。这种创新险种运行机制与"看跌期权"十分相似，可将其视为保费等同于期权费的风险管理工具，也可以被认为是一种农产品价格风险的再保险形式。在风险规避、市场交易、险种定价及发展前景方面较传统险种具有明显优势。

第三，在收益最大化的终极目标下，农业收入保险将自然风险和市场风险有机关联，以其组合产品实现风险对冲，兼具价格和产量双重保障功能，直接作用于农户"收入"这一保障的终极目标。研究根据湘南、湘北等四地区的调查资料，基于风险偏好、保费可负担性视角对家庭农场投保决策问题展开实证研究。结论认为：①家庭农场收入保险需求普遍较强，且以价格敏感型农产品经营农场最为突出，但高理赔风险可能影响保险供给，最终导致保险市场萎缩。可尝试引入期货金融工具，通过其特有的风险规避及价格发现功能弥补价格风险弱可保性不完全适用保险"大数法则"的技术处理缺陷。②风险偏好与家庭农场收入保险投保决策呈反向变动关系，但是在高水平规模化、集约化现代农业等特定条件下，行为主体也可能出现风险偏好反转，成为"经济人"理性假设的一个悖论。表明家庭农场风险偏好大多在风险判断过程中形成，并非事先定义好，通常也不是连续稳定，灾害事故可能改变行为主体的风险保障预期，社会网络信息传播也可能导致风险偏好反转。③"保费可负担性"对家庭农场收入保险投保决策影响远超出"风险偏好"，但两者于观光农业型家庭农场影响均未能显著。表明保费经济承担能力并非对所有家庭农场都有重大影响，通常与减产损失和价格下跌所致的收入损失程度有关。基于上述推断，农业收入保险推广可率先从规模化及商品率较高的农场展开，且须认真审核价格敏感型经营农场承保条件。

第四，在农业保险市场上，农业生产的复杂性、农户投保人的有限理性以及保险产品的准公共物品等性质特征，决定了信息搜寻和信息披露成本始终居高，尤其在保险公司、政策职能部门及农户之间信息流动不畅的情况下，保险交易双方很难做出符合"帕累托最优"的理性决策，这种信息不对称通常包括"保险事故发生之前信息不对称"和"保险事故发生之后信息不对称"。结论认为：①在"保险事故发生之前信息不对称"的情况下，如果保险费率与风险不相匹配，低风险优质客户被挤出的"柠檬市场"形成不可避免。为规避高风险劣质客户可能带来的巨额赔付，保证偿付能力充足，保险公司很可能利用自身信息和专业优势采取"选择性供给"或"隐性拒保"，这显然与国家财政补贴的初衷相悖离，且在一定程度上加剧了农业保险供求"双冷"市场失灵，影响农业保险健康稳定发展。②在"保险事故发生之后信息不对称"的情况下，保险公司因无法监督农户投保人行动或因监督成本过高而放弃审核时，农户可能实施信息欺诈或其他不当利己行动，其中以"防灾减损缺失"最具典型代表性，且保险公司为保持经营利润很可能虚假承保、虚假索赔或进行虚假业务资金提取，"机会主义"利己行为由此产生。

第五，保险公司通常采取第三方介入降低道德风险发生。在农户持风险中性态度或某种特定风险厌恶偏好的情况下，第三方作为"保险愿望代言人"寻租将不可避免地引发道德风险。农户故意隐瞒保险标的的真实情况诱使保险人承保，或故意制造保险事故发生以谋取保险金赔付，属于投保方的"保险欺诈"行为；在缺乏充分偿付能力的情况下擅自经营保险业务、利用保险条款和费率制定权诱导农户投保或降低赔付标准，则为保险方的"保险欺诈"行为表现。研究就守信者与骗保者博弈中的"保险欺诈"问题展开经济学分析，得出以下几点结论：①在骗保者与守信者两类人群约束条件完全相同且信息公开暴露的条件下，保险公司无法对其诚信类型进行有效识别，因此难以做出正确的审核抉择，此时保险欺诈发生概率增大。②由于不同诚信类型农户人群均可获得完全保险，因此保险人无法根据所持保险契约识别骗保者，表明最优保险契约设计并不能抑制保险欺诈事件的发生。③在精炼贝叶斯纳什均衡策略下，保险金额提高并不必然地带来农户骗保率降低，保险公司以此作为审核决策依据缺乏可靠性。

第六，在竞争的农业保险市场上，如果保险公司为高风险、低风险两类农户人群提供相同契约合同，高风险人群因额外受益很可能隐瞒自有风险特征，此时无法实现"费率与风险相匹配"的公平目标；如果原有保险公司仍采用汇合契约参与竞争，则该汇合契约不符合"Wilsen 预期性均衡"原则。结论认为：①农业保险市场不存在稳定的汇合均衡，保险公司纯策略完美 Bayes 均衡应当为分离均衡，保险公司因此可制定分离契约作为约束机制。②"多阶段保险契约"被证明是一种有效的"逆选择"约束机制。通过将第二阶段合同条款奖罚与第一阶段事故损失关联，能较好地规避"逆选择"风险，可以被视为一种建立在上阶段实践结果上的经验费率激励机制。③为保持第二阶段老客户不流失，原保险公司可尝试加入某些约束条件，但该限制因素应当有别于垄断市场上的两阶段契约，可以是"紧约束"，也可以是"松约束"。

第二节 对策建议

一、稳态持续研发新型险种，推动农业保险高质量发展

2019 年 5 月出台的《关于加快农业保险高质量发展的指导意见》指出，到 2022 年要基本建成功能完善、运行规范、基础完备且与农业农村现代化发展阶段相适应、与农户风险保障需求相契合、中央与地方分工负责的多层次农业保险体系。其中，稻谷、小麦、玉米三大主粮作物农业保险覆盖率达 70% 以上，将"农业收入保险"培育成为我国农业保险险种体系的重要构成。很显然，开发设计符合地方风险保障需求且具有区域发展潜力的新型险种，是农业保险持续提质增效和转型升级的前提，也是农业保险高质量发展的核心竞争力。①一方面，在新险种开发类型方面应积极探索涵盖财政补贴基本险、商业险和附加险等农业保险产品体系，构建"基本险 + 大灾险（补充性商业保险） + 商业险"的三级保障模式和特色农业保险供给机制；积极推进稻谷、小麦、玉米完全成本保险和收入保险试点，加大种植、养殖、价格等特色险种开发创新力度，重点建立优势特色农产品保险品种储备机制，且稳步提高地方特色险种占比。另一方面，可尝试将农机大棚、农房仓库等农业生产设施设备纳入保障范围，加速"一揽子综合险"研发进程；创新设计畜牧养殖伤残新品种，在常规险种之外建立重大疫病专项保险，如大牲口养殖伤残类保险、大牲口医疗保险等，在满足农业经营主体多层次、多元化风险保障需求的同时，降低信息不对称"逆选择"与道德风险发生。②目前我国农业生产呈现出"小散户"和新型农业经营主体并存的"二元化"特征，两者在生产特征、风险态度以及保险需求方面差异性显著。在创新险种开发策略上，针对分散性小规模生产农户或小型家庭农场可开发保费较低，仅承保投入成本较少的低保障型险种；针对产业化程度较高的农业合作社、"公司 + 农户"产业化联合体等新型经营主体，则应充分考虑利益共同体所处的产业链、行业风险、风险抵御能力以及风险保障需求，实行"一案一品"的险种开发策略，通过特别合同条款设计、差别化费率厘定开发与地方经济相契合的新险种。此外，可将农业产业结构、生产成本投入以及风险区划相关联，建立保险保

障水平与保险费率动态调整机制，以稳态持续的新险种研发推动农业保险高质量发展。

二、强化金融衍生工具与金融服务联动效应，加速农业保险险种创新进程

保险归属于金融领域范畴，金融衍生工具与金融服务成为农业保险险种创新的助推器是金融市场发展的产物，也是农业保险政策引导与市场化融合的结果。2019 年中央深化改革委员会审议的《关于加快农业保险高质量发展的指导意见》指出，应在充分尊重农险经办机构在产品开发、精算定价、承保理赔等经营自主权的基础上，强化农业保险与信贷、担保、期货（权）等金融衍生工具的联动效用。可见，在顶层方案设计中，金融市场被赋予了农业险种创新的重要使命，而金融衍生工具与金融服务则成为险种创新的重要支撑，也是政策性农业保险市场化融合的驱动。①在金融衍生工具支持农业保险险种创新上，应积极推动"农业保险＋涉农信贷""保险＋期货"以及"保险保单质押贷款"等试点工作，在强化金融市场支持效应的同时加快农业保险创新发展。如引入银行信贷缓解保险公司购买"看跌期权"高额权利金的支付压力，以农产品期货品种多样化拓宽"期货＋价格保险""期货＋收入保险"新型险种覆盖面等；可尝试以政府、银行、保险机构以及农户多方风险共担机制替代传统单一风险转移渠道，支持农业保险新型险种的实践检验，如创新开发"指数保险＋信贷"类型险种或采取与贷款捆绑方式进行新险种推广，以"银保合作"共赢机制寻求农业保险险种创新融合的优势路径安排。②在金融服务应用于创新险种推广方面，可以利用政府信息平台收集信息并进行评估，构建政府、银行、保险机构及农户信息共享体系，尽可能利用平台精确、海量的大数据优势开发既符合农户保费经济可负担性，又能最大限度地满足其风险保障需求的新险种，加速农业保险险种创新进程。

三、借助数字化和信息化现代科技支撑，推动农业保险创新险种实践应用

在农业保险高质量发展的过程中，无论是指数型保险、价格型保险还是收入型保险，都面临着农业历史数据不足或不准确的问题，数据风险始终存在。此外，目前农业保险创新险种大多仍属于以地块为标的的产量损失保险，即使在相同灾害条件下，生产者防灾防损、精耕细作、施救投入的不同都可能造成产量差异，这些都决定了完全依靠人工承保、查勘和理赔，不仅运行成本极高且难以实

现精准操作，应当借助数字化、信息化的现代科技支撑，通过提升承保、理赔定损智能化水平推动新型险种的实践推广。①在险种设计核心数据取集方面，可将大数据、云计算导入险种创新开发，将精算数据处理结果作为赔偿依据，尽可能地降低费率厘定、理赔标准制定的数据失真问题。具体而言，可应用物联网、气象监测、智能感知以及精准监测技术对农田地块进行智能识别与精准测量，使用遥感数据、气象数据、生产数据和土地数据进行评估测算，突破产量损失与风险关联的数据"瓶颈"制约；可尝试应用多模态生物识别技术、卫星遥感图像识别解译技术对作物生长情况进行扫描评估，根据不同气象、不同区域、不同作物生长特征测算出相对精确可靠的指数"触发值"，缓解指数保险中的"基差风险"问题。②在新险种理赔定损方面，可将无人机、遥感技术等运用于承保核验，将影像在短时间内转换为量化风险查验数据，为保险公司查勘定损及保险金核定提供参考；可将区块链分布式记账和智能合约技术应用于生产环节数据记录，通过多方数据计算、比对和验证获取标的损失精确数据，实现科学公平的核保理赔目标。此外，还可以通过微信视频、无人机、遥感以及结合地勘实现大范围定损，增加理赔满足度，提升农户对新型险种的购买意愿。③在创新险种服务支持方面，可运用遥感测绘、大数据、云计算等新技术提升理赔服务质量和效率；加快农业数据信息服务平台建设，以数字化技术强化市场规范，为险种创新提供数据支撑、产品精算和智能化经营管理等全方位的服务；以资源共享突破数据"烟囱"和信息"孤岛"约束，提升投保理赔流程中的农户满意度，促进农业保险创新险种的实践应用推广。

四、创新设计公平合理保险合同，缓解信息不对称逆选择与道德风险约束

保险合同是投保人与保险人约定保险权利与义务关系的协议。在信息不对称条件下，创新设计公平合理的保险合同可有效制约保险交易双方的利己行为，在一定程度上遏制"逆选择"和"道德风险"的发生，这里保险合同创新设计涉及保险责任和责任免除、保险费率、违约责任、保险金赔偿及给付办法等多方面，具体可从以下四方面着手：第一，创新设计差别化费率，以与风险相匹配的公平效率降低"逆选择"发生。保险费是投保人为换取保险人承担危险赔偿责任的对价，保险费率则为保费厘定的核心。对于风险较高区域设置相对较高的费率，低风险区域则对应低费率水平。由于农户保费交缴水平通常与政策性保费补贴呈正相关关系，因此差别化费率隐含保费补贴费率档次差别。如风险较低区域

执行低费率，保费财政补贴也会相应降低；反之，高风险地区则通常享有高保费财政补贴。可见，当差别化费率与其获得的风险损失保障相匹配时，无论是保费自缴还是财政补贴的部分均能较好地体现责、权、利的公平对等原则，能有效降低道德风险发生。第二，创新设置"无赔款优待"条款，激励农户投保方防灾减损。所谓"无赔款优待"，即如果承保标的在上一保险期限内没发生赔款，续保时可享受保险费减收的优惠待遇。该条款实践应用须严格遵循以下三个原则：一是该激励机制可视为上年度投保人主动防灾减损的奖励，因此中途退保者没有享有此优惠的待遇资格；二是该保险标的已投保所有险种均未产生保险金赔付，包括附加险或其他特别险；三是必须发生在投保人续保期限内，未续保或新投保者不得享受此优待。这是一种将前期未发生事故作为费率优惠的激励机制，能在一定程度上调动农户投保人防灾防损及施救的主动性，遏制"道德风险"发生。第三，创新设置"限额损失分摊"和"失信惩戒"合同条款，以其惩罚机制规避信息不对称风险发生。所谓"限额损失分摊"，即就保险金设定一个免赔限额，限额以外由农户投保人承担。从保险交易双方共同利益关系出发，农户投保人会理性地规避道德风险；而"失信惩戒"，则指在保险合同订立后，审查中如果发现道德风险存在，无论结果如何都将其列入惩戒名单，不再承保并给予一定罚款。其险种原理在于通过降低免赔条件强化保险事故发生后农户投保人防损止损意识，尤其是防范为获赔而故意扩大损失的道德风险发生。第四，创新设计"非完全保险合同"，通过改善保险赔偿比例标准降低"逆选择"风险。这里"非完全保险合同"，指保险责任不再为标的物的全部市场价值，而是以当前市价浮动比例作为承保标准。与"完全保险合同"相比较，该创新设计能使差异性较小保险标的赔偿比例有所降低，且在一定程度上增大不同保险赔偿比例间的跨度差异，在农户投保人风险防控主动性调动方面具有较为明显的促进作用。

参考文献

[1] David Hatch. Agricultural Insurance: A Powerful Tool for Governments and Farmers [J] . Comunica Fourth Year Second Phase, 2008 (9): 102 – 113.

[2] Lisha Zhang. Assessing the Demand for Weather Index Insurance in Shandong Province, China [D] . Lexing – ton, Kentucky: University of Kentucky, 2008.

[3] O'Donnell, ProVention Consortium. Practice Review on Innovations in Finance for Disaster Risk Management [R] . The 2009 ISDR Global Assessment Report on Disaster Risk Reduction, 2009.

[4] Lotsch, Alex. Flood Risk Modeling in Thailand and More [R] . Laxenburgm Austria: IIASA Expert Meeting on Insurance Instruments for Adaptation to Climate Risksm, 2007.

[5] Gina, Vickery, Townsend. The Feasibility od Weather Insurance in Asian Developing Countries: Case Study of India [R] . Invited Paper Prepared for Presentation at the International Association of Agricultural Economists. Gold Coast, Australia, 2006.

[6] Barnett, Mahul. Weather Index Insurance for Agriculture [J] . American Journal of Agricultural Economics, 2007 (89): 1241 – 1247.

[7] Sustainable Development, East Asia & Pacific Region, Finance and Private Sector Development, The World Bank China: Innovations in Agricultural Insurance Pro – moting Access to Agricultural Insurance for Small Farmers [R] . The World Bank, 2006.

[8] Olivier Mahul. Agricultural Risk Financing in Low and Middle Income Countries: Challenges and Opportunities [R] . Istanbul: Global Conference on Insurance and Reinsurance for Natural Catastrophe Risks, 2010.

[9] Henry K. Bagazonzya and Renate Kloeppinger – Todd, World Bank. Experiences in Index – Based Weather Insurance for Agriculture: Lessons Learnt from Malawi & India [R]. The World Bank, 2009.

[10] Margaret, Arnold. The Role of Risk Transfer and Insurance in Disaster Risk Reduction and Climate Change Adaptation [R]. Policy Brief for the Swedish Commission on Climate Change and Development, 2012.

[11] David Hofman, Patricia Brukoff. Policy Development and Review Department Insuring Public Finances Against Natural Disasters—A Survey of Options and Recent Initiatives [R]. IMF Working Paper, 2006.

[12] Ornsaran Pomme Manuamorn. Review of Weather Index Insurance Project Developments in Thailand [R]. World Bank Bangkok Office Seminar, 2011.

[13] The World Bank. Index Insurance for Weather Risk in Lower – Income Countries [R]. The World Bank, 2011.

[14] Michael T. Norton, Calum Turvey, Daniel Osgood. Quantifying Spatial Basis Risk for Weather Index Insurance [J]. The Journal of Risk Finance, 2013, 14 (01): 231 – 247.

[15] Barry J., Barnett B. J., J. R. Black, Y. Hu and J. R. Skees. Is Area Yield Insurance Competitive with Farm Yield Insurance?[J]. Journal of Agricultural and Resource Economics, 2005 (02): 150 – 172.

[16] Giulia Roder, Paul Hudson and Paolo Tarolli. Flood Risk Perceptions and the Willingness to Pay for Flood Insurance in the Veneto Region of Italy [J]. International Journal of Disaster Risk Reduction, 2019 (03): 102 – 113.

[17] Ren, Wang. Rural Homeowners' Willingness to Buy Flood Insurance [J]. Emerging Markets Finance and Trade, 2016, 52 (05): 146 – 156.

[18] Ruth Vargas Hill, John Hoddinott and Neha Kumar. Adoption of Weather Index Insurance: Learning from Willingness to Pay among a Panel of Households in Rural Ethiopia [R]. IFPRI Discussion Paper, 2011.

[19] Hideo Aizaki, Jun Furuya, Takeshi Sakurai and Swe Swe Mar. Measuring Farmers' Preferences for Weather Index Insurance in the Ayeyarwady Delta, Myanmar: A Discrete Choice Experiment Approach [J]. Paddy and Water Environment, 2021 (02): 107 – 112.

［20］ Maganga Assa Mulagha, Chiwaula Levison S. and Kambewa Patrick. Parametric and Non – parametric Estimates of Willingness to Pay for Weather Index Insurance in Malawi ［J］. International Journal of Disaster Risk Reduction, 2021 (02): 126 – 136.

［21］ William M. Fonta, Safietou Sanfo, Abbi M. Kedir and Djiby R. Thiam. Estimating Farmers' Willingness to Pay for Weather Index – based Crop Insurance Uptake in West Africa: Insight from a Pilot Initiative in Southwestern Burkina Faso ［J］. Agricultural and Food Economics, 2018, 6 (01): 121 – 124.

［22］ Xianglin Liu, Yingmei Tang, Jihong Ge and Mario J. Miranda. Does Experience with Natural Disasters Affect Willingness – to – Pay for Weather Index Insurance? Evidence from China ［J］. International Journal of Disaster Risk Reduction, 2018 (02): 146 – 156.

［23］ Bucheli Janic, Dalhaus Tobias and Finger Robert. The Optimal Drought Index for Designing Weather Index Insurance ［J］. European Review of Agricultural Economics, 2021, 48 (03): 171 – 185.

［24］ Sebastain Awondo, Genti Kostandini. Leveraging Optimal Portfolio of Drought – Tolerant Maize Varieties for Weather Index Insurance and Food Security ［J］. The Geneva Risk and Insurance Review, 2021 (02): 195 – 213.

［25］ Brockett M. Wang, C. Yang. Basis Risk and Hedging Effectiveness of Weather Derivatives ［R］. University of Texas at Austin, 2003.

［26］ Collier B., Barnett B. Weather Index Insurance and Climate Change: Opportunities and Challenges in Lower Income Countries ［J］. Geneva Papers on Risk and Insurance – Issues and Practice, 2009, 34 (03): 205 – 220.

［27］ Richards T. J., M. R. Manfredo and D. R. Sanders. Pricing Weather Derivatives ［J］. American Journal of Agricultural Economics, 2004, 86 (02): 186 – 201.

［28］ C. G. Turvey. The Pricing of Degree – Day Weather Options ［J］. Agricultural Finance Review, Spring, 2005 (01): 198 – 213.

［29］ Thomas Fischer. Probability Distribution of Precipitation Extremes for Weather Index – Based Insurance in the Zhujiang River Basin, South China ［J］. Journal of Hydrometeorology, 2012, 13 (03): 190 – 197.

［30］ Hess U., et al. Managing Agricultural Production Risk: Innovations in Developing Countries. Agriculture and Rural Development Department ［R］. World Bank Report, 2005.

[31] Manuamorn O. Scaling up Micro Insurance: The Case of Weather Insurance for Small Holders in India. Agriculture and Rural Development [R]. World Bank, Discussion Paper 36, 2007.

[32] Chantarat S., Barrett C. B., Mude A. G. and Turvey C. G. Using Weather Index Insurance to Improve Drought Response for Famine Prevention [J]. American Journal of Agricultural Economics, 2007 (02): 145 – 160.

[33] Barnett B., C. B. Barrett and Skees J. R. Poverty Traps and Index – Based Risk Transfer Products [J]. World Development, 2008 (02): 167 – 189.

[34] Vitor A. Ozaki, Sujit K. Ghosh, Barry K. Goodwin and Ricardo Shirota. Spatio – Temporal Modeling of Agricultural Yield Data with an Application to Pricing Crop Insurance Contracts [J]. American Journal of Agricultural Economics, 2008, 90 (04): 126 – 140.

[35] Froot K. A., Stein J. C. Risk Management, Capitalbudgeting, and Capital Structure Policy for Financial Institutions: An Integrated Approach [J]. Journal of Financial Economics, 1998, 47 (01): 136 – 150.

[36] Chia Chun Lo, Konstantinos Skindilias. A Portfolio Insurance Strategy for Commodity Futures [J]. Int. J. of Financial Engineering and Risk Management, 2013, 1 (01): 396 – 423.

[37] Young Cheol Jung. A Portfolio Insurance Strategy for Volatility Index (VIX) Futures [J]. Quarterly Review of Economics and Finance, 2016 (02): 130 – 145.

[38] Hennessy D., Babcock B. A., Hayes D. The Budgetary and Producer Welfare Effects of Revenue Assurance [J]. American Journal of Agricultural Economics, 1997 (02): 296 – 308.

[39] Joseph B. Cole, Richard Gibson. Analysis and Feasibility of Crop Revenue Insurance in China [J]. Agriculture and Agricultural Science Procedia, 2010 (02): 145 – 165.

[40] Cole J. B., Gibson R. Analysis and Feasibility of Crop Revenue Insurance in China [J]. Agriculture and Agricultural Science Procedia, 2010 (01): 293 – 313.

[41] Arrow K. Unceainly and the Welfare Economics of Medica Care [R]. American Economic Review, 1963.

[42] Kunreuther H. At War with the Weather [M]. London: The MIT Press, 2009.

［43］ Miranda M. J. ， J. W. Glauber. Systemic Risk， Reinsurance and the Failure of Crop in － surance Markets ［J］. American Journal of Agricultural Economics， 2009， 79 （01）： 167 － 187.

［44］ Sheth Ketki. Delivering Health Insurance through Informal Financial Groups： Evidence on Moral Hazard and Adverse Selection ［J］. Health Economics， 2021 （02）： 145 － 170.

［45］ Just R. E. ， L. Calvin and J. Quiggin. Aderse S － election in Crop Insurance ［J］. American Journal of Agricultural Economics， 1999， 2 （81）： 195 － 208.

［46］ Rothschild M. ， Stiglitz J. Equilibrium in Competitive Insurance Markets： An Essay on the Economics of Imperfect Information ［M］. Foundations of Insurance Economics. Springer Netherlands， 1976.

［47］ 李丹，胡盈，马彪. 产品内在价值视角下天气指数保险需求影响因素——基于黑龙江省 700 个农户的实证分析 ［J］. 江苏农业科学，2017，45 （14）： 302 － 306.

［48］ 汤颖梅，杨月，刘荣茂，葛继红. 基于 Oaxaca － Blinder 分解的异质性农户天气指数保险需求差异分析 ［J］. 经济问题，2018 （08）： 90 － 97.

［49］ 程静，胡金林，胡亚权. 农户双低油菜天气指数保险支付意愿分析 ［J］. 统计与决策，2018，34 （03）： 121 － 124.

［50］ 张静，张朝，陶福禄. 中国南方双季稻区天气指数保险的选择分析 ［J］. 保险研究，2017 （07）： 13 － 21.

［51］ 曹雯，成林，杨太明，许莹. 河南省冬小麦拔节—抽穗期干旱天气指数保险研究 ［J］. 气象，2019，45 （02）： 274 － 281.

［52］ 汪德萍，周雨涛，李志霞，贺阳. 玉米气象指数保险险种方案设计 ［J］. 时代金融，2014 （18）： 211 － 212.

［53］ 聂荣，宋妍. 农业气象指数保险研究与设计——基于辽宁省玉米的面板数据 ［J］. 东北大学学报 （社会科学版），2018，20 （03）： 262 － 268 + 298.

［54］ 马国华. 国外农业天气指数保险发展实践及对中国的启示 ［J］. 世界农业，2019 （06）： 67 － 73 + 84 + 118 － 119.

［55］ 宋博，穆月英，侯玲玲，赵亮，陈阜，左飞龙. 基于 CVM 的我国农业气象指数保险支付意愿分析——以浙江柑橘种植户为例 ［J］. 保险研究，2014 （02）： 54 － 63.

[56] 姜德华．"保险＋期货"在我国农产品价格风险管理中的应用——基于陕西富县苹果试点的案例分析［J］．价格理论与实践，2020（08）：120－123＋178.

[57] 徐婷婷，孙蓉，崔微微．经济作物收入保险及其定价研究——以陕西苹果为例［J］．保险研究，2017（11）：33－43.

[58] 陶红超，陈家金，陈志彪，黄川容，孙朝锋，吴立．基于危险性评估的福建省茶叶寒冻害保险费率厘定［J］．中国生态农业学报（中英文），2020，28（11）：1778－1788.

[59] 林乐芬，李远孝．风险因素、经营特征对规模农户水稻收入保险响应意愿的影响——基于江苏省33个县的经验证据［J］．保险研究，2020（05）：50－65.

[60] 刘新立，叶涛，方伟华．海南省橡胶树风灾指数保险指数指标设计研究［J］．保险研究，2017（06）：93－102.

[61] 牛浩，陈盛伟．玉米风雨倒伏指数保险产品设计研究——以山东省宁阳县为例［J］．农业技术经济，2015（12）：99－108.

[62] 王绪瑾，王翀．我国农业保险创新实践［J］．中国金融，2020，4（13）：73－74.

[63] 梁来存．低温天气指数保险政府保费补贴支出的测算［J］．统计与决策，2021，37（03）：154－157.

[64] 庹国柱，朱俊生．农业保险与农产品价格改革［J］．中国金融，2016（20）：73－75.

[65] 贾建英，韩兰英，万信，刘文婧．甘肃省冬小麦干旱灾害风险评估及其区划［J］．干旱区研究，2019，36（06）：1478－1486.

[66] 占纪文，郑思宁，徐学荣．县域农作物产量保险风险区划与费率厘定研究——基于福建省推广县域水稻保险的构想［J］．价格理论与实践，2019（04）：129－132.

[67] 邢红飞，贾子昂，宫大鹏，刘晓东．基于风险区划的我国森林火灾保险费率厘定研究［J］．林业经济，2018，40（02）：107－112.

[68] 梁来存，周勇．气温天气指数保险的费率厘定——以粮食作物为例［J］．统计与信息论坛，2019，34（08）：57－65.

[69] 林乐芬，何婷．银保合作下涉农贷款保证保险区域发展的需求差异研究——以江苏省农业保险贷为例［J］．中央财经大学学报，2019（02）：43－52.

［70］曾小艳，郭兴旭．气候变化下湖北省稻谷生长期降雨量指数保险设计［J］．中国农业资源与区划，2018，39（07）：8－13＋20．

［71］梁崇波．北京市开展蜂业气象指数保险的前景分析［J］．中国蜂业，2019，70（07）：58－61．

［72］梁来存．降水量保险的定价探究——以粮食作物为例［J］．湖南师范大学社会科学学报，2020，49（06）：44－50．

［73］杨珣．湖南省农业气象灾害现状分析及减灾策略［J］．农业与技术，2015，35（06）：188．

［74］付虹雨，崔国贤，李绪孟，佘玮，崔丹丹，赵亮，苏小惠，王继龙，曹晓兰，刘婕仪，刘皖慧，王昕惠．基于无人机遥感图像的苎麻产量估测研究［J］．作物学报，2020，46（09）：1448－1455．

［75］乔立娟，申书兴，赵帮宏．我国蔬菜产业风险水平实证量化分析［J］．南方农业学报，2018，49（05）：1032－1038．

［76］山东省物价局课题组，陈充，宋善英．山东省蔬菜、生猪目标价格政策性保险问题研究［J］．中国物价，2015（03）：34－36．

［77］杨娟，钱婷婷，郑秀国，赵京音，许叶颖．全国和区域蔬菜价格走势特征及影响因素［J］．中国农业大学学报，2021，26（02）：188－198．

［78］刘凯，穆月英，韩婷．蔬菜价格波动及风险研究——以北京为例［J］．中国蔬菜，2018，4（02）：63－70．

［79］于刚，王思文．"期货＋保险"对辽宁农产品收入的保障研究［J］．鞍山师范学院学报，2017，19（05）：5－9．

［80］吴婉茹，陈盛伟．"农产品价格保险＋期货"运作机制分析——基于对新湖瑞丰等案例的研究［J］．金融教育研究，2017，30（01）：63－69．

［81］蔡胜勋，秦敏花．我国农业保险与农产品期货市场的连接机制研究——以"保险＋期货"为例［J］．农业现代化研究，2017，38（03）：510－518．

［82］朱俊生，叶明华．"保险＋期货"试点效果评估及建议［J］．重庆理工大学学报（社会科学版），2017，31（08）：1－5．

［83］李亚茹，孙蓉．农产品期货价格保险及其在价格机制改革中的作用［J］．保险研究，2017（03）：90－102．

［84］吴开兵，仇铮，曹思静．保险公司视角下的"保险＋期货"定价模型及其验证［J］．保险研究，2021（05）：3－15．

［85］李梅华，卯寅．农业"保险＋期货"模式的应用研究——以贵州省为例［J］．价格理论与实践，2019（05）：100－103．

［86］李华，张琳．"保险＋期货"：一种服务国家农业现代化的新模式［J］．中国保险，2016（07）：33－36．

［87］叶明华，庹国柱．农业保险与农产品期货［J］．中国金融，2016（08）：64－66．

［88］陈明，张凤荣，杨雪．中美大豆价格的投机性泡沫检验［J］．税务与经济，2017，4（02）：46－50．

［89］李亚茹，孙蓉，刘震．农产品期货价格险种设计与定价——基于随机波动率模型的欧亚期权［J］．财经科学，2018（03）：14－28．

［90］郭蕙荞．"保险＋期货"创新项目对我国农业保险发展的影响分析［J］．现代经济信息，2016（20）：357．

［91］赵新慧．浅谈我国农产品期货价格保险的创新问题［J］．全国商情（经济理论研究），2016（06）：84－85．

［92］王芳．伟嘉集团持续推进农产品期货价格保险落地［J］．中国畜牧业，2016（07）：15．

［93］牛海霞．完善我国农产品价格保险制度的思考［J］．当代经济，2017（07）：54－55．

［94］李耀跃．我国农产品价格保险的地方实践与制度完善［J］．价格理论与实践，2016（08）：137－140．

［95］张峭，王克，李越，王月琴．我国农业保险风险保障：现状、问题和建议［J］．保险研究，2019（10）：3－18．

［96］齐皓天，彭超．美国农业收入保险的成功经验及其对中国的适用性［J］．农村工作通讯，2015（05）：62－64．

［97］何小伟，方廷娟．美国农业收入保险的经验及对中国的借鉴［J］．农业展望，2015，11（01）：26－30＋36．

［98］温施童．中国农产品收入保险及定价研究［D］．上海：华东师范大学，2016．

［99］刘日．美国期货市场价格发现功能在农业收入保险领域的应用［J］．中国证券期货，2018（02）：86－96．

［100］陶天龙．基于期货期权市场的农产品价格保险风险对冲机理研究［D］．北京：中国农业科学院，2017．

［101］冯丽娜．美国农业收入保险经验及其在中国的发展性分析［J］．中国管理信息化，2017，20（03）：89－91．

［102］武龙龙．河北省小麦目标收入保险设计［D］．保定：河北大学，2016．

［103］帅婉璐，何蒲明．基于农产品收入保险的农产品价格形成机制问题研究［J］．价格月刊，2017（11）：25－28．

［104］曾勤．试点农作物收入保险助推农业供给侧结构性改革［J］．中国粮食经济，2016（04）：37－39．

［105］余艳．农产品收入保险作用机制及其风险应对研究［J］．价格理论与实践，2020（07）：117－120．

［106］黄颖，吕德宏．农业保险、要素配置与农民收入［J］．华南农业大学学报（社会科学版），2021，20（02）：41－53．

［107］韩旭东，刘爽，王若男，郑风田．农业保险对家庭经营收入的影响效果——基于全国三类农户调查的实证分析［J］．农业现代化研究，2020，41（06）：946－956．

［108］刘顺飞，谢圣远．货币供应量和准货币供应量对经济发展影响的实证分析［J］．统计与决策，2017（20）：157－160．

［109］江生忠，朱文冲．基于 Logit 模型对新型农业经营主体农业保险购买偏好的特征研究［J］．财经理论与实践，2021，42（02）：50－56．

［110］韩旭东，刘爽，王若男，郑风田．农业保险对家庭经营收入的影响效果——基于全国三类农户调查的实证分析［J］．农业现代化研究，2020，41（06）：946－956．

［111］赵金龙，王丽萍，胡建．种粮家庭农场实现适度规模经营的土地困境分析［J］．农业经济，2021（07）：6－8．

［112］何郑涛，彭珏．家庭农场契约合作模式的选择机理研究——基于交易成本、利益分配机制、风险偏好及环境相容的解释［J］．农村经济，2015（06）：14－20．

［113］汪必旺，张峭．美国农作物收入保险规模演变及展望［J］．农业展望，2018，14（06）：34－40．

［114］张磊．中国股市交易者行为研究——基于股票交易者异质性的分析［J］．价格理论与实践，2018，4（07）：87－90.

［115］丁元昊，马腾飞．地震指数：保险创新与实践［J］．金融博览，2016（09）：15－16.

［116］刘从敏，张祖荣．保费补贴条件下农业保险中的双向道德风险及其治理对策［J/OL］．金融理论与实践，2021，4（07）：104－110［2021－07－18］．http：//kns. cnki. net/kcms/detail/41. 1078. F. 20210709. 1738. 024. html.

［117］Milton Boyd，Jeffrey Pai，易细纯，等．加拿大农业保险的经历和经验［J］．中国农村经济，2007（02）：72－76.

［118］廖朴，何溯源．我国生猪价格保险中的逆选择分析［J］．保险研究，2017（10）：79－86.

［119］胡振华，孙巧．逆向选择条件下带甄别期的最优保险设计［J］．金融发展研究，2021（05）：44－52.

［120］魏加威，杨讷华．我国农业再保险体系建设：国际经验与启示［J］．当代经济管理，2021，43（09）：89－97.

［121］西奥多·W. 舒尔茨．改造传统农业［M］．北京：商务印书馆，1999.

［122］肖宇谷．农业保险中的精算模型研究［M］．北京：清华大学出版社，2018.

［123］杨太明．安徽省粮食作物天气指数农业保险研究与实践［M］．北京：气象出版社，2018.

［124］柴智慧，赵元凤．道德风险与逆向选择研究［M］．北京：中国农业科学技术出版社，2018.

［125］陈文辉．中国农业保险发展改革理论与实践研究［M］．北京：中国金融出版社，2015.

［126］柴智慧，赵元凤．政策性农业保险的收入效应研究［M］．北京：中国农业科学技术出版社，2017.

［127］韩桥生．道德风险论［M］．北京：人民出版社，2018.

［128］约翰·冯·诺依曼．博弈论［M］．刘霞，译．沈阳：沈阳出版社，2020.

［129］刘亚洲．气象指数保险可行性与政策目标选择研究［M］．北京：经济管理出版社，2020.

［130］王振军．农业旱灾指数保险的理论及应用研究［M］．北京：经济科学出版社，2016．

［131］中国发展研究基金会．指数保险与中国自然灾害救助体系改革［M］．北京：中国发展出版社，2014．

［132］孙贵珍．中国农民信息不对称问题对策研究［M］．北京：人民出版社，2019．